Épreuves de sélection

GENDARME ADJOINT VOLONTAIRE

GAV APJA • GAV EP

J'INTÈGRE LA FONCTION PUBLIQUE

Catégorie C

2020

Épreuves de sélection

GENDARME ADJOINT VOLONTAIRE

GAV APJA • GAV EP

Tout-en-un

Benoît Priet
Corinne Pelletier
Fabrice de Donno
Rémy Plisson

DUNOD

Couverture : Élisabeth Hebert

Photo de couverture : AdobeStock

Maquette intérieure : Caroline Joubert@Atelier du Livre

Mise en page : Belle Page

11 rue Paul Bert, 92240 Malakoff

www.dunod.com

ISBN : 978-2-10-080697-3

Sommaire

Partie 2
Épreuve de compréhension de textes

Partie 3
Les tests psychotechniques

Partie 4
La lettre de motivation

Partie 5
L'entretien de recrutement

Partie 6
Sujets blancs

Les auteurs

Benoît Priet

Professeur de français et de tests psychotechniques à Poitiers, spécialiste de la préparation aux concours.

Corinne Pelletier

Formatrice en centre de formation aux concours à Poitiers.

Fabrice de Donno

Professeur de mathématiques au centre de formation de la Croix-Rouge française (Montpellier), à Adonis enseignement supérieur (Montpellier) et au lycée La Merci Littoral (La Grande-Motte).

Rémy Plisson

Sous-officier de gendarmerie (spécialité transmissions) à la retraite.

Présentation du recrutement

Vous allez vous porter candidat pour devenir gendarme adjoint volontaire. Il s'agit d'une expérience singulière au sein de la gendarmerie nationale pour une durée maximale de 6 ans. Elle vous permet d'affermir votre projet professionnel, d'acquérir une expérience dans un milieu exigeant, de découvrir une institution en charge de la sécurité de 95 % du territoire français.

En fonction de votre expérience, de votre parcours et de votre profil, vos motivations peuvent être différentes : soit vous souhaitez découvrir le métier de gendarme, soit vous souhaitez acquérir une expérience dans un métier particulier au sein d'une institution réputée pour sa rigueur et son excellence.

Ce choix détermine le type de recrutement auquel vous allez vous porter candidat.

- Si vous êtes attiré par la sécurité, vous avez intérêt à vous orienter vers un recrutement de **gendarme adjoint volontaire, agent de police judiciaire adjoint**.
- Si vous disposez d'une qualification et que vous recherchez un emploi de soutien au sein de la gendarmerie, vous avez intérêt à solliciter un poste de **gendarme adjoint volontaire en emploi particulier**. Vous pouvez ainsi être recruté au titre de l'entretien du casernement, de la mécanique et maintenance des véhicules, du transport, de la restauration, des emplois de bureau, des télécommunications et informatique, de l'accueil…

1 Les conditions d'accès et l'inscription

Pour que votre candidature soit recevable, il faut :

- Être âgé de 17 ans au moins et 26 ans au plus.
- Être en règle au regard des dispositions du Code du service national.
- Présenter un comportement qui n'est pas incompatible avec l'exercice des fonctions ou des militaires de la gendarmerie nationale.
- Pour des anciens militaires de carrière ou sous contrat « ne pas avoir, dans les conditions fixées à l'article L.4139-5 du Code de la défense, été radié des cadres ou rayé des contrôles à titre définitif, à l'issue d'un congé de reconversion ».
- Pour les mineurs : posséder une autorisation.

Pour les candidats à un poste de gendarme adjoint volontaire en emploi particulier, il faut par ailleurs justifier du niveau minimum d'un certificat d'aptitude professionnelle (CAP) ou d'une expérience professionnelle en rapport avec l'emploi sollicité.

Le recrutement est permanent, il vous suffit de vous inscrire sur le site internet dédié au recrutement en gendarmerie : **www.lagendarmerierecrute.fr**.

Vous serez ensuite convoqué auprès de la gendarmerie dans un délai de quelques semaines pour une session de recrutement.

Vous devrez vous munir à cette occasion des documents suivants :

- Carte d'identité.
- Diplômes éventuellement détenus.
- Permis de conduire éventuellement détenus.
- Certificat de journée d'appel de préparation à la défense ou journée défense et citoyenneté.

Une nouvelle date vous sera transmise pour le passage des épreuves d'aptitude. Celles-ci diffèrent si vous postulez pour devenir gendarme adjoint volontaire, agent de police judiciaire adjoint ou gendarme adjoint volontaire en emploi particulier.

2 Les épreuves d'aptitude

Elles durent une demi-journée et se répartissent de la façon suivante :

Épreuves destinées au candidat gendarme adjoint volontaire, agent de police judiciaire adjoint	Test psychotechnique (sans limite de temps)
	Test de compréhension de textes (40 min)
	Test de culture générale (30 min)
Épreuves destinées au candidat gendarme adjoint volontaire en emploi particulier	Test psychotechnique seulement

Le jour des épreuves, vous aurez également à rédiger une **lettre de motivation** adressée au directeur général de la gendarmerie nationale dans laquelle vous présenterez succinctement les raisons qui vous amènent à être candidat.

Présentez-vous en 2 ou 3 phrases (âge, situation matrimoniale, parcours scolaire ou professionnel) puis indiquez ce que vous attendez de votre expérience de gendarme adjoint volontaire (formation, découverte du métier de gendarme, emploi dans une institution…). N'hésitez pas à vous relire en portant un soin attentif à l'orthographe !

Attention

N'oubliez pas de vous présenter aux épreuves d'aptitude muni(e) de votre convocation et d'une pièce d'identité.

Un stylo à bille pourrait également être utile.

Les candidats ayant satisfait aux épreuves sont convoqués pour passer une visite d'expertise médicale initiale auprès d'un médecin militaire. Pièces médicales à fournir : carnet de santé, carnet de vaccinations, compte rendu d'hospitalisation, radiographies, examen ophtalmologique… De cet examen découlera l'aptitude ou l'inaptitude à rejoindre une école de formation.

3 L'admission

a. La 2e visite médicale

La décision définitive d'autorisation d'engagement (indiquant l'école à rejoindre ainsi que la date) sera notifiée en principe dans les trois mois suivants le dépôt de la candidature. Elle vous indiquera où télécharger un livret d'accueil.

Le candidat subit la visite médicale d'incorporation, ultime contrôle de l'aptitude physique. Elle est réalisée par le médecin de l'école qui confirme ou infirme les résultats de la visite d'expertise médicale initiale auprès d'un médecin militaire. Le cas échéant, une consultation auprès d'un médecin spécialiste des armées pourra être nécessaire. Les volontaires déclarés inaptes sont informés de l'annulation de leur contrat de volontariat pour inaptitude physique préexistant à la signature du contrat. La constatation d'une toxicomanie avérée ou décelée par des examens paracliniques est une cause générale d'inaptitude à un volontariat.

Attention

La consommation de drogue est détectée par les examens médicaux.

b. L'intégration et la formation en école

Le contrat de volontariat est conclu pour une durée de 2 ans. Il est renouvelable pour une période de 3 ans, puis pour une année supplémentaire. Le contrat comporte une période probatoire de 6 mois, au cours de laquelle vous pouvez le dénoncer à tout moment sans justification particulière. Cette période peut être renouvelée une fois pour raisons de santé ou insuffisance de formation.

Dès leur admission en gendarmerie, les élèves gendarmes adjoints APJA suivent une formation initiale de 13 semaines au sein de l'une des écoles de gendarmerie à Montluçon (03), Rochefort (17), Tulle (19), Chateaulin (29), Chaumont (52), Fontainebleau (77). Le choix géographique de l'école tient compte dans toute la mesure du possible du lieu de votre domicile.

L'enseignement dispensé participe à l'aguerrissement de l'élève en termes de valeurs liées au statut militaire, de discipline, d'engagement physique et de techniques élémentaires pour aborder des situations parfois dégradées.

Vous pourrez obtenir plus d'information sur le site des écoles de la gendarmerie nationale.

Une formation complémentaire de 12 semaines en unité, consolide les connaissances et les techniques enseignées en école. Le gendarme adjoint est, au cours de cette période, placé sous l'égide d'un tuteur choisi parmi les sous-officiers de gendarmerie les plus expérimentés.

À l'issue de cette formation délivrance du diplôme de gendarme adjoint APJA, homologué au niveau V de l'enseignement technologique (équivalence d'un BEP).

c. L'affectation en unité

Vous choisissez votre affectation en fonction des postes disponibles en métropole et outre-mer au moment de la mise à l'emploi, du classement à l'issue de la formation en école et des souhaits exprimés (localisation géographique, emploi).

Le choix peut porter, en fonction des compétences, sur plusieurs types d'affectations : brigades territoriales, pelotons de surveillance et d'intervention, pelotons d'autoroute, pelotons de montagne, groupes à cheval… Au sein de la gendarmerie départementale, de la gendarmerie maritime, de la gendarmerie de l'air, de la gendarmerie des transports aériens, de la gendarmerie de l'armement, de la gendarmerie de l'outre-mer (Guadeloupe, Martinique, Guyane, La Réunion, Polynésie française, Nouvelle-Calédonie, Mayotte), de la garde républicaine, de la gendarmerie mobile ou des formations particulières (écoles, organismes centraux, centres administratifs ou techniques de la gendarmerie).

Après un an d'affectation en unité, il est possible de demander une mutation pour une nouvelle affectation géographique.

d. Le statut et la rémunération

La formation est rémunérée. La rémunération versée dès l'admission en école est calculée en fonction du grade et de l'affectation géographique. Vous bénéficiez d'un hébergement gratuit, d'une réduction de 75 % sur le tarif SNCF et de l'affiliation au régime de la sécurité sociale militaire.

La solde en sortie d'école est de 812 € à laquelle s'ajoute une prime d'alimentation de 224 €. Cette rémunération évolue en fonction du lieu d'affectation.

Par ailleurs, les gendarmes adjoints volontaires bénéficient de 25 jours de permissions de longue durée pendant la première année de contrat puis 45 jours par an à compter de la deuxième année ainsi que de 15 jours de permissions complémentaires qui peuvent faire l'objet d'une indemnité financière compensatrice.

Mieux connaître la gendarmerie nationale

En devenant gendarme adjoint volontaire, vous intégrez une institution militaire. Les pages qui suivent vous guideront pour mieux connaître la gendarmerie, à travers son histoire, ses valeurs, son organisation, ses missions et plus simplement le quotidien du gendarme.

1 Mieux connaître l'histoire

a. Les origines

La gendarmerie puise une partie de ses origines des « sergents d'arme » qui apparaissent en 1191 au service de la protection du roi. Pendant la Guerre de Cent Ans, la maréchaussée royale, préfiguration historique de la gendarmerie, a pour mission principale, aux ordres du maréchal de France, de faire respecter l'ordre au sein des armées. Par son implantation à travers le royaume, elle verra peu à peu ses compétences s'étendre aux bandits de grands chemins. En 1791, en pleine période révolutionnaire, la maréchaussée prend l'appellation de gendarmerie nationale. Sept ans plus tard, la loi du 28 germinal an VI lui confère l'essentiel de ses attributions et de son organisation.

b. Les évolutions structurantes

Au fil des siècles, la gendarmerie participe à tous les conflits sur le sol français et à l'étranger. Elle prend directement part au combat ou assume un rôle historique de gardienne de la discipline dans les armées. Dans le même temps, elle s'organise pour remplir sa mission de police, garante de la paix et de l'ordre public au service des citoyens. En 1921, sont créés les premiers pelotons mobiles transformés en garde républicaine mobile en 1927, puis en gendarmerie mobile en 1954. Depuis la loi du 3 août 2009, la gendarmerie nationale est intégrée au ministère de l'Intérieur mais demeure néanmoins sous l'autorité du ministre de la Défense pour l'exécution de ses missions militaires.

c. Les adaptations aux mutations

Évoluant au même rythme que la nation, l'institution s'enrichit d'unités spécialisées et adapte son organisation aux évolutions de la société. À titre d'exemple, l'émergence d'une menace terroriste dans les années soixante-dix conduit à la création en 1974 du GIGN, le groupe d'intervention de la gendarmerie nationale. Cette unité va sans cesse évoluer pour regrouper, depuis 2007, l'ensemble des moyens de la gendarmerie dédiés au contre-terrorisme. De même, l'émergence d'une société numérique conduit la gendarmerie à former des « cyber-gendarmes » pour contrer la cybercriminalité.

Principaux repères chronologiques

1191	Apparition des premiers « sergents d'arme ».
1357-1453	Guerre de Cent Ans : naissance de la maréchaussée.
Le 25 janvier 1536	Une déclaration du roi étend les pouvoirs de la maréchaussée aux crimes de grand chemin.
Le 16 février 1791	La maréchaussée prend la dénomination d'un corps d'élite : la gendarmerie. Depuis 1993, chaque 16 février la gendarmerie rend hommage à ses morts.
Le 17 avril 1798	La loi du 28 germinal an VI fixe les grandes missions de la gendarmerie.
Le 1er février 1849	La garde républicaine est rattachée à la gendarmerie.
Le 20 mai 1903	Un décret organique détermine l'organisation générale de la gendarmerie nationale.
Le 21 février 1918	Les gendarmes deviennent sous-officiers.
Le 20 septembre 1954	Création de la gendarmerie mobile.
Le 13 février 1983	Début du recrutement des sous-officiers féminins.
Le 3 août 2009	Une loi précise les attributions des ministres de l'Intérieur et de la Défense et conforte les missions de la gendarmerie.

2 Mieux connaître les emblèmes et valeurs

a. Les emblèmes

Comme les autres forces armées depuis le Premier Empire, la gendarmerie dispose d'un drapeau, emblème des valeurs partagées et de l'attachement à la France. Il est orné de deux devises : *Honneur et Patrie, Valeur et discipline.* Il présente le nom des principales batailles où les gendarmes se sont distingués : Hondschoote en 1793, Villodrigo en 1812, Taguin en 1843, Sébastopol en 1855, Indochine entre 1945 et 1954, AFN (Afrique du Nord) entre 1952 et 1962.

La grenade, insigne des troupes d'élite depuis le XVIIe siècle, est omniprésente sur les uniformes, les grades, les sceaux... Elle figure en place centrale sur les armoiries de la gendarmerie.

b. Le serment et les valeurs

Le passage à l'état de sous-officier se concrétise par une prestation de serment devant un magistrat.

« *Je jure d'obéir à mes chefs en tout ce qui concerne le service auquel je suis appelé et dans l'exercice de mes fonctions, de ne faire usage de la force qui m'est confiée que pour le maintien de l'ordre et l'exécution des lois* ».

Une fois assermenté, le sous-officier de gendarmerie devient dépositaire de l'autorité publique.

Ce serment qui date du milieu du XIXe siècle est complété par la charte du gendarme et la loi du 3 août 2009 qui rappellent avec force le statut militaire du gendarme et l'importance de valeurs aussi fondamentales que l'honneur, la discipline, la disponibilité, le courage ou le dévouement.

Depuis 2014, la gendarmerie dispose également d'un code de déontologie commun avec la police pour l'exécution de ses missions de sécurité intérieure. Ce texte fixe aux gendarmes leurs obligations et leur cadre d'action : discrétion, probité, discernement, impartialité.

3 Mieux connaître l'organisation

a. La gendarmerie nationale

Forte d'environ 100 000 personnels militaires et civils et de 30 000 réservistes, la gendarmerie assure une mission de service public consacrée à la sécurité publique sur plus de 95 % du territoire et au profit de plus de 50 % de la population. Garante de la protection des intérêts de la nation, elle assure ses missions de sécurité générale quels que soient la situation, le territoire ou le milieu. Elle est organisée autour d'un maillage territorial constitué de 3 200 unités complémentaires entre elles. La gendarmerie développe une forte proximité avec la population combinée à une capacité de montée en puissance et une réactivité permanente. Pour répondre à ces enjeux, son organisation est globalement calquée sur celle du découpage administratif.

Organisation générale de la gendarmerie

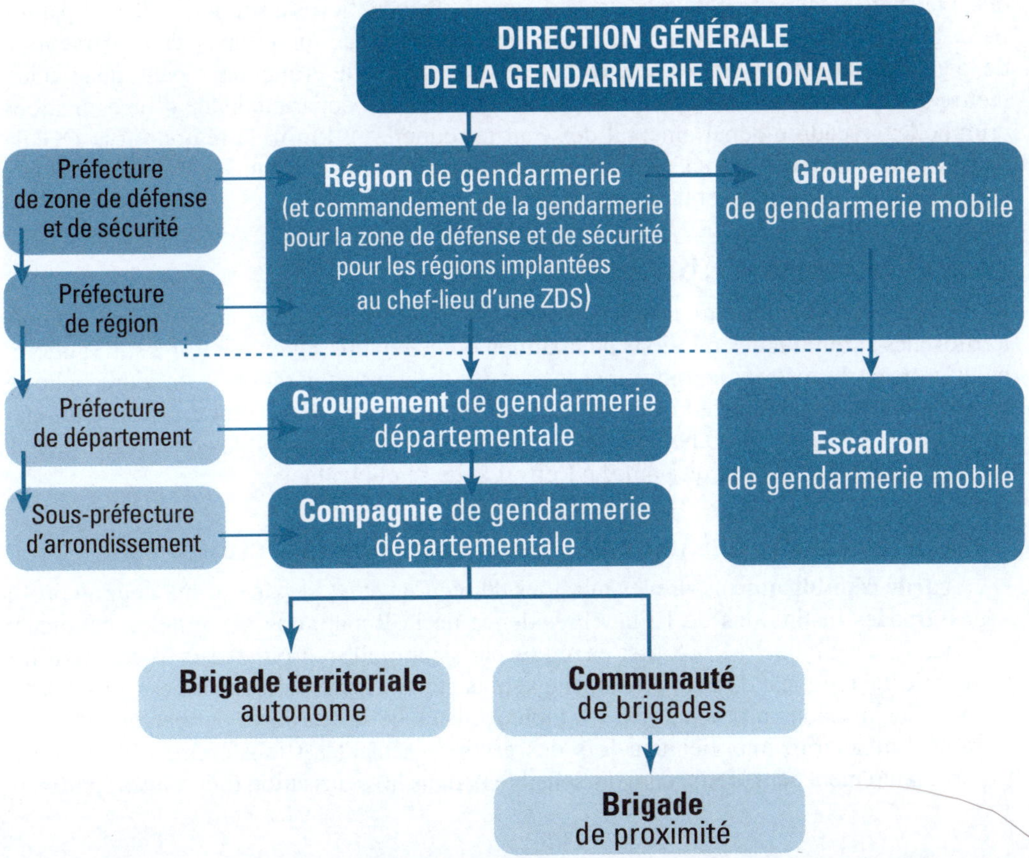

Le livre blanc sur la défense et la sécurité nationale, document stratégique publié en 2013 sous l'égide du président de la République, précise toute la place de la gendarmerie dans la défense française: « *La gendarmerie nationale, force armée relevant du ministère de l'Intérieur est employée quotidiennement dans des missions de sécurité intérieure. Elle représente un atout majeur grâce à son organisation militaire, au statut militaire de ses personnels, à son maillage territorial, à sa réserve opérationnelle et à ses forces de gendarmerie mobile. Elle constitue ainsi une réserve gouvernementale accoutumée aux engagements en situation dégradée. Elle mettra en œuvre des capacités pivots (hélicoptères, véhicules blindés de maintien de l'ordre, réseau national durci de transmission) qui s'inscrivent en complémentarité des moyens des armées et qui seront maintenues. Elle apporte un appui essentiel aux armées par les gendarmeries spécialisées, - gendarmerie maritime, de l'air, de l'armement, de la sécurité des armements nucléaire -, par la prévôté et son engagement constant en opération extérieure. Sur le territoire national, son statut unique de force armée au sein du ministère de l'Intérieur lui confère une capacité à s'adapter rapidement aux situations de crise ou de catastrophe naturelle, qui permet d'envisager son emploi aux côtés des armées.* »

b. La gendarmerie départementale

La gendarmerie départementale est structurée en « poupées russes » dans la mesure où chaque échelon peut bénéficier du soutien du niveau supérieur. Au cœur de ce dispositif, la brigade territoriale veille en permanence à la sécurité publique générale sur le territoire dont elle a la charge. Autonome ou associée à d'autres, elle bénéficie du soutien de la compagnie par le biais d'unités plus spécialisées telles que les pelotons de surveillance et d'intervention de la gendarmerie et les brigades de recherches. L'échelon du groupement peut, quant à lui, mettre à disposition des moyens complémentaires (brigade départementale d'investigations criminelles, escadron départemental de sécurité routière...). Enfin, la région ou la DGGN disposent de capacités associées à des savoir-faire plus rares (moyens aériens, enquêteurs spécialisés, unités d'intervention, cellule psychologique...).

c. La gendarmerie mobile

La gendarmerie mobile participe au dispositif de sécurité générale aux côtés des unités territoriales et remplit des missions de maintien ou de rétablissement de l'ordre. Régulièrement projetée en métropole, outre-mer ou sur des théâtres d'opérations extérieures, elle se caractérise par la grande fréquence de déplacements des escadrons (environ 180 jours par an). Forte d'environ 15 000 hommes et de 109 escadrons, cette subdivision d'arme, tire sa force de sa cohésion, de sa résistance à l'effort et de sa polyvalence.

d. La garde républicaine et les gendarmeries spécialisées

- La **garde républicaine** assure les missions de sécurité et les services d'honneur au profit des grandes institutions de l'État (Présidence de la République, Assemblée nationale, Sénat, Premier ministre…). Située en région parisienne, elle regroupe deux régiments d'infanterie, un régiment de cavalerie ainsi que plusieurs formations spécialisées (musicales). Outre les missions protocolaires, les motocyclistes de la Garde Républicaine (1er régiment d'infanterie) interviennent lors des escortes sensibles (transfèrement de détenus particulièrement dangereux, convois sensibles), dans la sécurisation d'épreuves sportives, essentiellement cyclistes, se déroulant sur la voie publique et particulièrement le Tour de France depuis 1953.

- La **gendarmerie des transports aériens** est une formation de la gendarmerie nationale placée pour emploi auprès du directeur général de l'aviation civile. Elle remplit les missions de la gendarmerie nationale dans les zones réservées des aérodromes sur lesquelles elle est implantée. Les missions principales au plus près du cœur de métier :
  - la sûreté (contrôles, protection) ;
  - la police judiciaire (crimes, délits, accidents aériens) ;
  - le renseignement (recherche au quotidien du renseignement « d'intérêt aéronautique », lutte contre la radicalisation).
- La **gendarmerie de l'air** est une formation spécialisée de la gendarmerie nationale. Elle est placée pour emploi auprès du chef d'état-major de l'armée de l'Air. Forte de 860 militaires d'active et de réserve, elle exerce les missions de police administrative, militaire et judiciaire sur les bases, installations et établissements de l'armée de l'air en métropole, outre-mer et à l'étranger.
- La **gendarmerie maritime** est une force opérationnelle résolument tournée vers la mer. Formation spécialisée de la gendarmerie nationale, elle est placée pour emploi auprès du chef d'état-major de la Marine. Elle est une composante essentielle pour garantir la souveraineté de la France dans le deuxième plus grand espace maritime au monde. La gendarmerie maritime est présente sur l'ensemble du littoral métropolitain et outre-mer mais également dans les emprises et points sensibles de la marine nationale et certains grands ports civils.
- La **gendarmerie de l'Armement** exerce – dans tous les sites de la Direction générale de l'armement (DGA) et du CEA/Gramat – toutes les attributions de la gendarmerie départementale (police judiciaire, administrative et militaire). Formation spécialisée de la gendarmerie nationale forte d'environ 280 militaires, elle est placée pour emploi auprès du délégué général pour l'armement. Elle assure la protection des installations prioritaires de défense et des points d'importance vitale relevant de l'autorité du délégué général pour l'armement et du CEA/Gramat. Enfin, elle est compétente à l'égard de toute personne civile ou militaire se trouvant dans ces lieux.
- La **GSAN**, la gendarmerie de la sécurité des armements nucléaires assure depuis 1964 un rôle essentiel dans le respect des protocoles très stricts concernant l'assemblage et le transport des armes de la dissuasion nucléaire.

D'autres formations spécifiques permettent, à l'étranger, de valoriser des accords de coopération ou d'assurer la sécurité d'emprises diplomatiques. Elles sont armées par des militaires volontaires pour vivre seuls ou avec leur famille une expérience d'expatriation temporaire.

e. Le GIGN

Le GIGN, créé en 1974, a été profondément réorganisé en 2007. Fort de plus de 380 militaires spécialisés, il est structuré autour de six forces complémentaires (intervention, protection, observation/recherche, appui opérationnel, formation, détachement

GSPR). Principale unité de contre-terrorisme disposant d'une renommée internationale, le GIGN met à disposition des unités territoriales et judiciaires ses compétences en matière de protection rapprochée, d'observation et d'intervention (grand banditisme, forcenés, actions de force en milieu pénitentiaire...).

4 Mieux connaître les missions et les métiers

a. Les fonctions et les grades

Le concours de gendarme permet d'envisager une carrière de sous-officier au sein de la gendarmerie nationale. Les sous-officiers de gendarmerie participent, sous le commandement des officiers, à la constitution et à l'encadrement des formations de gendarmerie. Ils exercent en outre les attributions et assument les responsabilités que les lois et règlements leur confèrent dans les domaines de la police judiciaire et de la police administrative.

Lors de sa formation initiale le sous-officier acquiert des compétences dans l'ensemble des domaines qui touchent les missions de la gendarmerie. Affecté au sein d'une brigade territoriale ou d'un escadron de gendarmerie mobile à la sortie d'école, il a la possibilité au cours de sa carrière de choisir d'autres affectations. Il peut également accéder à de plus larges responsabilités et envisager une carrière de gradé ou d'officier.

Opportunités de carrière

Examen	Formation	Plage de grades
Certificat d'aptitude gendarmerie	12 mois de scolarité rémunérée	Élève-gendarme
Certificat d'aptitude technique	2 années de formation continue au sein de l'unité d'affectation	Gendarme sous-contrat
Diplôme d'officier de police judiciaire ou diplôme d'arme	2 années de formation continue au sein de l'unité d'affectation	Gendarme à major
Concours d'officier	2 ans de formation à l'EOGN	Gendarme à major

La majorité des officiers de gendarmerie sont issus du corps des sous-officiers. Cette promotion par voie de concours peut intervenir en début de carrière pour les sous-officiers titulaires d'une licence ou après une expérience d'encadrement pour les adjudants-chefs ou majors.

À chaque grade correspond un niveau de responsabilité et d'encadrement, l'évolution de carrière est associée à plusieurs paramètres plus ou moins déterminants en fonction des postes : la réussite dans l'emploi, l'obtention de qualification particulière, la capacité potentielle à assumer une fonction de niveau supérieur, la mobilité, l'ancienneté dans le grade précédent.

Principaux grades des militaires de la gendarmerie

Gendarme adjoint volontaire	Gendarme adjoint	Brigadier	Brigadier-chef	Maréchal des logis
Gendarme	Élève gendarme	Gendarme sous contrat*	Gendarme de carrière*	-
Gradé	Maréchal des logis chef	Adjudant	Adjudant-chef	Major
Officier (subalterne)	Sous-lieutenant**	Lieutenant**	Capitaine**	Aspirant
Officier (supérieur)	Chef d'escadron	Lieutenant-colonel	Colonel	-
Officier (général)	Général de brigade	Général de division	Général de corps d'armée	Général d'armée

* Gendarme sous contrat et gendarme de carrière portent le même grade, pour autant, les statuts militaires prévoient une hiérarchie de fait entre le plus jeune et le plus ancien.

** Le passage des grades de sous-lieutenant à lieutenant et lieutenant à capitaine s'effectue à l'ancienneté.

b. Le cadre général et les emplois spécialisés

Le gendarme du cadre général a vocation à servir en unité opérationnelle polyvalente de type brigade de gendarmerie départementale et escadron de gendarmerie mobile. Au-delà des principales subdivisions d'arme, le sous-officier peut accéder à différentes spécialités dans les domaines de la sécurité publique, de la police judiciaire, de la sécurité routière ou du maintien de l'ordre... Les métiers suivants constituent quelques exemples courants :

- **Motocycliste :** Après une formation qualifiante au sein du centre de formation spécialisé de Fontainebleau, le gendarme motocycliste rejoint un peloton d'autoroute ou une brigade motorisée. Pilote de motocyclette de grosse cylindrée, il renforce le maillage territorial par une action visible de sécurité routière.
- **Maître de chien :** Les maîtres de chien sont sélectionnés sur la base de tests physiques et psychologiques et en fonction des besoins. Une formation de plusieurs mois se déroule au centre national d'instruction cynophile de Gramat. Les équipes cynophiles se spécialisent alors dans la recherche de stupéfiants, d'explosifs, de personnes disparues...
- **Moniteur d'intervention professionnelle :** Spécialiste des techniques d'emploi de la force, le moniteur d'intervention professionnelle forme les autres militaires et apporte une expertise technique au commandement.
- **Technicien en identification criminelle :** Spécialiste des scènes de crimes, le technicien en identification criminelle apporte une expertise aux unités territoriales en police scientifique et technique.
- **Enquêteur N'Tech :** Il s'agit d'un officier de police judiciaire capable de renforcer les enquêteurs de terrain par l'exploitation de moyens associés aux nouvelles technologies. Il peut également agir sur internet et les réseaux pour lutter contre la cybercriminalité.

On peut également citer les plongeurs, les spéléologues, les pilotes d'hélicoptère, les pilotes de vedette, les cavaliers, les spécialistes montagne... La gendarmerie, en tant que force humaine en perpétuelle évolution, dispose d'une gamme très large de spécialistes en fonction des milieux, des missions ou des domaines d'expertise requis.

c. Les domaines d'action et les missions de la gendarmerie

La gendarmerie par son ancrage territorial et sa capacité à contrôler les flux, concilie prévention et répression dans l'exécution quotidienne de ses missions. L'action en uniforme constitue un principe fondamental.

Missions de police judiciaire

La gendarmerie veille à l'exécution des lois, la police judiciaire constitue une de ses missions essentielles. La police judiciaire consiste à rechercher les infractions à la loi pénale, à les constater, à en rassembler les preuves et à en rechercher les auteurs. Pour remplir ces missions, la gendarmerie dispose d'unités territoriales et d'unités de recherches judiciaires à l'échelon local (les brigades de recherches) ou régional (les sections de recherches). Elle s'appuie également sur des capacités en criminalistique (c'est-à-dire des techniques issues de sciences diverses aidant à la recherche des preuves d'infractions, à la détermination de leurs auteurs et à la révélation de leurs modes opératoires) à tous les échelons et notamment au sein des brigades départementales de renseignements et d'investigations judiciaires. Les experts nationaux de la gendarmerie travaillent au pôle judiciaire de la gendarmerie nationale qui regroupe l'IRCGN (institut de recherche criminelle de la gendarmerie) et le SCRC (service central du renseignement criminel).

Missions de police administrative

La gendarmerie est destinée à maintenir la sécurité publique et l'ordre public**.** Elle contribue dans cette perspective à la mission de renseignement et d'information des autorités. En la matière, la gendarmerie dispose d'une compétence nationale, en métropole et outre-mer. Les renseignements politiques ou religieux et les missions occultes sont strictement exclus de son champ d'attribution. Le contact avec la population et la recherche de renseignement s'exerce dans le cadre de patrouilles de prévention de proximité au sein des unités territoriales.

Missions de défense

La gendarmerie participe à la défense de la patrie et des intérêts supérieurs de la nation tels que le contrôle et la sécurité des armements nucléaires. Elle contribue aux missions de défense par le biais de la recherche du renseignement, de la lutte contre le terrorisme, de l'action des gendarmeries spécialisées et de la défense opérationnelle du territoire. Sur ce dernier point, la gendarmerie est plus particulièrement chargée de défendre les points d'importance vitale et de conduire des actions de combat visant à neutraliser des éléments ennemis infiltrés.

5 Mieux connaître la vie du gendarme adjoint volontaire

Les gendarmes adjoints volontaires s'inscrivent dans le dispositif des volontaires dans les armées en service au sein de la gendarmerie nationale qu'ils s'agissent d'agents de police judiciaire adjoints (APJA) ou d'emplois particuliers (EP). Ils peuvent servir dans des unités et des emplois très variés.

a. La vie en école

La formation est l'occasion pendant plusieurs semaines de découvrir les règles et les fondamentaux de la gendarmerie.

Quelle que soit l'option choisie, vous serez formé aux actes militaires élémentaires (discipline, grades, engagement physique) et services de permanence et à la posture de sécurité (accueil…).

La formation des gendarmes adjoints volontaires, agents de police judiciaire adjoints se focalise également sur l'assistance aux sous-officiers et officiers de la gendarmerie et à l'exécution de missions de sécurité routière mais aussi d'assistance et de secours.

Les élèves gendarmes adjoints volontaires sont soumis pendant leur période de formation à un contrôle continu et à un examen final. Ils doivent obtenir la note minimale de 10/20 pour obtenir le certificat technique de qualification. En cas d'échec, sauf cas particulier, le contrat est dénoncé par la gendarmerie.

Pour les candidats gendarmes adjoints volontaires en emploi particulier, le certificat technique de qualification est délivré en unité après validation de la phase de formation complémentaire de six semaines.

b. Le quotidien en unité

Appelés à servir en tout temps et en tout lieu, les volontaires sont affectés dans l'ensemble des formations de la gendarmerie nationale notamment les unités de gendarmerie départementale, **brigade territoriale, peloton de surveillance et d'intervention, peloton d'autoroute.** Le gendarme adjoint volontaire, agent de police judiciaire adjoint participe alors à la plupart des missions conférées aux sous-officiers de la gendarmerie départementale.

Lors de l'arrivée en unité, un sous-officier assure le rôle de tuteur vis-à-vis du jeune gendarme adjoint volontaire. Ce tutorat permet au nouvel arrivant d'être guidé dans ses premiers pas de militaire de la gendarmerie, de bénéficier d'une transmission des connaissances et de prendre conscience du niveau qu'il doit atteindre pour être pleinement opérationnel au sein de la structure qui l'accueille.

Dans une moindre mesure**, les gendarmes adjoints volontaires peuvent également être affectés dans un peloton de montagne, une unité de gendarmerie maritime, de gendarmerie de l'air, de la garde républicaine ou encore de la gendarmerie mobile.**

Le contrat de volontariat est conclu pour une durée de 2 ans. Il est renouvelable pour une période de 3 ans, puis pour une année supplémentaire. Le contrat comporte une période probatoire de 6 mois, au cours de laquelle vous pouvez le dénoncer à tout moment sans justification particulière. Cette période peut être renouvelée une fois pour raisons de santé ou insuffisance de formation.

Épreuve de connaissances générales

Culture générale

- Géographie
- Histoire
- Les institutions
- Arts et littérature
- Sécurité, santé et société
- Sciences
- Sports et jeux

Cette partie du QCM est la plus vaste et donc la plus difficile à préparer. Outre l'apprentissage des cours synthétiques que nous vous proposons, il est recommandé de noter dans un cahier spécialement consacré à la culture générale les connaissances qui vous manquent par thèmes mais aussi d'avoir un contact régulier avec les sources d'information. Durant votre préparation du concours, suivez l'actualité (plutôt à la radio qu'à la télévision), lisez des articles dans la presse quotidienne et hebdomadaire, et notez les noms des personnages importants, des institutions que vous ne connaissez pas bien.

30 minutes

1 Géographie physique du monde

Un parallèle est un cercle parallèle à l'équateur et l'équateur représente donc la latitude 0 . Un méridien est un demi-cercle qui rejoint les deux pôles ; le méridien de Greenwich (à l'est de l'Angleterre) est la longitude 0 .

Les terres émergées (148 millions de km^2) couvrent 29 % de la surface du globe. Trois quarts de ces terres sont au nord de l'équateur.

Le plus grand pays (surface) est la Russie avec 17 millions de km^2. Sa surface est supérieure à celle de l'océan Arctique ou de l'océan Antarctique. Le second pays est le Canada et le troisième est la Chine. Les plus petits pays sont le Vatican (0,44 km^2), la principauté de Monaco (2 km^2), puis Saint-Marin (61 km^2).

a. Continents

On peut en dénombrer 7 : Amérique du Nord, Amérique du Sud, Antarctique, Asie, Europe (l'Oural et la mer Caspienne séparent Europe et Asie), Afrique, Océanie.

b. Océans, mers, fleuves

On découpe l'océan habituellement en 5 parties (du plus grand au plus petit) :

- Océan Pacifique, le plus grand (sa surface est presque égale à la surface cumulée des autres océans), le plus profond (on y trouve la fosse des Mariannes, fosse océanique la plus profonde avec 11 033 mètres).
- Océan Atlantique, océan jeune et très chargé en eau douce.
- Océan Indien, présent dans l'hémisphère sud, au sud de l'Asie.
- Océan Antarctique ou Austral, au pôle sud (entoure le continent antarctique).
- Océan Arctique, au pôle nord, recouvert de glace.

Quelques mers et golfes (à repérer sur une carte)

Un **golfe** est une partie de mer qui rentre dans les terres. Un petit golfe est une **baie**.

Un **estuaire** est l'embouchure d'un fleuve où se mêlent eau de mer et eau douce.

Un **détroit** est un bras de mer resserré entre deux terres.

Une **péninsule** est une étendue s'avançant dans la mer et formant une vaste presqu'île.

Repérez particulièrement sur une carte :

Océan Pacifique : *mer de Béring, golfe de Californie ou mer de Cortès ou mer Vermeille, mer Jaune, mer de Corail, mer de Java, détroit de Bass.*

***Océan Atlantique :** mer Baltique, golfe de Botnie, mer du Nord, mer d'Iroise, mer Adriatique, mer Ionienne, mer Tyrrhénienne, golfe du Lion, mer d'Alboran, mer Noire, mer Égée, mer de Marmara, golfe de Guinée, golfe du Saint-Laurent.*

***Océan Indien :** mer d'Andaman, golfe d'Aden, golfe Persique, mer Rouge.*

***Océan Antarctique :** mer d'Amundsen, baie de Selzberger, mer de Mackenzie ou mer de l'Entente, mer (ou baie) de Ross.*

***Océan Arctique :** baie de Baffin, mer de Barents, mer Blanche, mer de Kara, mer de Beaufort, bassin de Foxe, baie d'Hudson, mer du Labrador.*

On peut ajouter à ces mers les lacs, surtout les grands lacs d'Amérique du Nord qui sont (d'ouest en est) : lac Supérieur, lac Michigan, lac Huron, lac Érié, lac Ontario.

Quelques fleuves

Continents	Fleuves
Afrique	**Nil** (6 690 km). Source : lac Victoria, un des plus grands lacs au monde (appartient à l'Ouganda, la Tanzanie et le Kenya). **Congo** (4 670 km). Source disputée, probablement en République démocratique du Congo. **Limpopo**, se jette dans l'océan Indien. **Volta**, se jette dans l'océan Atlantique au niveau du golfe de Guinée. On y trouve le lac Volta, plus grand lac artificiel du monde, situé au Ghana.
Amérique	**Amazone** (6 452 km). Fleuve le plus puissant du monde (masse des eaux). Source : les Andes. Se jette dans l'océan Atlantique. **Mississippi-Missouri** (6 270 km). Source : Mississippi au Minnesota (nord) / Missouri au Montana (nord-ouest). Seul, le Mississippi ne fait que 3 780 m. **Rio Grande**, également appelé **Rio Bravo** par les Mexicains, se jette dans l'océan Atlantique.
Asie	**Yangtsé** aussi appelé le **fleuve bleu** (6 380 km). Source : Tibet, se jette dans la mer de Chine orientale. **Fleuve Jaune** (5 464 km), en Chine. Source : à l'ouest de la Chine, se jette dans la mer Jaune. **Ob** (5 410 km), en Russie. Source : Monts Altaï, se jette dans l'océan Arctique. **Amour** (4 410 km), en Asie. Source : frontière ouest entre la Chine et la Russie, se jette dans l'océan Pacifique. **Euphrate**, prend sa source en Arménie, se jette dans le golfe Persique. **Tigre**, fleuve de Mésopotamie, prend sa source en Turquie et se jette dans le golfe Persique. **Gange**, fleuve d'Inde, se jette dans le golfe du Bengale. **Jourdain**, fleuve d'Israël et de Jordanie, prend sa source au Liban et se jette dans la mer Morte.
Europe	On repérera particulièrement la situation géographique des fleuves suivants : **Danube, Dniepr, Dniestr, Èbre, Guadalquivir, Oder, Oural, Pô, Rhin, Tage, Tamise, Tibre, Vistule, Volga**.

Montagnes

Continents	Montagnes
Afrique	**Kilimandjaro**, sommet de l'Afrique (5 895 m), en Tanzanie. **Mont Kenya** (5 195 m) au Kenya. **Piton de la Fournaise** sur l'île de la Réunion (volcan actif). **Piton des Neiges**, sommet de l'île de la Réunion.
Amérique	**Mont Elbert**, point culminant des montagnes Rocheuses. **Mont McKinley** ou **Denali** en Alaska (6 194 m), plus haut sommet d'Amérique du Nord. **Pico de Orizaba**, sommet du Mexique. **Volcan Chimborazo** (6 267 m), plus haut sommet de l'Équateur et point le plus éloigné du centre de la Terre. **Nevado Huascaran**, plus haut sommet du Pérou.
Asie	**Himalaya**, plus haute chaîne de montagnes avec notamment le mont **Everest** (8 844 m) au Népal, plus haut sommet du monde mais aussi quatre sommets appelés **Annapurna**, à plus de 7 500 m. **Mont Fuji**, volcan japonais. **Mont Tambora** en Indonésie, volcan ayant provoqué la plus violente éruption en 1815. **Mont Ararat** (5 160 m) en Turquie où Noé aurait échoué avec l'Arche.
Europe	**Alpes**, plus haute chaîne de montagnes d'Europe de l'Ouest avec le mont Blanc (4 807 m). **Caucase**, plus haute chaîne de montagne d'Europe dont le sommet est le mont Elbrouz (5 642 m), en Russie. **Mont Olympe** et **mont Parnasse** dans les Balkans, en Grèce. **Pic de Aneto**, point culminant des Pyrénées (3 404 m, en Espagne). **Crêt de la Neige** (1 718 m), point culminant du Jura. **Puy de Sancy** (1 886 m), point culminant du Massif central. **Le Grand Ballon**, (1 424 m), point culminant des Vosges. **Etna**, grand volcan de Sicile, en Italie. **Vésuve**, volcan actif d'Italie.

Vents et courants océaniques

- **Sirocco** : En Afrique du Nord, vent du sud, sec et chaud.
- **Foehn** : Dans les Alpes, proche de la Méditerranée, vent de montage sec et chaud.
- **Mousson** : En Asie, vent soufflant vers la mer en hiver et vers la terre en été.
- **Mistral** : Dans le Midi, vent violent du nord ou nord-ouest.
- **Tramontane** : Dans le sud de la France, vent froid du nord.
- **Zéphyr** : En France, vent d'ouest doux et chaud.
- **Gulf Stream** : Courant océanique chaud situé entre la Floride et les Bahamas.

Quelques échelles utilisées en science de la vie et de la terre

- Échelle de **Beaufort** (de 0 à 12) : Vitesse des vents.
- Échelle de **Fujita-Pearson** (de 0 à 12) : Gravité des tornades.
- Échelle de **TORRO** (de 0 à 11) : Intensité des tornades (plus rare d'emploi que la précédente).

- Échelle de **Mercalli** (de 1 à 12) : Intensité des séismes.
- Échelle de **Richter** (pas de limite supérieure) : Magnitude des séismes.

2 Géographie physique de la France

- **Surface** : 551 600 km² (640 294 km² avec l'outre-mer), plus grand pays de l'Union européenne. Territoire métropolitain baigné par trois mers et un océan.
- **États frontaliers de la métropole** : Belgique, Luxembourg, Allemagne, Suisse, Italie, Monaco, Espagne et Andorre.

a. Fleuves et montagnes

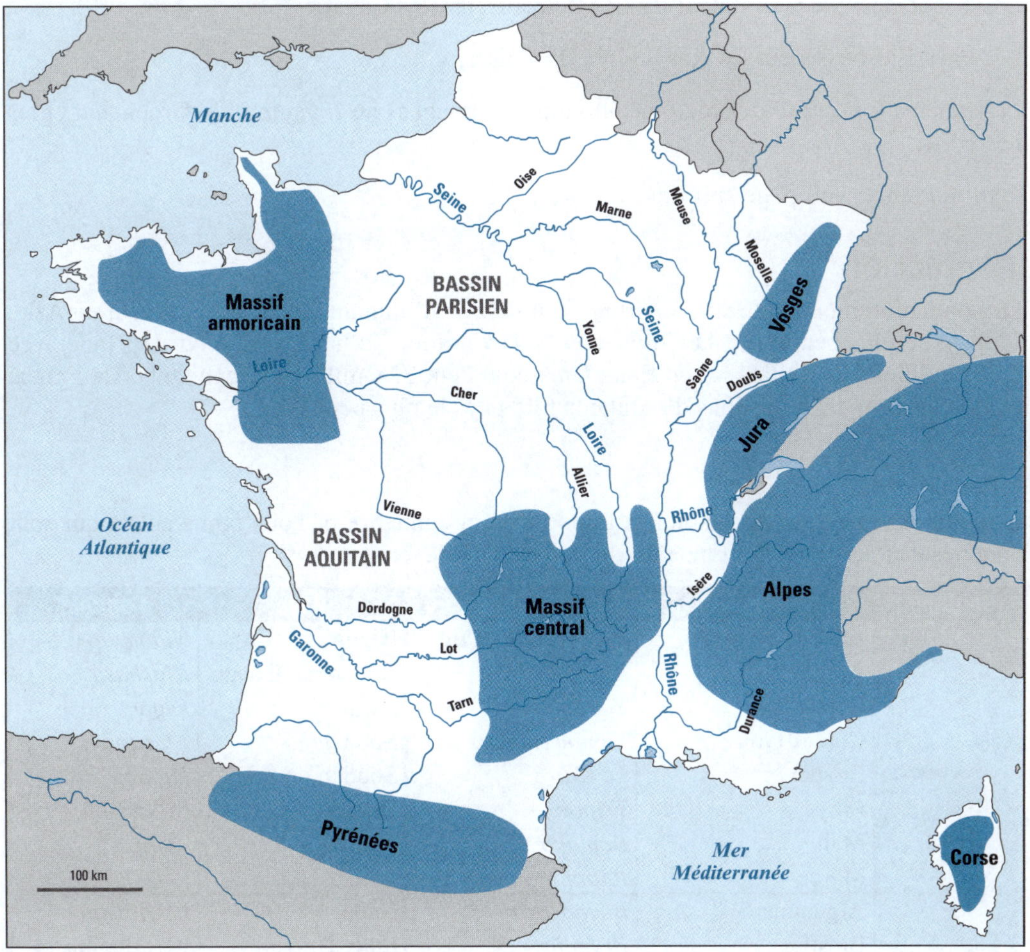

b. Climat

Le climat est tempéré. Il est océanique sur la façade ouest, méditerranéen en Provence et semi-continental sur le reste du territoire.

3 Géographie humaine du monde

a. Territoires

Dans le monde on compte un peu plus de **200** pays.

Les États-Unis comptent 50 États, dont 48 contigus auxquels s'ajoutent l'Alaska et Hawaï.

Le Royaume-Uni possède de nombreux territoires d'outre-mer dont Anguilla (Caraïbes), les Bermudes, Gibraltar, les îles Caïman, les îles Vierges britanniques, les îles Malouines, Sainte-Hélène.

Le Portugal possède également des territoires insulaires : les Açores, Madère.

L'Espagne possède notamment les îles Baléares, les îles Canaries.

Les Pays-Bas possèdent les Antilles néerlandaises.

Le Danemark possède des régions autonomes rattachées au royaume : le Groenland et les îles Féroé.

Pour la France, voir page suivante.

b. Population

La population mondiale est d'environ 7,6 milliards d'humains, dont 60 % vivent en Asie. Le pays le plus peuplé est la Chine avec 1 415 millions d'habitants, suivi de l'Inde avec 1 355 millions d'habitants. Les États-Unis comptent 328 millions d'habitants. La France compte environ 67,8 millions d'habitants (20e pays le plus peuplé).

c. Capitales

Nous ne donnons que les capitales importantes à connaître et nous ôtons celles qui sont connues de tous (pour la France, l'Allemagne, l'Italie, etc.).

Continent	Pays	Capitale	Pays	Capitale
Afrique	Afrique du Sud	*Pretoria / Le Cap*	Niger	*Niamey*
	Algérie	*Alger*	Rép. dém. Congo	*Kinshasa*
	Cameroun	*Yaoundé*	Rwanda	*Kigali*
	Côte-d'Ivoire	*Yamoussoukro*	Soudan	*Khartoum*
	Égypte	*Le Caire*	Soudan du Sud	*Djouba*
	Libye	*Tripoli*	Tchad	*Ndjamena*
	Mali	*Bamako*	Tunisie	*Tunis*
	Maroc	*Rabat*		
Amérique	Argentine	*Buenos Aires*	Cuba	*La Havane*
	Brésil	*Brasilia*	États-Unis	*Washington*
	Canada	*Ottawa*	Haïti	*Port-au-Prince*
	Chili	*Santiago*	Mexique	*Mexico*
	Colombie	*Bogota*	Pérou	*Lima*
	Costa Rica	*San José*	Venezuela	*Caracas*

Continent	Pays	Capitale	Pays	Capitale
Asie	Afghanistan	*Kaboul*	Japon	*Tokyo*
	Arabie saoudite	*Riyad*	Liban	*Beyrouth*
	Birmanie	*Rangoun*	Népal	*Katmandou*
	Cambodge	*Phnom Penh*	Pakistan	*Islamabad*
	Chine	*Pékin*	Qatar	*Doha*
	Corée du Nord	*Pyongyang*	Singapour	*Singapour*
	Corée du Sud	*Séoul*	Syrie	*Damas*
	Inde	*New Delhi*	Tibet	*Lhassa*
	Irak	*Bagdad*	Turquie	*Ankara*
	Iran	*Téhéran*	Viêt Nam	*Hanoï*
Europe	Autriche	*Vienne*	Norvège	*Oslo*
	Biélorussie	*Minsk*	Pays-Bas	*Amsterdam*
	Bosnie-Herzégovine	*Sarajevo*	Pologne	*Varsovie*
	Chypre	*Nicosie*	Portugal	*Lisbonne*
	Croatie	*Zagreb*	Rép. tchèque	*Prague*
	Danemark	*Copenhague*	Roumanie	*Bucarest*
	Finlande	*Helsinki*	Serbie	*Belgrade*
	Hongrie	*Budapest*	Slovaquie	*Bratislava*
	Irlande	*Dublin*	Slovénie	*Ljubljana*
	Islande	*Reykajavik*	Suède	*Stockholm*
	Lettonie	*Riga*	Suisse	*Berne*
	Lituanie	*Vilnius*	Ukraine	*Kiev*

d. Langues

La langue la plus parlée dans le monde est l'anglais, mais la langue maternelle la plus répandue en nombre de locuteurs est le mandarin (langue des Chinois).

Le français est parlé par environ 220 millions de personnes dans le monde, dont 115 millions pour lesquelles il s'agit de la langue maternelle. Il est la langue officielle de 29 pays, principalement d'Afrique. Dans les pays du Maghreb (Algérie, Maroc, Tunisie, Liban, Mauritanie), le français est parlé couramment mais n'est pas une langue officielle.

L'espagnol est la langue officielle de 20 pays dont l'Argentine, la Bolivie, le Chili, Cuba, le Mexique, le Pérou, le Venezuela.

Le portugais est la langue officielle du Portugal, de l'Angola, du Brésil, de Cap-Vert, de la Guinée-Bissau, du Mozambique, de Sao Tomé et Principe.

4. Géographie humaine de la France

La France est divisée en 18 régions depuis le 1er janvier 2016 (27 auparavant).

- 12 régions en France métropolitaine ;
- 1 collectivité territoriale, assimilée à une région, la Corse ;
- 5 D(R)OM (Département – et Région – d'outre-mer) : Guadeloupe, Martinique, Guyane, Réunion, Mayotte.

Remarque

Il ne faut pas confondre les D(R)OM et les COM (Collectivités d'outre-mer – anciens TOM), tels St-Pierre-et-Miquelon, Wallis-et-Futuna, Saint-Martin, Saint-Barthélemy.

La région la plus peuplée est l'Île-de-France (environ 12 millions d'habitants) ; la moins peuplée est Mayotte et, en France métropolitaine, c'est la Corse (0,3 million d'habitants). La région la plus étendue est la Nouvelle-Aquitaine avec 84 000 km², juste devant la Guyane. La plus petite est Mayotte et, en France métropolitaine, c'est la Corse avec 8 680 km².

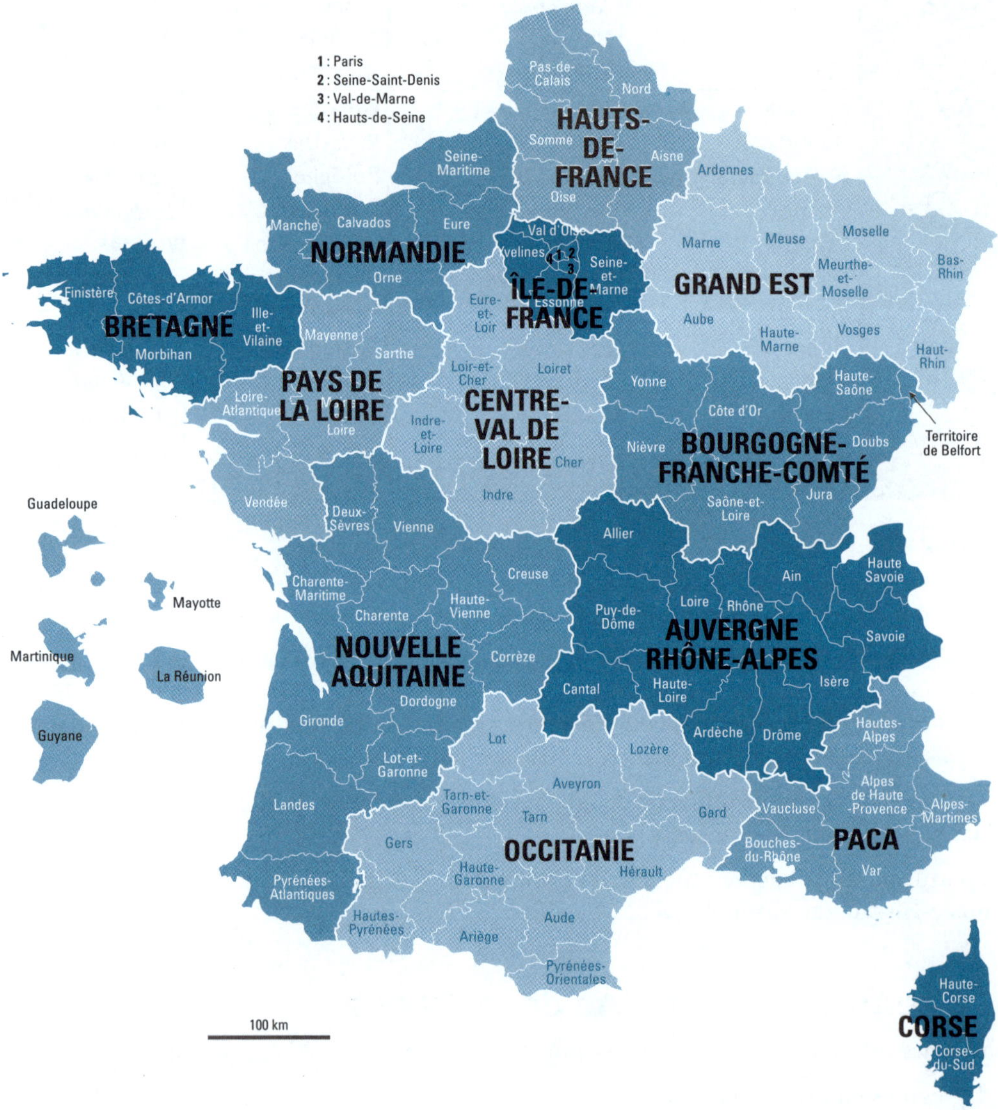

Exercices

Géographie physique du monde et de la France

Répondez aux questions suivantes.

1. Dans quel océan se situe la Nouvelle-Calédonie ?

❒ **a.** l'océan Pacifique ❒ **b.** l'océan Atlantique ❒ **c.** l'océan Indien

2. Quel est le sommet le plus élevé d'Afrique ?

❒ **a.** l'Atlas ❒ **b.** le mont Kenya ❒ **c.** le Kilimandjaro

3. Quel est le plus grand fleuve du monde ?

❒ **a.** l'Amazone ❒ **b.** le Mississippi ❒ **c.** le Nil

4. Parmi ces fleuves, lequel ne fait pas partie du continent africain ?

❒ **a.** le Niger ❒ **b.** la Volta ❒ **c.** le Hudson

5. Parmi ces mers, laquelle est la plus au nord ?

❒ **a.** la mer du Nord ❒ **b.** la mer Baltique ❒ **c.** la mer de Barents

6. Qu'est-ce qu'une péninsule ?

❒ **a.** un bras de mer resserré entre deux terres

❒ **b.** une étendue de terre que l'eau entoure de tous côtés

❒ **c.** une étendue s'avançant dans la mer et formant une vaste presqu'île

7. Parmi ces volcans, trouvez l'intrus.

❒ **a.** le Vésuve ❒ **b.** l'Etna ❒ **c.** le puy de Sancy

8. Quel est le nom de l'échelle de mesure de la vitesse des vents ?

❒ **a.** l'échelle de Richter

❒ **b.** l'échelle de Beaufort

❒ **c.** l'échelle de Mercalli

9. Le plus grand lac du monde, par son étendue est :

❒ **a.** le lac Érié ❒ **b.** le lac Majeur ❒ **c.** le lac Victoria

10. Dans quel océan se situe l'île de Madère ?

❒ **a.** l'océan Atlantique ❒ **b.** l'océan Pacifique ❒ **c.** l'océan Indien

11. Parmi ces pays, lequel n'est pas frontalier de la France ?

❒ **a.** les Pays-Bas ❒ **b.** le Luxembourg ❒ **c.** l'Allemagne

12. Le fleuve Vilaine se situe :

❒ **a.** en Bretagne

❒ **b.** en Nouvelle-Aquitaine

❒ **c.** en Grand-Est

13. L'Allier est un affluent de :
❒ **a.** la Loire ❒ **b.** la Seine ❒ **c.** la Garonne

14. Parmi ces montagnes jeunes, trouvez l'intruse.
❒ **a.** le Jura ❒ **b.** les Vosges ❒ **c.** les Pyrénées

15. Le climat de la ville de Nantes est :
❒ **a.** continental ❒ **b.** semi-continental ❒ **c.** océanique

Géographie humaine du monde et de la France

Répondez aux questions suivantes.

16. Parmi ces îles, laquelle appartient au territoire d'outre-mer de la France ?
❒ **a.** Mayotte ❒ **b.** Madère ❒ **c.** les Açores

17. Niamey est la capitale :
❒ **a.** du Niger ❒ **b.** de la Côte-d'Ivoire ❒ **c.** du Mali

18. Parmi ces pays, lequel a le français comme langue officielle ?
❒ **a.** l'Autriche ❒ **b.** le Tchad ❒ **c.** le Maroc

19. Parmi ces États, lequel a la plus petite superficie ?
❒ **a.** la Russie ❒ **b.** les États-Unis ❒ **c.** la Chine

20. La Syrie a une frontière commune avec :
❒ **a.** le Liban ❒ **b.** l'Iran ❒ **c.** l'Égypte

21. Quelle est la langue officielle du Brésil ?
❒ **a.** l'espagnol ❒ **b.** le portugais ❒ **c.** le brésilien

22. Le drapeau de l'Autriche est blanc et :
❒ **a.** bleu ❒ **b.** noir ❒ **c.** rouge

23. Le Groenland est un pays constitutif :
❒ **a.** du Canada ❒ **b.** de l'Islande ❒ **c.** du Danemark

24. La préfecture du Var est :
❒ **a.** Toulon ❒ **b.** Avignon ❒ **c.** Toulouse

25. Combien la France compte-t-elle de départements ?
❒ **a.** 95 ❒ **b.** 100 ❒ **c.** 101

26. Parmi ces villes françaises, laquelle est la plus au sud ?
❒ **a.** Nantes ❒ **b.** Clermont-Ferrand ❒ **c.** Orléans

27. Quel est le pays le plus peuplé ?
❒ **a.** les États-Unis ❒ **b.** les Philippines ❒ **c.** l'Inde

28. La région Occitanie est issue de la fusion de :

❒ **a.** 2 régions ❒ **b.** 3 régions ❒ **c.** 4 régions

29. Le département de l'Allier a pour numéro Insee :

❒ **a.** 3 ❒ **b.** 4 ❒ **c.** 5

30. Belgrade est la capitale :

❒ **a.** de la République tchèque ❒ **b.** de la Pologne ❒ **c.** de la Serbie

Corrigés

1. a.

2. c. Avec 5 895 mètres. L'Atlas se situe en Afrique du Nord et culmine à 4 200 m.

3. c. Il parcourt 6 690 km.

4. c. Le Hudson se situe en Amérique. La Volta est en Afrique de l'Ouest.

5. c. Elle se situe au nord de la Russie.

6. c. La définition **b.** est celle d'une île.

7. c. C'est le seul à être éteint.

8. b.

9. c. Le lac Érié (Amérique du Nord) a une superficie de 25 700 km^2, le lac Majeur (situé en Italie et Suisse) a une superficie de 213 km^2, le lac Victoria (entre le Kenya, l'Ouganda et la Tanzanie) a une superficie de 68 100 km^2. La mer Caspienne qui est fermée est considérée comme le plus grand lac au monde avec 371 000 km^2.

10. a. Cet archipel (ensemble d'îles) appartient au Portugal et se situe au large du Maroc.

11. a.

12. a. Ce fleuve baigne également les Pays de la Loire.

13. a. La Loire a trois principaux affluents : la Vienne, l'Allier et le Cher.

14. b. Les Vosges sont un massif ancien.

15. c. La ville se situe sur la côte, face à l'océan Atlantique.

16. a. Madère et les Açores sont des territoires portugais.

17. a. La capitale de la Côte-d'Ivoire est Yamoussoukro (sa capitale économique est Abidjan), et la capitale du Mali est Bamako.

18. b. La langue officielle de l'Autriche est l'allemand et la langue officielle du Maroc est l'arabe et des langues berbères.

19. b. La Russie est l'État le plus vaste ; la Chine est le troisième plus grand État.

20. **a.** Les États frontaliers de la Syrie sont le Liban, Israël, la Jordanie, l'Irak, la Turquie.

21. **b.** Ne pas confondre avec l'Argentine dont la langue est l'espagnol.

22. **c.** Le drapeau de l'Autriche est formé de trois bandes horizontales, deux rouges et une blanche.

23. **c.** Il en est de même pour les îles Féroé.

24. **a.** Le Var fait partie de la région Provence-Alpes-Côte d'Azur.

25. **c.** Sauf indication contraire, il faut inclure les départements et régions d'outre-mer.

26. **b.** Orléans est plus au nord que Nantes.

27. **c.** C'est le pays le plus peuplé parmi les trois proposés et c'est aussi le deuxième pays le plus peuplé au monde après la Chine.

28. **a.** Languedoc-Roussillon et Midi Pyrénées.

29. **a.**

30. **c.** La capitale de la République tchèque est Prague et celle de la Pologne est Varsovie.

1 Histoire de France jusqu'à la Révolution

Dynastie mérovingienne (481-751) – Fondateur : Clovis

- 496 : Baptême de Clovis (roi de 481 à 511)
- 732 : Charles Martel bat l'armée de l'émir Abd-al-Rahman à Poitiers

Dynastie carolingienne (751-987) – Fondateur : Pépin le Bref (fils de Charles Martel)

- 800 : Charlemagne (roi de 768 à 814) est sacré empereur ; il s'installe à Aix-la-Chapelle
- 843 : « Partage de Verdun », empire de Charlemagne divisé entre Charles le Chauve, Louis le Germanique et Lothaire
- 877 : « Capitulaire de Quierzy », l'empereur Charles le Chauve concède des pouvoirs aux seigneurs (féodalité)

Dynastie capétienne (987-1792)

Capétiens directs (987-1328) – Fondateur : Hugues Capet

- 1095-1099 : 1re croisade ; Godefroi de Bouillon et les barons de France fondent un royaume à Jérusalem
- 1137 : Louis VII épouse Aliénor d'Aquitaine ; ils font la 2e croisade (1147-1148). Il la répudie en 1152 et elle épouse Henri II Plantagenêt, roi d'Angleterre. De cette union naissent Richard Cœur de Lion et Jean sans Terre
- Philippe Auguste participe à la 3e croisade (1189-1192) puis bat Jean sans Terre à Bouvines (1214)
- 1226-1270 : Règne de Louis IX (saint Louis) ; il participe à 2 croisades et crée le Parlement de Paris
- 1307 : Philippe IV le Bel supprime l'ordre des Templiers puis entre en conflit avec le pape ; installation d'un pape en Avignon (de 1309 à 1376)

Valois (1328-1589) – Fondateur : Philippe VI

- 1337-1453 : Guerre de « Cent ans » ; victoire française grâce à Du Guesclin puis Jeanne d'Arc. Charles VII sacré à Reims réorganise la France avec Jacques Cœur
- 1515-1547 : François Ier ; Renaissance française (achat de la Joconde) ; opposé à Charles Quint (Marignan en 1515). Impose une langue unique, la langue d'Oïl (1539)
- Guerres de religion entre catholiques et protestants ; nuit de la Saint-Barthélemy (1572). Henri III assassiné par le huguenot J. Clément (1589). Henri IV impose l'édit de Nantes (tolérance religieuse) en 1598 et redresse la France avec Sully avant d'être assassiné par Ravaillac en 1610

Bourbons (1589-1792) – Fondateur : Henri IV

- 1624-1642 : Richelieu ministre de Louis XIII
- 1643-1715 : Louis XIV ; Mazarin mate la fronde et Colbert refonde le royaume. Cour à Versailles (1682). Révocation de l'édit de Nantes (1698)
- 1774-1792 : Louis XVI ; crise économique et « affaire du collier » : Marie-Antoinette accusée de malversations pour obtenir un collier de 1,6 million de livres

2 Histoire de France de la Révolution à 1958

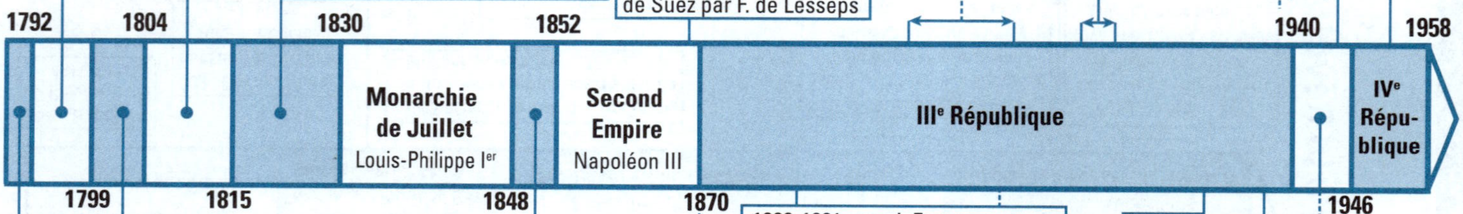

1789-1792 : Monarchie constitutionnelle
1789 : 20 juin : serment du jeu de paume
L'Assemblée nationale devient Constituante
14 juillet : prise de la Bastille
4 août : abolition des privilèges
26 août : DDHC
1791 : 21 juin : fuite du roi à Varennes
1792 : 10 août : prise des Tuileries
22 sept. : abolition de la royauté

1792-1799 : Première République
1793 : 21 janvier : exécution de Louis XVI
Début de l'insurrection en Vendée
5 sept. : début de la Terreur (loi des suspects)
1794 : 27 juillet (9 Thermidor) : chute de Robespierre

1799-1804 : Consulat
9 nov. (18 Brumaire) 1799 : coup d'État de Bonaparte
1802 : N. Bonaparte consul à vie / 1804 : Code civil

1804-1815 : Premier Empire
2 déc. 1804 : Napoléon Ier empereur
2 déc. 1805 : victoire d'Austerlitz
18 juin 1815 : défaite de Waterloo
22 juin 1815 : fin des « 100 jours »

1815-1830 : Restauration
Règnes de Louis XVIII (1815-1824)
puis Charles X (1824-1830)
28-30 juillet 1830 : « Trois Glorieuses »

1848-1852 : IIe République
27 avril 1848 : abolition de l'esclavage (Schoelcher)
20 déc. 48 : Louis-Napoléon Bonaparte président
2 déc. 1851 : coup d'État de L.-N. Bonaparte

1869 : ouverture du canal de Suez par F. de Lesseps

1870-1871 : guerre franco-prusienne
1er sept. 70 : défaite de Sedan
4 sept. : abdication de Napoléon III

1880-1881 : gvt J. Ferry
Lois sur les libertés de la presse, de réunion et d'enseignement,
Enseignement primaire gratuit, laïque et obligatoire (1882)

1894-1906 : affaire Alfred Dreyfus, officier condamné à tort pour haute-trahison ; défendu par Zola « J'Accuse...! »

1905 : loi de séparation des Églises et de l'État à l'initiative d'A. Briand

1914-1918 : 1re guerre mondiale ; victoires de la Marne (1914) et de Verdun (1916)
11 nov. 18 : armistice de Rethondes
28 juin 1919 : traité de Versailles

1929 : début de la crise économique mondiale après le « Jeudi Noir » à Wall Street (New York)

1936 : Front populaire
gouvernement L. Blum
Accords de Matignon, semaine de 40 h, congés payés

1939-1945 : 2de guerre mondiale
17 juin 40 : Pétain pdt du Conseil puis chef d'État
18 juin 40 : de Gaulle appelle à la résistance
22 juin 40 : armistice avec l'Allemagne
6 juin 44 : débarquement de Normandie
8 mai 45 : capitulation de l'Allemagne

1940-1944 : Régime de Vichy
1944-1946 : Gvt provisoire du CNL

Présidences de V. Auriol et de R. Coty

3 Histoire de la Vᵉ République

1958 – Charles de Gaulle

1958 : Insurrection à Alger ; putsch
De Gaulle président du Conseil
Réforme constitutionnelle votée
De Gaulle président en 1959 ;
M. Debré 1er ministre (1959-62)
A. Malraux ministre de la Culture

1960 : indépendance des pays d'Afrique francophone

1961 : référendum approuvant l'autodétermination de l'Algérie
Putsch des généraux en Algérie pour conserver l'Algérie française
1962 : accords d'Évian ; indépendance algérienne

1962 : suffrage universel direct approuvé à 62%
1965 : De Gaulle réélu

1962 : G. Pompidou remplace M. Debré (62-68)

mai 68 : grèves et mouvements étudiants ; accords Grenelle

1969 : échec du référendum sur la régionalisation et la réforme du Sénat ; démission de De Gaulle

1969 – Georges Pompidou

1974 – Valéry Giscard-d'Estaing

J. Chirac (74-76) puis R. Barre (76-81) 1er ministres
1974 : majorité à 18 ans / 1975 : loi S. Veil sur l'IVG

1981 – François Mitterrand

1981-84 : P. Mauroy 1er ministre
1981 : abolition de la peine de mort
1982 : semaine de 39 h, retraite à 60 ans
1983 : tournant de la rigueur

1984-86 : L. Fabius 1er ministre
Rupture entre PS et PC
Affaire du sang contaminé

1986-88 : Chirac 1er ministre après la victoire RPR-UDF aux législatives ; 1re cohabitation

1988 : Mitterrand réélu face à Chirac
1988-91 : M. Rocard 1er ministre / 88 : RMI
1991-93 : Cresson puis Bérégovoy 1er ministres

1993-95 : E. Balladur 1er ministre (victoire UDF-RPR) ; 2e cohabitation

1995 – Jacques Chirac

1995-97 : A. Juppé 1er ministre
échec du « plan Juppé »
1997 : Service militaire supprimé

1997-2002 : L. Jospin 1er ministre (victoire du PS) ; 3e cohabitation
1997-2000 : M. Aubry à l'Emploi (97 : emplois jeunes / 98 : semaine de 35 h / 99 : CMU)

2002 : Chirac réélu face à J.-M. Le Pen
2002-05 : J.-P. Raffarin 1er ministre
2005 : «non» à la Constitution de l'UE
2005-07 : D. de Villepin 1er ministre
Baisse de la dette / échec du CPE

2003 : été caniculaire
15 000 morts

2007 – Nicolas Sarkozy

2007-12 : F. Fillon 1er ministre
2007 : paquet fiscal / 2008 : RSA, réforme de la carte judiciaire
2010 : réforme des retraites

2012 – François Hollande

2012-14 : J.-M. Ayrault 1er ministre
2013 : mariage pour tous écotaxe, mvt des « Bonnets rouges »
Opérations Serval (Mali) et Barkhane (Sahel)

2014-16 : M. Valls 1er ministre
2015 : loi Macron / attentats à *Charlie Hebdo* et au Bataclan (130 morts)
État d'urgence / COP21 à Paris

2017 – E. Macron

E. Philippe 1er ministre
2018-19 : manifestations des « Gilets jaunes »

4 Histoire du Monde depuis 1944

1945 1950 1955 1960 1965 1970 1975 1980 1985 1990 1995 2000 2005 2010 2015

1957 : Spoutnik, 1er satellite (soviétique) dans l'espace

1961 : Y. Gagarine, 1er homme (soviétique) dans l'espace

1969 : N. Armstrong, 1er homme (USA) sur la Lune

1986 : explosion d'un réacteur de la centrale nucléaire de Tchernobyl (Ukraine)

1978-2005 : pontificat de Jean-Paul II

2011 : tsunami au Japon ; fusion de 3 réacteurs de la centrale de Fukushima

RELATIONS EST-OUEST

Guerre froide (1947-1991)

Guerres en Yougoslavie (91-01)

Guerre en Afghanistan (79-89)

49 : création de l'OTAN contre l'URSS ; Mao Zédong fonde la Rép. pop. de Chine

53 : mort de Staline

55 : pacte de Varsovie contre l'OTAN

59 : Fidel Castro au pouvoir à Cuba (2008)

62 : crise des missiles de Cuba

63 : assassinat de Kennedy

68 : « Printemps de Prague »

80 : fondation de Solidarnosc (Lech Walesa)

89 : chute du mur de Berlin (érigé en 61)

91 : fin de l'URSS ; début de la CEI

04 : révolution Orange en Ukraine

14 : mvt Euromaïdan en Ukraine

RELATIONS NORD-SUD

Période de décolonisation (1945-1973)

Guerre Irak-Iran (80-88)

Guerre antiterroriste (2001-...)

45 : indép. du Viêt Nam

46-54 : guerre d'indép. d'Indochine

47 : Gandhi obtient l'indép. de l'Inde

48 : création de l'État d'Israël

55 : conférence de Bandung, création du Tiers monde politique

60 : indép. des pays d'Afrique de l'Ouest puis de l'Algérie (62)

65 : guerre des USA au Viêt Nam (73)

67 : guerre des « 6 jours »

73 : guerre israélo-arabe du Kippour

90-91 : 1re guerre du Golfe en Irak

01 : attentats d'Al-Qaïda, chute du WTC

03 : 2e guerre du Golfe (11)

10-12 : « Printemps arabe »

12-... : conflit syrien et guerre contre DAECH

ORGANISATIONS INTERNATIONALES

44 : accords de Bretton Woods

44 : création du FMI

45 : création de l'ONU

47 : plan Marshall

51 : création de la CECA

57 : création de l'AIEA

57 : traité de Rome, création de la CEE

60 : création de l'OPEP

73 : choc pétrolier : prix du pétrole doublé

75 : création de la CEDEAO

75 : création du G7

91 : création du MERCOSUR

92 : traité de Maastricht

92 : création de l'UE

95 : création de l'OMC

98 : création du G8

99-... : V. Poutine dirige la Russie

08 : crise des subprimes

09 : B. Obama pdt (USA)

16 : R.-U. vote le Brexit

17 : D. Trump pdt (USA)

Exercices

Histoire de France jusqu'à la Révolution

Répondez aux questions suivantes.

1. Qui était le père de Charlemagne ?

❒ **a.** Charles Martel ❒ **b.** Pépin le Bref ❒ **c.** Hugues Capet

2. Quel est le bon ordre des dynasties françaises ?

❒ **a.** Carolingiens, Mérovingiens, Capétiens

❒ **b.** Mérovingiens, Capétiens, Carolingiens

❒ **c.** Mérovingiens, Carolingiens, Capétiens

3. Lequel de ces personnages n'appartient pas à l'histoire de France ?

❒ **a.** Knut le Grand

❒ **b.** Jeanne d'Arc

❒ **c.** Bertrand Du Guesclin

4. Qui est la mère de saint Louis ?

❒ **a.** Blanche de Castille

❒ **b.** Isabelle la Catholique

❒ **c.** Aliénor d'Aquitaine

5. L'un de ces rois n'a pas été assassiné.

❒ **a.** Henri III ❒ **b.** Louis XIII ❒ **c.** Henri IV

6. Par rapport à Louis XIV, Louis XV est :

❒ **a.** son fils ❒ **b.** son petit-fils ❒ **c.** son arrière-petit-fils

7. Quel est le surnom associé à Louis XIII ?

❒ **a.** le Juste ❒ **b.** le Père du peuple ❒ **c.** le Bien-Aimé

8. De quel roi la Marquise de Pompadour a-t-elle été la favorite ?

❒ **a.** Louis XIV ❒ **b.** Louis XV ❒ **c.** Louis XVI

9. Qui a peint les décors du château de Versailles ?

❒ **a.** Louis Le Vau ❒ **b.** André Le Nôtre ❒ **c.** Charles Lebrun

10. Sous quel roi Jacques Necker a-t-il été le directeur général des finances ?

❒ **a.** Henri IV ❒ **b.** Louis XIV ❒ **c.** Louis XVI

Histoire de France de la Révolution à 1958

Répondez aux questions suivantes.

11. En quelle année Louis XVI perd-il son titre de roi ?

❒ **a.** 1789 ❒ **b.** 1792 ❒ **c.** 1793

12. Qu'est-ce que les « Trois Glorieuses » ?

❒ **a.** trois jours de révolte des Parisiens en 1830

❒ **b.** trois années de rétablissement de la République en 1848

❒ **c.** trois décennies de prospérité après la seconde guerre mondiale

13. Louis XVI, Louis XVIII et Charles X sont :

❒ **a.** frères ❒ **b.** cousins ❒ **c.** parents éloignés

14. Qui a été le premier président de la République française ?

❒ **a.** Maximilien de Robespierre

❒ **b.** Louis-Napoléon Bonaparte

❒ **c.** Adolphe Thiers

15. Dans quel journal a paru l'article d'Émile Zola « J'accuse » ?

❒ **a.** *Le Figaro* ❒ **b.** *Le Monde* ❒ **c.** *L'Aurore*

16. La loi sur la séparation des Églises et de l'État date de…

❒ **a.** 1905 ❒ **b.** 1908 ❒ **c.** 1914

17. Quelle est la plus longue République française ?

❒ **a.** la IIe République ❒ **b.** la IIIe République ❒ **c.** la Ve République

18. Qu'est-ce que le Front populaire ?

❒ **a.** une période d'importantes révoltes contre l'augmentation des prix des produits alimentaires

❒ **b.** l'opposition organisée à la décolonisation en Algérie

❒ **c.** une période pendant laquelle la France est gouvernée par une coalition de gauche

19. Où est signé l'armistice de la première guerre mondiale ?

❒ **a.** à Berlin ❒ **b.** à Versailles ❒ **c.** à Rethondes

20. Parmi les présidents de la IVe République française, trouvez l'intrus.

❒ **a.** Charles de Gaulle ❒ **b.** René Coty ❒ **c.** Vincent Auriol

Histoire de la Ve République

Répondez aux questions suivantes.

21. Quand débute la Ve République ?

❒ **a.** en 1944 ❒ **b.** en 1958 ❒ **c.** en 1968

22. Qui est le premier Premier ministre de la Ve République ?

❒ **a.** René Coty ❒ **b.** Charles de Gaulle ❒ **c.** Michel Debré

23. Quel est le bon ordre concernant les trois premiers présidents de la Ve République ?
- ❒ **a.** De Gaulle, Pompidou, Giscard d'Estaing
- ❒ **b.** Pompidou, De Gaulle, Giscard d'Estaing
- ❒ **c.** De Gaulle, Giscard d'Estaing, Pompidou

24. Parmi ces hommes politiques français, lequel n'a pas été Premier ministre de François Mitterrand ?
- ❒ **a.** René Monory ❒ **b.** Pierre Bérégovoy ❒ **c.** Michel Rocard

25. En quelle année a été adoptée la retraite à 60 ans ?
- ❒ **a.** 1936 ❒ **b.** 1982 ❒ **c.** 2010

26. Qui a été le dernier Premier ministre de la présidence de Jacques Chirac ?
- ❒ **a.** François Fillon
- ❒ **b.** Dominique de Villepin
- ❒ **c.** Jean-Pierre Raffarin

27. À l'occasion de quelles élections présidentielles Jean-Marie Le Pen a-t-il accédé au second tour ?
- ❒ **a.** en 1995 ❒ **b.** en 2002 ❒ **c.** en 2007

28. En quelle année ont été signés les accords d'Évian pour l'indépendance de l'Algérie ?
- ❒ **a.** en 1958 ❒ **b.** en 1960 ❒ **c.** en 1962

29. Sous quelle présidence la majorité a-t-elle été abaissée à 18 ans ?
- ❒ **a.** celle de Charles de Gaulle
- ❒ **b.** celle de Georges Pompidou
- ❒ **c.** celle de Valéry Giscard d'Estaing

30. Quel ministère Nicolas Sarkozy n'a-t-il jamais occupé ?
- ❒ **a.** le ministère de l'Économie et des Finances
- ❒ **b.** le ministère de l'Éducation nationale
- ❒ **c.** le ministère de l'Intérieur

Histoire du Monde depuis 1944

Répondez aux questions suivantes.

31. En quelle année a été créée l'ONU ?
- ❒ **a.** en 1919 ❒ **b.** en 1945 ❒ **c.** en 1948

32. Qu'est-ce que le Printemps de Prague ?
- ❒ **a.** Un mouvement de retour aux valeurs du socialisme en République socialiste tchécoslovaque.
- ❒ **b.** Un mouvement de libéralisation face aux valeurs du socialisme en République socialiste tchécoslovaque.
- ❒ **c.** Un mouvement de répression par le parti communiste en République socialiste tchécoslovaque.

33. Le mur de Berlin sépare :

❒ **a.** physiquement la RDA et la RFA

❒ **b.** physiquement Berlin-Est et Berlin-Ouest

❒ **c.** physiquement l'Allemagne des pays de l'Est

34. Quel président russe est l'artisan de la perestroïka ?

❒ **a.** Gorbatchev ❒ **b.** Poutine ❒ **c.** Eltsine

35. Qui est le premier homme à avoir marché sur la Lune ?

❒ **a.** Louis Armstrong ❒ **b.** Lance Armstrong ❒ **c.** Neil Armstrong

36. Quel est le président égyptien renversé par le printemps arabe en 2011 ?

❒ **a.** Yasser Arafat

❒ **b.** Zine el-Abidine Ben Ali

❒ **c.** Hosni Moubarak

37. Le pape Jean-Paul II était d'origine :

❒ **a.** polonaise ❒ **b.** allemande ❒ **c.** russe

38. Le sigle OTAN signifie :

❒ **a.** Organisation Territoriale de l'Atlantique Nord

❒ **b.** Organisation Terroriste de l'Atlantique Nord

❒ **c.** Organisation du Traité de l'Atlantique Nord

39. Qui est Martin Luther King ?

❒ **a.** un militant américain pour les droits civiques des noirs

❒ **b.** un pasteur américain qui accède à la présidence des États-Unis

❒ **c.** un fondateur de l'écologie politique contemporaine

40. De quel pays Francisco Franco a-t-il été le chef d'État de façon autoritaire ?

❒ **a.** l'Espagne ❒ **b.** le Chili ❒ **c.** le Portugal

Corrigés

1. **b.** Charles Martel est son grand-père.

2. **c.**

3. **a.** Knut a été roi de Danemark et de Norvège au XIe siècle.

4. **a.** Isabelle la Catholique est reine de Castille au XVe siècle et Aliénor d'Aquitaine est la mère des rois anglais Richard cœur de Lion et Jean sans Terre.

5. **b.** Henri III a été assassiné par Jacques Clément et Henri IV par François Ravaillac.

6. **c.** Le fils et le petit-fils de Louis XIV sont morts avant lui.

7. **a.** Louis XII est surnommé « le Père du peuple » et Louis XV, « le Bien-Aimé ».

8. **b.**

9. c. Louis Le Vau est le premier architecte, et André Le Nôtre réalise les jardins et les intérieurs.

10. c. Il est nommé en 1777.

11. b. Après une période de monarchie constitutionnelle, la République est proclamée en 1792.

12. a. Ces révoltes précipitent la chute de Charles X, le dernier monarque absolu.

13. a. Fils du Dauphin Louis et de Marie-Josèphe de Saxe.

14. b. Président de 1848 à 1852, seul président de la IIe République. Robespierre n'a jamais été président et Thiers a été le premier président de la IIIe République (en 1871).

15. c. L'article a paru en 1898, à propos de l'affaire Dreyfus. *Le Monde* n'existait pas encore.

16. a. Sous la présidence d'Émile Loubet.

17. b. Elle dure 70 ans (de 1870 à 1940), alors que la deuxième République ne dure pas 4 ans (de 1848 à 1852 et que la cinquième République a commencé en 1958 (elle aura plus de 70 ans si elle atteint 2028).

18. c. Il a lieu de 1936 à 1938 avec Léon Blum comme chef de gouvernement.

19. c. Rethondes est une commune de l'Oise.

20. a. Il est président de la Ve République.

21. b. À l'initiative de Charles de Gaulle.

22. c. Michel Debré est Premier ministre de 1959 à 1962.

23. a. De Gaulle de 1959 à 1969 puis Pompidou jusqu'en 1974 et Giscard d'Estaing jusqu'en 1981.

24. a. René Monory a été ministre de l'Éducation nationale pendant la cohabitation de 1986 à 1988. Il a également été président du Sénat de 1992 à 1998.

25. b. Elle est adoptée par l'ordonnance Auroux.

26. b. Il succède à Jean-Pierre Raffarin en 2005 et reste Premier ministre jusqu'en 2007. François Fillon a été l'unique Premier ministre de Nicolas Sarkozy sur son mandat, de 2007 à 2012.

27. b. Jean-Marie Le Pen a battu Lionel Jospin au 1er tour et il a perdu au 2nd tour contre Jacques Chirac.

28. c.

29. c. L'abaissement de la majorité a été adopté le 5 juillet 1974 ; auparavant la majorité était à 21 ans.

30. b. Il a d'abord été ministre du Budget de 1993 à 1995 et ministre de la Communication de 1994 à 1995, ministre de l'Intérieur de 2002 à 2004, ministre de l'Économie, des Finances et de l'Industrie en 2004 puis de nouveau ministre de l'Intérieur et de l'Aménagement du territoire de 2005 à 2007.

31. b. Elle succède à la SDN (Société des Nations) qui avait échoué à éviter la guerre.

32. b. Ce mouvement de libéralisation a lieu en 1968 et il entraîne l'invasion du pays par les troupes du Pacte de Varsovie.

33. b. Ce mur est dressé par la RDA pour éviter l'exode de sa population vers l'Ouest.

34. a. La perestroïka est la politique de réforme sociale menée par Gorbatchev de 1985 à 1991. Elle va échouer.

35. c. Louis Armstrong est un trompettiste et Lance Armstrong un cycliste.

36. c. Arafat (mort en 2004 est l'ancien dirigeant de l'autorité palestinienne, et Ben Ali est le président tunisien renversé également en 2011.

37. a. Le nom de Jean-Paul II est Karol Wojtyla.

38. c. Elle est fondée en 1949.

39. a. Il est Prix Nobel de la paix en 1964 (à 35 ans) et assassiné en 1968 à Memphis.

40. a. Il dirige l'Espagne de 1939 à 1975.

3

Connaissances

Les institutions

1 Les institutions de la Ve République

La Cinquième République entre en vigueur le 4 octobre 1958. Elle est souhaitée par Charles de Gaulle pour diminuer le pouvoir des Chambres et augmenter celui du peuple et de l'exécutif. C'est un régime parlementaire et présidentiel. La constitution est approuvée par référendum à 82 %.

a. L'exécutif : il fait appliquer la politique courante et la loi

Le président de la République

- **Élection :** Il est élu au suffrage universel direct sur deux tours pour 5 ans (7 ans avant 2000), mandat renouvelable une fois. Il siège au palais de l'Élysée. Tout candidat doit être français, avoir au moins 18 ans et 500 signatures d'élus.
- **Attributions** : 1er personnage de l'État, il dirige la diplomatie, promulgue les lois et signe les ordonnances et les décrets délibérés en Conseil des ministres. Il est un organe d'arbitrage entre les pouvoirs publics. Il a le droit de gracier. Il est gardien de la Constitution, et chef des Armées.
- **Responsabilité** : Civilement et pénalement irresponsable durant son mandat.
- **Pouvoir de nomination** : Il nomme seul le Premier ministre, un tiers des membres du Conseil constitutionnel et un tiers des membres du CSA (Conseil Supérieur de l'Audiovisuel). Il nomme avec le Premier ministre les titulaires des hautes fonctions : conseillers d'État, préfets, recteurs…

Le Premier ministre

- **Nomination** : Il est nommé librement par le président de la République, mais en pratique c'est un politique soutenu par l'Assemblée nationale. Ses services sont installés à l'hôtel Matignon.
- **Attributions** : Il dirige l'action gouvernementale et l'administration française, joue un rôle d'intermédiaire entre la majorité de l'Assemblée nationale et le gouvernement. Il est responsable de toute l'organisation de la défense nationale. Il dispose de l'initiative des lois et assure leur exécution.
- **Fin des fonctions** : Elle intervient lors d'une nouvelle élection législative (mais il peut être maintenu ensuite), par une démission spontanée ou une perte de confiance de l'Assemblée, par la révocation du président de la République.

Le gouvernement

- **Nomination** : Les ministres sont nommés par le président sur proposition du Premier ministre. Chaque ministère à son propre siège : Quai d'Orsay (Affaires étrangères), Hôtel de Beauvau (Intérieur), Bercy (Économie), Hôtel de Bourvallais (Justice ou Chancellerie – Garde des Sceaux), Hôtel de Roquelaure (Écologie), Palais-Royal (Culture).

- **Composition** : Le nombre de ses membres est variable. Il y a une hiérarchie des ministres, en commençant par les ministres d'État, puis les ministres ordinaires, assistés des ministres délégués, et les secrétaires d'État.
- **Conseil des ministres** : Il se tient tous les mercredis matin à l'Élysée. Il est présidé par le chef de l'État qui décide de l'ordre du jour. Le Conseil adopte les projets de loi qui seront déposés devant le Parlement.
- **Fin des fonctions** : La fin d'un gouvernement est liée au sort de son Premier ministre. Le président et son Premier ministre peuvent opérer un remaniement en demandant la démission d'un ou de plusieurs ministres.

b. Le législatif : il édicte les lois et contrôle l'exécutif

- **La loi** est une règle juridique prescrite par le Parlement. Elle est générée par le Premier ministre (on parle alors de projet de loi), ou par des Députés ou des Sénateurs (on parle alors de proposition de loi). Le projet (ou la proposition) est ensuite examiné(e) par les deux Chambres du Parlement qui peuvent faire des amendements. Une fois la loi acceptée par les deux Chambres, elle peut éventuellement être soumise à un contrôle de constitutionnalité par le Conseil constitutionnel, puis elle est promulguée et publiée au Journal officiel.
- **Le règlement** est aussi une règle juridique, mais il est édicté par une autorité administrative. Ce sont les décrets pris par le président de la République, les arrêtés pris par les ministres, les préfets, les sous-préfets et les maires.
- **L'ordonnance** est un texte établi par le gouvernement dans les domaines qui relèvent normalement de la loi.

Remarques

- Le référendum populaire est un pouvoir législatif exceptionnel. Il peut modifier la Constitution ou la loi. Il est décidé à l'initiative du président de la République.
- Lors du vote d'un projet ou d'une proposition de loi, le Premier ministre peut décider d'engager la responsabilité du gouvernement par l'article 49.3 de la Constitution. Le projet ou la proposition de loi est alors réputé adopté sauf si une motion de censure est déposée dans les 24 h et adoptée par la majorité des députés.

Le Parlement, organe du pouvoir législatif

- **Composition** : Deux Chambres, le Sénat (chambre haute) qui siège au palais du Luxembourg et compte 348 Sénateurs et l'Assemblée nationale qui siège au palais Bourbon et compte 577 Députés. L'ensemble du Parlement forme en réunion solennelle le Congrès, qui peut modifier la Constitution.
- **Élection** : Les Sénateurs sont élus au suffrage universel indirect par les grands électeurs (députés, conseillers régionaux et généraux, délégués des conseils municipaux) pour 6 ans et les Députés sont élus au suffrage universel direct par circonscription pour 5 ans. Chaque Chambre a son propre président élu par cooptation (élection parmi les membres). Le président du Sénat assure l'intérim de la présidence de la République en cas de vacance du pouvoir exécutif (ce fut deux fois le cas d'Alain Poher, en 69 et en 74).

- **Attributions** : Le Parlement propose, délibère, vote ou rejette les lois. L'Assemblée nationale s'occupe particulièrement de contrôler l'action du gouvernement et d'évaluer la politique publique ; elle peut renverser le gouvernement. Le Sénat vote le budget de l'État.

c. Le judiciaire : il contrôle l'application de la loi et punit son non-respect

L'organisation juridictionnelle est divisée en 2 ordres de trois degrés chacun :

- ***l'ordre judiciaire*** qui intervient dans les litiges concernant les particuliers ;
- ***l'ordre administratif*** qui intervient dans les litiges intéressant l'État, lorsqu'un texte du pouvoir exécutif a été mal appliqué.

	ORDRE JUDICIAIRE Civil (litiges privés), Pénal (infractions)	ORDRE ADMINISTRATIF
Haute juridiction	Cour de Cassation	Conseil d'État
2e degré	Cour d'Appel *(assises pour les crimes)*	Cour administrative d'appel
1er degré	Juridictions de 1re instance : *cour d'assises, prud'hommes, tribunal de police, de commerce, correctionnel, etc.*	Tribunal administratif

d. Les autres organes constitutionnels

- **Le Conseil constitutionnel** comprend 9 membres nommés pour 9 ans (3 par le président de la République, 3 par le président du Sénat, 3 par le président de l'Assemblée nationale). Il veille à la régularité des élections et contrôle la conformité de certains actes à la Constitution.

Remarque

Depuis 2008, une QPC (Question Prioritaire de Constitutionnalité) peut être posée lors d'un procès par une des parties. La juridiction saisie du litige détermine si la QPC remplit les conditions puis elle la transmet au Conseil constitutionnel pour décision. La QPC permet une amélioration du droit.

- **La Cour des Comptes** contrôle a posteriori les finances publiques, la gestion des administrations, la Sécurité sociale, les entreprises publiques et leurs filiales.
- **Le Conseil économique et social** donne des avis sur les projets ou propositions de lois et sur les problèmes à caractère économique et social.
- **Le Conseil supérieur de la magistrature** garantit l'indépendance de la magistrature. Présidé par le chef de l'État, il est composé du ministre de la Justice et de neuf membres nommés par le président de la République.
- **La Haute Cour de Justice et la Cour de Justice de la République** rendent la justice politique. Ses membres (des Députés et Sénateurs), jugent pour haute trahison le chef de l'État (Haute Cour) ou un ministre (Cour de Justice).

- **Le Conseil d'État** est consulté obligatoirement par le gouvernement sur ses projets de lois et d'ordonnances, et facultativement sur des projets de décrets et des demandes d'avis. Il est aussi à la tête des juridictions administratives.

2 Les collectivités territoriales françaises

<table>
<tr><th>Département</th><th>Région</th></tr>
<tr><td colspan="2">Collectivités territoriales décentralisées</td></tr>
<tr><td>101 dont 5 DROM</td><td>18 dont 5 DROM</td></tr>
<tr><td colspan="2">Représentants élus</td></tr>
<tr><td>Conseillers départementaux (1 par canton)</td><td>Conseillers régionaux</td></tr>
<tr><td colspan="2">Membres élus pour 6 ans au suffrage universel direct.
Un président pour chaque conseil, élu parmi les membres. Il est l'exécutif.</td></tr>
<tr><td colspan="2">Compétences</td></tr>
<tr><td>Aide sociale, culturelle, aux associations, aux entreprises, aux communes, voirie départementale, organisation et gestion des transports scolaires et urbains, construction et entretien des collèges.</td><td>Aide sociale, sanitaire, culturelle, soutien de l'économie, aménagement du territoire, entretien des routes nationales, des ports et aéroports, des parcs naturels, organisation du transport ferroviaire, construction et entretien des lycées, soutien de l'enseignement, gestion des fonds structurels européens.</td></tr>
<tr><td colspan="2">Représentant (de l'État) nommé par l'exécutif : le préfet</td></tr>
<tr><td colspan="2">Compétences</td></tr>
<tr><td>Le préfet de département veille à l'application et au respect des lois, fait le lien avec l'exécutif, est responsable de l'ordre public, dirige les fonctionnaires de l'État.</td><td>Le préfet de région dirige les autres préfets du département en plus de ses attributions départementales.</td></tr>
<tr><th colspan="2">Commune</th></tr>
<tr><td colspan="2">Plus petite division administrative. La France compte environ 35 000 communes.</td></tr>
<tr><td colspan="2">Représentants élus</td></tr>
<tr><td colspan="2">Conseillers municipaux, élus pour 6 ans au suffrage universel direct. Le maire et ses adjoints sont élus parmi les conseillers pour exécuter les décisions du Conseil.</td></tr>
<tr><td colspan="2">Compétences : Le Conseil vote le budget, gère le patrimoine de la commune, exerce une action sociale en faveur des défavorisées, fixe les effectifs du personnel municipal.
Le maire dirige la police municipale (si elle existe), nomme les employés communaux dont il est le supérieur hiérarchique.</td></tr>
<tr><td colspan="2">Représentant de l'État : le maire</td></tr>
<tr><td colspan="2">Compétences : Officier d'état civil, et de police judiciaire, il peut constater certaines infractions. Il a des compétences administratives (publication des lois, organisation des élections, recensement, délivrance du permis de construire).</td></tr>
</table>

3 L'Union européenne

L'Union européenne (UE) est une organisation internationale de 28 États. Elle compte environ 500 millions d'habitants et représente le 2e PIB au monde (environ 15 000 milliards d'euros). Elle est fêtée le 9 mai (déclaration Schuman), a pour drapeau 12 étoiles d'or sur fond bleu, pour hymne l'*Ode à la joie* de Beethoven et pour devise « Unie dans la diversité ».

Le « Brexit » (sortie du Royaume-Uni de l'UE) voté le 23 juin 2016 entrera en vigueur ultérieurement, faisant passer l'UE à 27 États.

a. Les pays membres et leur date d'adhésion

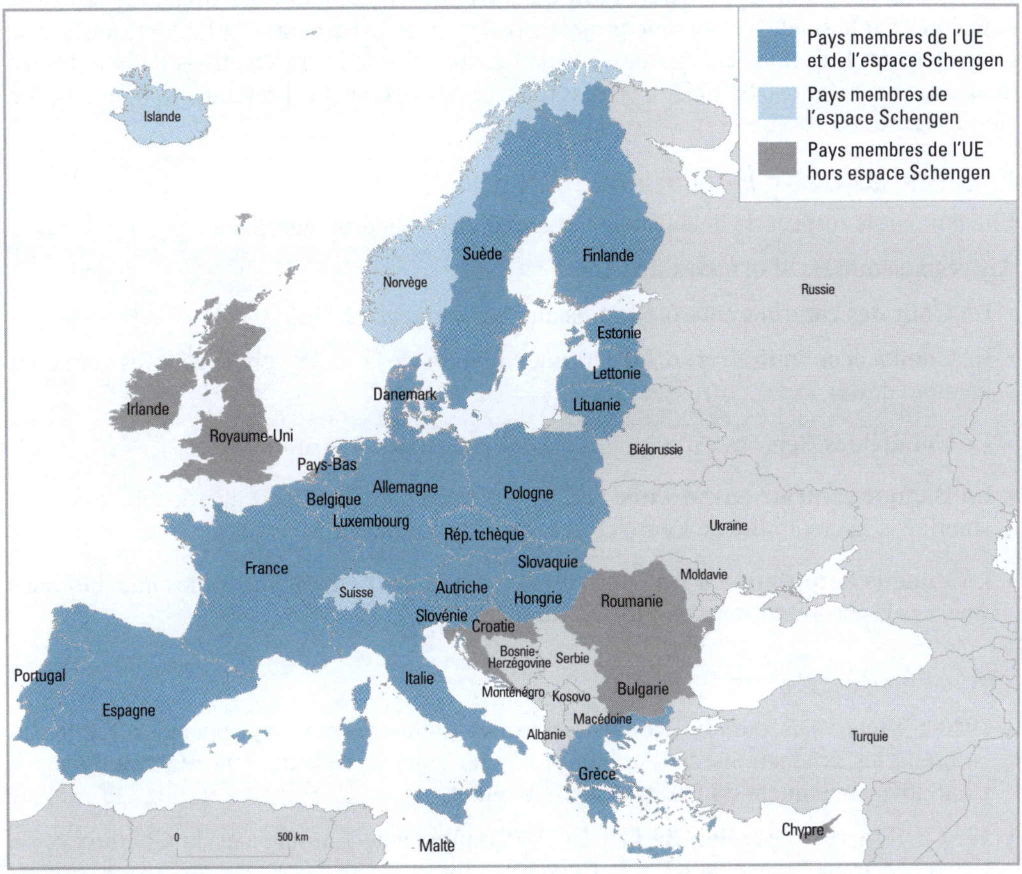

b. L'organisation

Pouvoir politique : Le Conseil européen

Composé des chefs d'État et de gouvernement (28 membres), il définit les orientations politiques de l'UE et respecte ainsi la souveraineté des États. Présidé par Charles Michel, il siège à Bruxelles.

Pouvoir exécutif : La Commission européenne

Composée de 28 commissaires (1 par État), elle propose et met en œuvre les politiques communautaires. Gardienne des traités et de l'intérêt général de l'UE, elle a un droit d'initiative dans les domaines douaniers, écologiques, le marché intérieur et la monnaie unique. Présidée par Ursula von der Leyen, elle siège à Bruxelles.

Pouvoir législatif : Le Parlement européen et le Conseil de l'UE

Le Parlement compte 751 membres élus pour 5 ans directement par les citoyens des États membres. Il est co-législateur avec le Conseil de l'UE, il vote seul le budget. Son président est David Sassoli ; il siège à Strasbourg.

Le Conseil (des ministres) de l'Union européenne est composé des ministres des États concernés par le sujet. Il élabore le projet de budget avec le Parlement et l'adopte après vote du Parlement. Il décide seul des moyens de recettes. Il fixe les orientations de la politique de change (monétaire). Sa présidence est rotative (changement d'État tous les 6 mois) ; son siège à Bruxelles.

Pouvoir judiciaire : La Cour de Justice

Elle garantit le respect de la législation et est créatrice du droit européen.

Autres assemblées et organes de l'UE

- **La Cour des comptes** contrôle l'utilisation du budget de l'UE.
- **Le Comité économique et social** exprime l'opinion de la société civile dans les domaines économique et social.
- **Le Comité des Régions** est porte-parole des collectivités territoriales.
- **La Banque centrale européenne (BCE)**, présidée par Christine Lagarde, elle assure la stabilité et la crédibilité de l'euro et de la politique monétaire.
- **La Banque européenne d'investissement** a pour rôle d'emprunter sur les marchés pour financer les projets d'investissements européens.

c. Les grandes dates

- **1950 :** 9 mai : Discours de **Robert Schuman** (ministre français) appelant à mettre en commun les productions de charbon et d'acier sous une Haute Autorité commune. À l'initiative notamment du Français **Jean Monnet**.
- **1951 :** 18 avril : **Création de la CECA** (Communauté Européenne du Charbon et de l'Acier) entre la France, la RFA, le Benelux et Italie.
- **1957 :** 25 mars : **Traité de Rome** ; **création de la CEE** (Communauté Économique Européenne), autonome en financement. Institution de la PAC (Politique Agricole Commune) pour développer la ruralité et moderniser l'agriculture et de la CEEA (Communauté Européenne de l'Énergie Atomique) pour favoriser l'indépendance énergétique.
- **1965 :** Fusion des communautés européennes la CEE, la CECA et la CEEA.

- **1986 :** Signature de l'**Acte unique** européen qui élargit les compétences de la CEE aux domaines de la recherche et du développement et crée le Conseil européen. Création du marché commun.
- **1992 :** Signature du **traité de Maastricht** qui crée l'UE. Création de la citoyenneté européenne : libre circulation dans l'UE et droit de voter et d'être élu dans le pays où l'on réside (statut d'étranger communautaire) aux élections locales et européennes. Accord sur la création d'une monnaie unique et de la BCE (créée en 1998). L'UE repose sur 3 piliers : l'unité institutionnelle et historique, la communauté politique, la coopération policière et judiciaire.
- **1999 :** Entrée en vigueur du **traité d'Amsterdam** qui met en place l'**espace Schengen** sur la libre circulation des biens et des personnes. **Mise en place de l'euro** pour les transactions (la monnaie papier apparaît en 2002).
- **2002 : Traité de Nice**. Adoption de la charte des droits fondamentaux et réforme des institutions pour aider l'adhésion des pays d'Europe centrale.
- **2007 : Traité de Lisbonne**. Modification du texte de la Constitution de 2004 (rejeté par référendum en France en 2005), ratifié par le Parlement français en 2008 et par les derniers pays fin 2009.
- **2009 :** Élection d'un 1er président du Conseil européen (Herman Van Rompuy), et d'un représentant de la diplomatie européenne (Catherine Ashton). Ils entrent en fonction en 2010 pour 2 ans et demi.
- **2012 :** L'UE reçoit le Prix Nobel de la paix.
- **2016 :** « Brexit » : le Royaume-Uni vote la sortie de l'UE à 51,9 %. La procédure doit être achevée en 2019.

4 Les organisations internationales

a. Les organismes d'État (l'ONU et ses principaux organes)

- **ONU :** Créée en 1945 pour remplacer la SDN (Société des Nations) qui n'avait pu empêcher la guerre, l'ONU promeut la paix internationale. Pour cela elle cherche à faciliter la coopération des États, le développement économique, la promotion les droits de l'homme. Elle compte 193 États, son siège est à New York, son secrétaire général est le Portugais Antonio Guterres (depuis 2017).
- **OMS :** L'Organisation Mondiale de la Santé promeut la santé publique internationale. Son siège est à Genève.
- **UNICEF :** Le Fonds des Nations unies pour l'enfance (UNICEF en anglais) est spécialisé dans la protection des enfants et des mères.
- **UNESCO :** L'Organisation des Nations unies pour l'éducation, la science et la culture (UNESCO en anglais) contribue à la paix par l'éducation, la science et la culture. Son siège est à Paris.
- **CIJ :** La Cour Internationale de Justice règle les conflits juridiques entre les États ou entre États et organes internationaux. Elle siège à La Haye.

- **AIEA :** L'Agence Internationale de l'Énergie Atomique combat la prolifération d'une énergie nucléaire militaire. Son siège est à Vienne.

b. Les autres organismes d'État (indépendants de l'ONU)

- **OTAN :** L'Organisation du Traité de l'Atlantique Nord assure la défense des pays occidentaux et leur stabilité (initialement contre le communisme).
- **FMI :** Le Fonds Monétaire International promeut la coopération monétaire les États pour la stabilité économique et combat la pauvreté. Sa directrice est Christine Lagarde (jusqu'en novembre 2019) après démission de D. Strauss-Kahn.
- **CPI :** La Cour Pénale Internationale juge les personnes pour crime contre l'humanité, génocide, crime de guerre. Créée en 2002, elle se tient à La Haye.
- **OMC :** L'Organisation Mondiale du Commerce, créée en 1995, est une organisation qui favorise le partenariat commercial en aidant le libre-échange et en évitant les conflits entre États.
- **OCDE :** L'Organisation de Coopération et de Développement Économique est une organisation internationale d'études économiques. Ses membres sont principalement des pays développés. Elle sert d'indicateur dans les domaines économiques, sociaux, écologiques, d'innovation ou de gouvernance.

c. Les organisations non gouvernementales (ONG)

Fondées sur le bénévolat, la neutralité, l'humanité, l'indépendance, l'universalité.

- **CICR :** Le Comité International de la Croix Rouge, plus ancienne organisation humanitaire (1863), défend la vie et la dignité des personnes lors de guerre ou autres violences. Fondée en 1863 par des Suisses, son siège est à Genève.
- **AI :** Amnesty International défend les droits de l'homme : libération des prisonniers d'opinion, abolition de la peine de mort, des tortures, etc.
- **Autres ONG** : Médecins sans frontières, Armée du Salut, Ordre de Malte, etc.

Exercices

Les institutions de la Ve République et les collectivités territoriales françaises

Répondez aux questions suivantes.

1. Quelle est actuellement la durée d'un mandat présidentiel en France ?

❐ **a.** 4 ans ❐ **b.** 5 ans ❐ **c.** 7 ans

2. Parmi ces fonctions, laquelle n'est pas élective en France ?

❐ **a.** préfet

❐ **b.** maire

❐ **c.** Conseiller territorial

3. Sous la Ve République, qui promulgue les lois ?

❐ **a.** le Sénat

❐ **b.** l'Assemble nationale

❐ **c.** le président de la République

4. Que signifie le sigle QPC ?

❐ **a.** Question de Politique Communautaire

❐ **b.** Question de la Première Chambre

❐ **c.** Question Prioritaire de Constitutionnalité

5. En France, où siège le Sénat ?

❐ **a.** au palais du Luxembourg

❐ **b.** au palais de l'Élysée

❐ **c.** au palais Bourbon

6. Le système judiciaire français compte deux ordres de juridiction en France :

❐ **a.** l'ordre administratif et l'ordre judiciaire

❐ **b.** l'ordre civil et l'ordre pénal

❐ **c.** l'ordre des cours d'appel et l'ordre des cours de cassation

7. Quelle est la durée d'un mandat de Conseiller territorial ?

❐ **a.** 4 ans ❐ **b.** 5 ans ❐ **c.** 6 ans

8. Concernant les compétences du maire, trouvez l'intrus.

❐ **a.** Il peut constater certaines infractions.

❐ **b.** Il organise des élections.

❐ **c.** Il dirige les fonctionnaires d'État.

9. En France, qu'est-ce qu'un règlement ?
❒ **a.** une loi proposée au Parlement par le gouvernement
❒ **b.** une règle édictée par une autorité administrative
❒ **c.** une règle prescrite par le Parlement

10. En France, le Conseil constitutionnel :
❒ **a.** juge le président de la République en cas de haute trahison
❒ **b.** promulgue les lois
❒ **c.** veille à la régularité des élections

L'Union européenne et les organisations internationales

Répondez aux questions suivantes.

11. Combien l'Union européenne compte-t-elle de membres au 1er janvier 2019 ?
❒ **a.** 25 ❒ **b.** 27 ❒ **c.** 28

12. Parmi les pays suivants, lequel n'a pas l'euro comme monnaie ?
❒ **a.** la Norvège ❒ **b.** l'Allemagne ❒ **c.** les Pays-Bas

13. Jean-Claude Juncker est le président…
❒ **a.** de la Commission européenne
❒ **b.** du Conseil européen
❒ **c.** du Parlement européen

14. Le traité de Maastricht a été adopté…
❒ **a.** en 1992 ❒ **b.** en 1999 ❒ **c.** en 2002

15. Que signifie l'acronyme PAC ?
❒ **a.** Politique d'Aide Communautaire
❒ **b.** Politique Agricole Commune
❒ **c.** Politique d'Amnistie Collective

16. Qu'est-ce que l'espace Schengen ?
❒ **a.** un espace économique de mise en commun des bénéfices des entreprises européennes
❒ **b.** un espace d'identité des droits des membres de chaque pays de l'Union européenne
❒ **c.** un espace de libre circulation des biens et des personnes de l'Union européenne

17. En quelle année la Grèce a-t-elle adhéré à la communauté européenne ?
❒ **a.** en 1973 ❒ **b.** en 1980 ❒ **c.** en 1981

18. Qui est le secrétaire général de l'ONU en 2016 ?
❒ **a.** Koffi Annan ❒ **b.** Ban Ki-moon ❒ **c.** Barack Obama

19. Où siège l'UNESCO ?

❒ **a.** à Paris ❒ **b.** à Genève ❒ **c.** à New York

20. Quel est le rôle du FMI ?

❒ **a.** il participe au financement des banques spéculatives en difficultés

❒ **b.** il promeut la stabilité économique et combat la pauvreté

❒ **c.** il garantit l'équivalence or des émissions monétaires des banques centrales

Corrigés

1. b. Avant 2000, le mandat était un septennat.

2. a. Les préfets ne sont pas élus mais nommés par le chef de l'Etat.

3. c. Les deux Chambres proposent et votent les lois.

4. c. Depuis 2008 la QPC peut être posée lors d'un procès par une des parties. La QPC permet une amélioration de la cohérence du droit.

5. a. Le président de la République siège au palais de l'Elysée et l'Assemblée nationale au palais Bourbon.

6. a. La distinction entre le civil et le pénal ressortit à l'ordre judiciaire. Le civil juge les litiges de nature privée et le pénal juge les infractions au regard de la loi.

7. c.

8. c. C'est le préfet qui dirige les fonctionnaires de l'Etat en général.

9. b. Les autres propositions correspondent à une loi.

10. c. Il veille à la régularité des élections et contrôle la conformité de certains actes à la Constitution.

11. c. 28 membres depuis le 1er juillet 2013.

12. a. La Norvège a comme monnaie la couronne. Elle ne fait pas partie de l'UE.

13. a. Il a présidé la Commission européenne de novembre 2014 à 2019.

14. a. Le traité de Maastricht crée l'UE sur trois piliers : l'unité institutionnelle et historique, la communauté politique, la coopération policière et judiciaire.

15. b. Instituée en 1957 par le traité de Rome, mise en place en 1962, elle vise à développer la ruralité et à moderniser l'agriculture.

16. c.

17. c. Le Danemark, l'Irlande et le Royaume-Uni ont adhéré à la CEE en 1973.

18. b. António Guterres est son successeur depuis 2017.

19. a. L'ONU en revanche siège à New York.

20. b. Le FMI promeut la coopération monétaire des États pour la stabilité économique et combat la pauvreté.

4 Connaissances
Arts et littérature

1 Arts

On distingue généralement 9 arts, du nombre des 9 muses antiques :

a. Premier art : l'architecture

Fondée par le romain Vitruve au Ier siècle avant J.-C. qui définit la triade vitruvienne : firmitas (solidité), utilitas (utilité), venustas (beauté).

Ordres architecturaux grecs : ordre dorique (le 1er et le plus simple), ordre ionique (plus élancé) et ordre corinthien (qui emploie de la feuille d'acanthe).

On distingue les architectures romane (10e au 12e s.) et gothique (12e au 16e s.). Le bâtiment gothique est plus élancé et généralement plus riche et plus lumineux. L'abbatiale de Saint-Savin est de style roman ; les cathédrales de Chartres, de Bourges et d'Amiens sont de style gothique (toutes quatre au patrimoine mondial de l'UNESCO).

Œuvres remarquables : *Le pont du Gard*, aqueduc du 1er s. Patrimoine de l'UNESCO.

La cité radieuse de Marseille et *la chapelle de Notre-Dame-du-Haut* de Charles-Édouard Jeanneret-Gris, dit Le Corbusier (20e s.), architecte du mouvement moderne.

La tour Eiffel (Exposition universelle de Paris en 1889) et *la statue de la Liberté* (1886, installée près d'Ellis Island à New York) de Gustave Eiffel.

La pyramide du Louvre de Ieoh Ming Pei, pyramide de métal et de verre de 1989.

b. Deuxième art : la sculpture

Bas-relief : sculpture en saillie (qui ressort) sur fond uni / Haut-relief : sculpture où les figures se détachent presque entièrement du fond.

Œuvres remarquables : *Les colosses de Memnon* (Haute-Égypte) dressés vers le 15e s. avant notre ère près du temple d'Amenhotep III. Ce sont des mégalithes comme les dolmens celtes ou comme *Stonehenge*, œuvre néolithique circulaire du Royaume-Uni.

La Vénus de Milo, sculpture grecque de 100 av. J.-C., découverte en 1820 sur l'île grecque de Milo, conservée au musée du Louvre.

Le *David* de Michel-Ange (Renaissance), exposé à Florence.

Le Penseur d'Auguste Rodin, bronze de 1902, conservé au Musée Rodin à Paris.

c. Troisième art : la peinture

On distingue la peinture figurative (qui utilise des objets réels pour transmettre un message), et abstraite (ou non figurative).

Grands musées : Le Louvre (Paris), Le Prado (Madrid), L'Ermitage (Saint-Pétersbourg).

Œuvres remarquables : *Peinture pariétale de Lascaux*, grotte paléolithique (17 000 ans) située à Montignac en Dordogne et découverte 1940 par Marcel Ravidat et son chien Robot. Elle compte 7 salles.

Le *Plafond de la chapelle Sixtine*, fresque de 1512 de Michel-Ange, située au Vatican.

La Joconde ou *Portrait de Mona Lisa* (vers 1505) de Léonard de Vinci qui utilise le sfumato pour estomper certaines formes. Acquise par François 1er, elle est au Louvre.

Le Printemps (1482), *La Naissance de Vénus* (1485) de Sandro Botticelli.

La leçon d'anatomie du Dr Tulp (1632) de Rembrandt, style baroque.

La Jeune fille à la perle (1665) de Johannes Vermeer, style baroque.

La liberté guidant le peuple (1830) d'Eugène Delacroix, style romantique.

Les Nymphéas, série de 250 toiles peintes de 1895 à 1926, *Impression soleil levant* (1872 – donne son nom à l'impressionnisme) par Claude Monet qui fonde le style impressionniste courant qui comptera notamment Édouard Manet (*Le Déjeuner sur l'herbe, Olympia*), Auguste Renoir (*Bal du moulin de la Galette*), Edgar Degas (*Les Danseuses*), Paul Cézanne (*La Montagne Sainte-Victoire*), Gustave Caillebotte, Alfred Sisley, Camille Pissarro, Paul Gauguin.

Tournesols *dans un vase* (1888), *Autoportrait à l'oreille bandée* (1889) Vincent van Gogh, peintre rattaché au postimpressionnisme.

Les Demoiselles d'Avignon (1907) et *Guernica* (1937) de Pablo Picasso (cubisme). Picasso a eu sa période bleue (1901 – 1904), rose (→ 1906) puis cubiste.

d. Quatrième art : la musique

Depuis la Renaissance on distingue généralement 4 grandes périodes : le Baroque jusqu'au XVIIIe siècle, le Classicisme (jusqu'au début du XIXe siècle), le Romantisme (jusqu'au début du XXe siècle) puis les Modernes.

Artistes remarquables (et leurs œuvres) :

Baroque : Monteverdi (*Orfeo*), Purcell (*Didon et Énée*), Vivaldi (*Les quatre saisons*), Bach (Concertos Brandebourgeois), Haendel (*Water Music*, *Le Messie*).

Classicisme : Mozart (*Don Giovanni*, *La flûte enchantée*, *Symphonie Jupiter*), Haydn (symphonies parisiennes), Beethoven (*Fidelio*, son unique opéra, *Symphonie Héroïque*, *Ode à la Joie*, *Sonate Clair de Lune*), Schubert (*La Truite*).

Romantisme : Chopin (*Les 21 Nocturnes*), Berlioz (*Symphonie fantastique*), Bizet (*Carmen*, *L'arlésienne*), Wagner (*L'anneau de Nibelung*, plus long opéra existant), Liszt (*Rhapsodies hongroises*), Verdi (*Nabucco*, *Rigoletto*), Dvorak (*Symphonie du Nouveau Monde*), Debussy (*Préludes à l'après-midi d'un faune*), Saint-Saëns (*Le carnaval des animaux*, *Danse macabre*).

Modernes : Ravel (*Le Boléro*, ballet pour orchestre), Gershwin (*Rhapsody in Blue*), Strauss (*Le Chevalier à la rose*), Stravinski (*Le sacre du Printemps*), Orff (*Carmina Burana*), Bernstein (*West Side Story*), Boulez (*Le marteau sans maître*).

Autres personnages : Herbert von Karajan (chef d'orchestre), Glenn Gould (pianiste), Yehudi Menuhin, Isaac Stern (violonistes), Mstislav Rostropovitch (violoncelliste).

Musiciens de jazz : Miles Davis (trompettiste), John Coltrane (saxophoniste), Ornette Coleman (saxophoniste, inventeur du *free jazz*), Django Reinhardt (guitariste, inventeur du *jazz manouche*), Sidney Bechet (clarinettiste).

Quelques festivals de musique classique

Festival de Bayreuth : Fondé en 1876 par et pour Wagner.

Festival de Salzbourg : Fondé en 1920, on y joue opéra et musique classique.

Quelques informations utiles

Un diapason est un instrument qui donne le «la» (soit une fréquence de 440 hertz) pour guider le musicien.

On attribue l'invention de la portée musicale et des notes à Guido d'Arezzo (XIe siècle), moine bénédictin italien. Il a choisi les premiers syllabes des vers d'une hymne à Jean-Baptiste : « **Ut** queant laxis. / **Re**sonare fibris. / **Mi**ra gestorum. / **Fa**muli tuorum. / **Sol**ve polluti. / **La**bii reatum, / **S**ancte **I**oannes. » (« Pour que tes serviteurs puissent chanter à pleine voix les merveilles de tes hauts faits, ôte, Saint Jean, le péché de leurs lèvres souillées »). Ut devient do au 17e s.

e. Cinquième art : la poésie

La geste ou chanson de geste : récits d'épopées légendaires de chevaliers, écrits par des troubadours (poètes de la langue d'Oc) et des trouvères (poètes de la langue d'Oïl). La plus célèbre est la *Chanson de Roland.*

Artistes remarquables : Villon (*Ballade des pendus*).

Poésie lyrique : orientée vers l'enrichissement de la langue. Représentée par La pléiade, groupe de 7 poètes français du XVIe siècle, dont les principaux sont Ronsard (*Les amours de Cassandre, Sonnets pour Hélène*) et Du Bellay (*Les regrets*).

Poésie baroque (XVIIe siècle) : orientée sur les effets de langage et l'ornementation, elle a pour représentants Saint-Amant, Marbeuf.

Poésie classique (XVIIe et XVIIIe siècles) : elle codifie la versification et s'oppose aux excès du Baroque. Citons Malherbe, La Fontaine (*Fables*), Delille (*Les Jardins*).

Poésie romantique : poésie de la mélancolie, fondée sur le moi. On y trouve Lamartine (*Méditations poétiques*), Musset (*Les Nuits*), Vigny (*Les Destinées*), Hugo (*Les Contemplations*), Nerval (*Les Chimères*).

Le Parnasse : mouvement en réaction contre l'effusion égocentrique du romantisme. Théophile Gautier est son précurseur.

Les modernes : Baudelaire (*Les fleurs du mal, Le Spleen de Paris*), Rimbaud (*Le bateau ivre*), Verlaine (*Poèmes saturniens*), Valéry (*Charmes*), Apollinaire (*Alcools, Calligrammes*), Breton (*Manifeste de surréalisme*), Éluard (*Liberté*), Aragon (*Les Yeux d'Elsa*), Cocteau (*Plain-chant*), Prévert (*Paroles*), Ponge (*Le parti pris des choses*).

Au XXe siècle la poésie s'exprime aussi en chanson avec Vian, Ferré, Brassens, Gainsbourg, Brel, ou encore avec le slam de poésie.

f. Sixième art : la danse (et les arts de la scène)

Artistes remarquables : Joséphine Baker, danseuse et meneuse de revue.

Les danseurs de cinéma Fred Astaire, Ginger Rogers, Cyd Charisse, Gene Kelly.

Merce Cunningham fait la transition entre la danse moderne et contemporaine.

Maurice Béjart (de son vrai nom Maurice-Jean Berger), mort en 2007.

Carolyn Carlson, figure de la Nouvelle danse française.

g. Septième art : le cinéma

Les frères Louis et Auguste Lumière créent le cinématographe en 1895.

Record d'entrées en France : *Titanic* de James Cameron (21,7 millions de spectateurs).

Il existe de nombreux festivals, dont le festival de Cannes qui récompense le meilleur film par la palme d'or (en 2018, il s'agit d'*Une affaire de famille* du Japonais Hirokazu Kore-eda), ou encore le festival du cinéma américain de Deauville.

Artistes remarquables : Jean Renoir (fils d'Auguste Renoir), l'un des premiers metteurs en scène (*La grande Illusion*, 1937). Il compte plus de 500 films.

Charlie Chaplin ou Charlot (Le Kid, La Ruée vers l'Or, Les Temps modernes).

Jean-Luc Godard, chef de file de la Nouvelle vague (*À bout de souffle, Le Mépris*).

Alfred Hitchcock, le maître du suspense (*La loi du silence, Les oiseaux, Psychose*).

On peut également retenir : Orson Welles (*Citizen Kane*), Marcel Carné (*Le Quai des brumes, Les visiteurs du soir*), Gene Kelly et Stanley Donen (*Chantons sous la pluie*), Luchino Visconti (*Mort à Venise, Le Guépard*), Sergio Leone (*Il était une fois dans l'Ouest*), Stanley Kubrick (*Spartacus, 2001 : Odyssée de l'espace, Orange mécanique*).

h. Huitième art : la photographie (et les arts médiatiques)

L'inventeur de la photographie est Nicéphore Niépce vers 1827. Louis Daguerre invente le daguerréotype qui fixe l'image sur une plaque de cuivre.

Les frères Lumière rendront possibles les photographies en couleurs en 1903.

Artistes remarquables : Robert Doisneau, photographe humaniste (*Le baiser de l'Hôtel de ville*).

Nick Ut, photographe vietnamien, auteur du cliché de Kim Phuc, petite fille courant nue alors qu'elle est brûlée au napalm lors de la guerre au Viêt Nam.

i. Neuvième art : la bande dessinée

Le festival international de la bande dessinée est à Angoulême (créé en 1974).

Artistes remarquables : Forton (*Les pieds nickelés, Bibi Fricotin*), Pinchon (*Bécassine*), Martin (*Alix*), Uderzo et Goscinny (*Astérix*), Greg (*Achille Talon*), Kane (*Batman*), Binet (*Les Bidochon*), Jacobs (*Blake et Mortimer*), Tardi (*Adèle Blanc-Sec*), Charlier et Gir (*Blueberry*), Roba

(*Boule et Bill*), Peyo (*Les Schtroumpfs*), Geluck (*Le Chat*), Pratt (*Corto Maltese*), Charlier et Hubinon (*Buck Danny*), Otomo (*Akira* - manga), Toriyama (*Dragon Ball*), Messmer (*Félix le Chat*), Raymond (*Flash Gordon*), Lee (*Spider-Man, Hulk, Les X-men*), Hergé (*Tintin*), Franquin (*Gaston Lagaffe, Le Marsupilami*), Valle et Vallet (*L'espiègle Lili*), Morris (*Lucky Luke*), Vernes (*Bob Morane*), Disney (*Mickey*), Segar (*Popeye*), Schulz (*Snoopy*), Rob-Vel (*Spirou et Fantasio*), Siegel et Shuster (*Superman*), Will et Rosy (*Tif et Tondu*), Zep (*Titeuf*), Van Hamme (*Largo Winch, XIII*), Graton (*Michel Vaillant*),

Remarque

Le mercredi 7 janvier 2015, douze personnes ont été tuées dans l'attentat du journal de caricatures *Charlie Hebdo*, dont les dessinateurs Charb, Jean Cabu, Georges Wolinski, Tignous, Philippe Honoré. Les terroristes, les frères Kouachi (Shérif et Saïd), ont été tués 2 jours plus tard par le GIGN. La marche du 11 janvier rassemblant près de 4 millions de personnes a lieu en réaction à cette tuerie. L'ancêtre de Charlie Hebdo est Hara-Kiri (de 1960 à 1985).

2 Littérature

L'invention de l'écriture date d'environ 3 500 avant J.-C. en Égypte et en Babylonie.

a. Antiquité

Homère (VIIIe s. avant J.-C.) : Les poèmes *L'Iliade, L'Odyssée.* Le 1er raconte la guerre de Troie opposant les Grecs (dont Achille) et les Troyens (dont Hector), le 2nd, les aventures d'Ulysse durant son retour vers Ithaque où l'attend Pénélope.

Épopée de Gilgamesh (VIIe s. avant J.-C.), récit du déluge.

Les philosophes Socrate, Platon (*La République*), Aristote (*La Physique*).

Virgile (Ier siècle avant J.-C.) : *L'Énéide*, qui relie l'histoire romaine à Troie.

b. Moyen Âge

Thomas d'Aquin (XIIIe s.), théologien chrétien auteur de la *Somme théologique* à l'époque de la fondation de la Sorbonne à Paris (1253).

Dante Aligheri (italien) écrit *La Divine Comédie* (début du XIVe siècle).

c. XVIe siècle : La renaissance (le Classicisme)

Développement de l'humanisme d'inspiration antique avec Montaigne (*Les Essais*), Rabelais (*Gargantua, Pantagruel*) en France.

À l'étranger, l'Anglais Shakespeare (*Othello, Roméo et Juliette, Hamlet*), l'Espagnol Cerventès (*Don Quichotte*) et l'Italien Goldini (*Arlequin serviteur de deux maîtres*).

d. XVIIe siècle : Le Baroque

Le théâtre : Corneille (*Le Cid, Cinna, Horace*), Racine (*Andromaque*, *Bérénice*), Molière (*Les Précieuses ridicules*, *Le Malade imaginaire*).

Les penseurs et moralistes : Pascal (*Les Pensées*), La Bruyère (*Les Caractères*), Descartes (*Le Discours de la Méthode*), Bossuet (*Oraisons funèbres*).

Les romans : Madame de La Fayette rédige *La Princesse de Clèves*.

e. XVIIIe siècle : Les Lumières

Les philosophes : Montesquieu (*De l'esprit des lois*, *Lettres persanes*), Diderot (*L'Encyclopédie*, *Le Neveu de Rameau*, *Jacques le Fataliste*), Voltaire (*Zadig*, *Candide*), Rousseau (*Du Contrat social*, *L'Émile*, *La Nouvelle Héloïse*).

Les romanciers : l'abbé Prévost (*Manon Lescaut*), Laclos (*Les Liaisons dangereuses*), Swift (*Les Voyages de Gulliver*), Scott (*Ivanhoé*).

Le théâtre : Beaumarchais (*Le Barbier de Séville*, *Le Mariage de Figaro*), Marivaux (*Le Jeu de l'amour et du hasard*).

f. XIXe siècle : Romantisme, Réalisme, Naturalisme

Romantisme : Hugo (*Les Misérables, Notre-Dame de Paris*), Dumas (*Les Trois Mousquetaires, Le Comte de Monte-Cristo*), George Sand (*La Mare au Diable*), Constant (*Adolphe*), Chateaubriand (*Mémoires d'Outre-Tombe*), Gautier (*Le Capitaine Fracasse*), Goethe (*Les Souffrances du jeunes Werther*), Musset (*La Confession d'un enfant du siècle*), Poe (*Histoires extraordinaires*).

Réalisme : Stendhal (*Le Rouge et le Noir, Lucien Leuwen*), Balzac (*La Comédie humaine, Le Lys dans la vallée*), Maupassant (*Bel-ami*), Flaubert (*Madame Bovary, L'Éducation sentimentale*), Dostoïevski (*Crime et Châtiment*), Tolstoï (*Guerre et Paix*).

Naturalisme : Zola (*Les Rougon Macquart, Nana, Thérèse Raquin*).

Autres auteurs : Verne (*Vingt Mille Lieues sous les mers*), Rostand (*Cyrano de Bergerac*), Carroll (*Alice au pays des merveilles*), Dickens (*David Copperfield, Oliver Twist*), Stevenson (*L'Île au trésor*), Wilde (*Le Portrait de Dorian Gray*), Twain (*Les Aventures de Tom Sawyer*).

g. XXe siècle : Symbolisme, Surréalisme, Absurde, Nouveau roman

Symbolisme : Mouvement issu de la poésie de Baudelaire (Verlaine, Rimbaud).

Surréalisme : Aragon, Breton, Éluard notamment (voir poésie plus haut).

Absurde : Ionesco (*La Cantatrice chauve*), Beckett (*En attendant Godot, Fin de partie*), Camus (*L'Étranger, La Peste*).

Nouveau roman : Robbe-Grillet (*Les Gommes*), Sarraute, Simon.

Autres auteurs : Alain-Fournier (*Le Grand Meaulnes*), Bernanos (*Sous le soleil de Satan*), Céline (*Voyage au bout de la nuit*), Beauvoir (*Le Deuxième Sexe*), Saint-Exupéry (*Terres des hommes, Le Petit Prince*), Faulkner (*Le Bruit et la Fureur*), Fitzgerald (*Gatsby le Magnifique*), Gide (*La symphonie pastorale*), Hemingway (*L'Adieu aux armes*), Kafka (*La Métamorphose*), Mauriac (*Thérèse Desqueyroux*), Perec (*Les Choses*), Proust (*À la recherche du temps perdu*), Sartre (*L'Être et le Néant, Huis clos*), Steinbeck (*Les Raisins de la colère*), Vian (*L'Arrache-Cœur*).

Exercices

Répondez aux questions suivantes.

1. Parmi ces œuvres, laquelle n'est pas de Pablo Picasso ?

❐ **a.** *Les Demoiselles d'Avignon*

❐ **b.** *Nu descendant un escalier*

❐ **c.** *Guernica*

2. Parmi les ordres de l'architecture grecque antique, trouvez l'intrus.

❐ **a.** ordre ionique ❐ **b.** ordre dorique ❐ **c.** ordre gothique

3. Parmi ces œuvres, laquelle a été réalisée par Claude Monet ?

❐ **a.** *Impression soleil levant*

❐ **b.** *Le Déjeuner sur l'herbe*

❐ **c.** *La Liberté guidant le peuple*

4. Parmi ces œuvres de Bizet, trouvez l'intrus.

❐ **a.** *Le Boléro* ❐ **b.** *L'arlésienne* ❐ **c.** *Carmen*

5. Quel est le seul artiste joué au festival de Bayreuth ?

❐ **a.** Mozart ❐ **b.** Schubert ❐ **c.** Wagner

6. Le musicien de jazz Miles Davis est :

❐ **a.** un clarinettiste ❐ **b.** un trompettiste ❐ **c.** un guitariste

7. Parmi ces poètes, lequel n'appartient pas au courant romantique ?

❐ **a.** Alfred de Vigny ❐ **b.** Arthur Rimbaud ❐ **c.** Victor Hugo

8. Quel est le surnom d'Alfred Hitchcock ?

❐ **a.** le maître de l'intrigue

❐ **b.** le maître du suspense

❐ **c.** le maître du polar

9. Où a lieu le festival de la bande dessinée ?

❐ **a.** à Cognac ❐ **b.** à Deauville ❐ **c.** à Angoulême

10. Lequel de ces auteurs est un philosophe des Lumières ?

❐ **a.** Sartre ❐ **b.** Diderot ❐ **c.** Montaigne

11. Qui est l'auteur de *Thérèse Raquin* ?

❐ **a.** Émile Zola ❐ **b.** Victor Hugo ❐ **c.** Gustave Flaubert

12. Qui a écrit *Gatsby le Magnifique* ?

❐ **a.** Fitzgerald ❐ **b.** Steinbeck ❐ **c.** Faulkner

13. Parmi ces pièces de théâtre, laquelle n'est pas de Corneille ?
❒ a. *Le Cid* ❒ b. *Andromaque* ❒ c. *Cinna*

14. Quel est l'auteur de *La Princesse de Clèves* ?
❒ a. Madame de La Fayette
❒ b. George Sand
❒ c. Madame de Staël

15. Qui est le réalisateur de *Titanic* ?
❒ a. Steven Spielberg ❒ b. James Cameron ❒ c. George Lucas

Corrigés

1. **b.** *Nu descendant un escalier* est un tableau de Marcel Duchamp de 1912.
2. **c.** L'ordre gothique correspond à l'architecture médiévale. Le 3e ordre de l'architecture grecque est l'ordre corinthien.
3. **a.** Cette toile donne son nom à l'impressionnisme. *Le déjeuner sur l'herbe* est une toile de Manet et *La liberté guidant le peuple* de Delacroix.
4. **a.** *Le Boléro* est une œuvre de Ravel.
5. **c.** Ce festival a été créé en 1876.
6. **b.**
7. **b.** Rimbaud est un poète moderne.
8. **b.**
9. **c.** Il a été créé en 1974.
10. **b.** La philosophie des Lumières correspond au XVIIIe siècle et à l'indépendance de la pensée par rapport à la religion.
11. **a.**
12. **a.** Steinbeck est l'auteur des *Raisins de la colère* et Faulkner a écrit *Le bruit et la fureur*.
13. **b.** *Andromaque* est une pièce de Racine.
14. **a.** George Sand est notamment l'auteur de *La Mare au diable* et Madame de Staël a écrit *Delphine*.
15. **b.** Ce film de 1997 a réalisé le record d'entrées au cinéma en France.

5 Connaissances
Sécurité, santé et société

1 Sécurité intérieure

La violation de la loi est une infraction. Il existe 3 types d'infractions : le crime (le plus grave), le délit et la contravention.

- Le crime caractérise tout acte passible d'au moins 10 ans de prison et 3 000 € d'amende. Parmi les crimes, on trouve le meurtre, le viol, le trafic de drogue. Un crime est jugé en cour d'assises. La peine maximale est la perpétuité avec période de sûreté de 30 ans, depuis l'abolition de la peine de mort en 1981.
- Le délit est jugé par le tribunal correctionnel. Il peut entraîner des peines de prison (jusqu'à 10 ans), des amendes ou des travaux d'intérêt général.
- La contravention est jugée au tribunal de police ou devant le tribunal de proximité. La peine est au maximum de 3 000 € d'amende.

LOPPSI 2 : Loi d'Orientation et de Programmation pour la Performance de la Sécurité Intérieure qui concerne la sécurité intérieure sur 5 ans par le recours aux scanners corporels, aux mouchards informatiques, au filtrage d'Internet…

Garde à vue : Maintien à disposition par la police ou la gendarmerie d'une personne soupçonnée d'une infraction dans le cadre d'une enquête judiciaire. Sa durée est de 24 h, prolongeable à 48 h. Le gardé à vue doit être informé des raisons de sa situation et avoir la possibilité d'un entretien avec son avocat.

Plan Vigipirate : Plan de lutte anti-terroriste créé en 1978. Depuis décembre 2016, il compte 3 degrés : « Vigilance », « Sécurité renforcée/Risque d'attentat » et « Urgence attentat ». Depuis janvier 2015, mise en place de l'opération Sentinelle.

2 Sécurité routière

Elle définit l'ensemble des mesures pour la sécurité des usagers (permis à points en 92, installation des radars automatiques en 2004, etc.).

Alcool au volant : En France, c'est la 1re cause d'accidents. L'alcoolémie d'un conducteur comprise entre 0,25 et 0,39 mg/L d'air expiré (ou 0,5 et 0,78 g/L de sang) vaut contravention de 4e classe (perte de 6 points). Au-delà, c'est un délit.

Vitesse au volant : Retrait de 1 à 6 points et amende forfaitaire de 68 à 1 500 €. Depuis juillet 2018, la vitesse est limitée à 80 km/h sur les routes à double sens sans séparateur central.

3 Santé

a. Système de protection sociale et de santé

En France, il dépend de la Sécurité sociale, groupe d'institutions qui protègent financièrement face aux risques de la vie. Elle possède 4 branches :

- **Branche maladie** pilotée par la CNAM (Caisse National d'Assurance Maladie) au niveau national et la CPAM (Caisse Primaire d'Assurance Maladie) au niveau local.
- **Branche vieillesse** et veuvage (retraites), pilotée par la CNAV (Caisse Nationale d'Assurance Vieillesse).
- **Branche famille** (dont logement, handicap, etc.), pilotée par la CNAF (Caisse Nationale des Allocations Familiales) au niveau national et la CAF au niveau local.
- **Branche accidents du travail** et maladies professionnelles.

La Sécurité sociale rembourse environ 75 % des dépenses de soins (budget de 300 milliards) ; le reste est couvert par les ménages (10 %), des mutuelles (8 %) et des sociétés d'assurance et institutions de prévoyance (6 %). Les 1,2 % restants correspondent à la CMU (Couverture Mutuelle Universelle) qui aide, depuis 2000, ceux qui ne sont pas couverts par le régime de la Sécurité sociale ou qui sont très démunis. Pour les étrangers en situation irrégulière, il existe l'AME (Aide Médicale d'État).

Financement : Cotisations sociales des salariés et des employeurs, CSG (Contribution Sociale Généralisée) et CRDS (Contribution pour le Remboursement de la Dette Sociale) prélevées sur tout revenu.

L'**URSSAF** (Union de Recouvrement des cotisations de Sécurité Sociales et d'Allocation Familiale) assure le recouvrement des cotisations pour financer la Sécurité sociale et l'**ARS** (Agence Régionale de Santé) rationalise les dépenses hospitalières et médicales ; elle remplace en 2010 la DRASS et la DDASS.

b. Santé publique

- **Médicament générique :** Médicament de même principe actif et parfois de même excipient qu'un médicament *princeps* (= de marque), mais moins cher.
- **Loi Évin :** Loi de 1991 (renforcée en 2006) qui interdit de fumer dans les lieux publics et limite la publicité pour l'alcool.
- **Drogue :** Substance chimique ou naturelle capable d'altérer l'activité neuronale. Elle peut entraîner une dépendance (particulièrement l'héroïne), et/ou exposer à une forte toxicité et à l'isolement social (cas de la cocaïne).
- **Jeux dangereux :** Activités considérées comme ludiques mais qui représentent un risque pour ceux qui les pratiquent ou les subissent. Ce sont des formes de drogues, où le jeune développe une dépendance.
- **Cancer :** Tumeur maligne qui se développe par prolifération des cellules qui migrent vers d'autres parties du corps (métastases). La leucémie est le cancer du sang et la maladie de Khaler est celui de la moelle osseuse.
- **VIH :** Le Virus d'Immunodéficience Humaine est responsable du SIDa. Il détruit les défenses immunitaires. Il est transmis par le sang, le sperme, les sécrétions vaginales, le lait maternel. Les traitements antiviraux ralentissent sa propagation, mais ne le guérissent pas. Il a été découvert par Luc Montagnier et Françoise Barré-Sinoussi en 1983 (prix Nobel 2008).
- **Bioéthique** (quelques dates) :
  - **2002** (loi Kouchner) Reconnaissance du droit du malade, notamment à consulter le dossier médical. Limitation de l'hospitalisation sans consentement.

Connaissances : Culture générale

- **2005** (loi Leonetti) Opposition à l'obstination déraisonnable. Préconisation des soins palliatifs pour la mort dans la dignité.
- **2016** (loi Claeys-Leonetti) Droit à la sédation profonde en continue jusqu'au décès. Les directives anticipées deviennent contraignantes.
- **2018** États généraux de la bioéthique.

4 Famille et enfants

a. Famille

- **Mariage :** Légalement, le mariage est un contrat entre deux personnes qui donne existence à une communauté de biens et de renommée (même nom). Le mariage homosexuel est reconnu depuis 2013 en France. La polygamie est illégale. En 2018, on compte 235 000 mariages en France dont 6 000 entre personnes de même sexe.
- **PACS :** Contrat entre deux personnes majeures de sexes semblables ou différents et qui n'ont aucun lien de parenté. Il permet d'acquérir ensemble des biens et d'avoir une déclaration fiscale commune. Le PACS n'a aucune incidence sur le nom. En 2017, on compte environ 193 000 PACS en France.
- **CNAF :** La Caisse Nationale d'Allocation Familiale, branche de la Sécurité sociale (créée en 1932), développe une action sociale familiale.
- **Allocations familiales :** Elles sont versées par les CAF, sans condition de ressources, aux responsables de deux enfants et plus de moins de 20 ans.

b. Enfant

- **Droits de l'enfant :** En 1959, la Déclaration des Droits de l'Enfant par l'Assemblée générale des Nations unies pose 10 principes, notamment le droit à l'égalité, à une attention particulière pour son développement, à un nom et une nationalité, à une alimentation, un logement et des soins médicaux appropriés, à une protection contre toute forme de cruauté, de négligence et d'exploitation, et, s'il est handicapé, le droit à une éducation et des soins spéciaux. Ces principes deviennent contraignants en 1989.
- **Scolarité obligatoire :** Un enfant doit être instruit obligatoirement de 6 ans jusqu'à 16 ans, depuis une ordonnance de Charles de Gaulle en 1959.
- **La majorité :** Fixée à 18 ans depuis 1974, elle était auparavant de 21 ans. La majorité sexuelle est de 15 ans.

5 Inégalités, exclusions, discriminations

En France, le *défenseur des droits* est, depuis sa création en 2011, un défenseur des citoyens contre toute discrimination. Il remplace la HALDE, Haute Autorité de Lutte contre les Discriminations et pour l'Égalité, créée en 2005.

a. Égalité homme-femme

- **1936 :** Trois femmes dans le gouvernement du Front populaire (de Léon Blum), alors qu'elles n'ont pas le droit de vote
- **1944 :** Droit de vote accordé aux femmes par de Gaulle. Le 1er vote sera en 1945

- **1946 :** Le principe d'égalité hommes/femmes est affirmé dans la Constitution
- **1956 :** Fondation du Mouvement français pour le planning familial, pour l'éducation sexuelle, le droit à la contraception, à l'avortement, le contrôle des naissances
- **1967 :** Loi Neuwirth qui autorise la vente de produits contraceptifs
- **1971 :** « Manifeste des 343 salopes » (343 femmes connues déclarent avoir avorté en toute illégalité) qui réclament l'avortement libre et gratuit
- **1974 :** Vote du projet de loi Veil pour l'avortement libre et anonyme pour les mineures. La loi est promulguée en 1975 pour 5 ans puis définitivement en 79
- **1982 :** L'IVG (Interruption Volontaire de Grossesse) devient gratuite (loi Roudy)
- **1983 :** Loi Roudy pour l'égalité professionnelle entre hommes et femmes
- **1990 :** Reconnaissance de la possibilité du viol entre époux
- **2000 :** Parité hommes-femmes dans le nombre de candidats aux élections
- **2001 :** Autorisation donnée aux infirmières scolaires de délivrer la pilule du lendemain. Le délai pour l'avortement passe de 10 à 12 semaines d'aménorrhée
- **2003 :** Fondation de l'association « Ni pute, ni soumise »
- **2006 :** L'âge légal du mariage des femmes passe à 18 ans (contre 15) pour éviter les mariages forcés
- **2010 :** Reconnaissance légale des violences conjugales à caractère psychologique
- **2014 :** Loi pour l'égalité réelle (initiative de Najat Vallaud-Belkacem) : incitation pour que les hommes prennent leurs congés de paternité, respect du paiement des pensions alimentaires, interdiction des concours de mini-miss

L'inégalité des salaires hommes-femmes est encore de 20 % en France. Elles sont environ 30 % en temps partiel (8 % des hommes).

b. Handicap

Désigne toute restriction d'activité sociale du fait d'une altération durable des fonctions physiques, sensorielles, mentales et/ou psychiques.

La population des handicapés compte 30 % de chômeurs.

- **CDAPH :** La Commission des Droits et de l'Autonomie des Personnes Handicapées renseigne les personnes handicapées sur leurs droits, accompagne leur insertion sociale et vérifie leur taux d'invalidité pour l'accès aux aides.
- **Caisse nationale de solidarité pour l'autonomie :** Créée en 2004, elle contribue au financement de l'accompagnement de la perte d'autonomie.
- **AAH :** L'Allocation aux Adultes Handicapés est une prestation de la CAF versée à toute personne dont le taux d'invalidité est supérieur à 80 % et sous conditions pour une invalidité de 50 à 80 %. Elle peut se cumuler avec un revenu. Elle compte environ 900 000 allocataires.

c. Pauvreté

Est dite pauvre une personne qui ne dispose pas des ressources matérielles nécessaires pour vivre décemment. La France compte près de 8 millions de pauvres, personnes en dessous du *seuil de pauvreté* (60 % du revenu médian).

- **Travailleur pauvre :** Qualifie toute personne active au moins 6 mois par an et qui cependant vit en dessous du seuil de pauvreté.
- **Surendettement :** Situation de déséquilibre entre les ressources et les charges. La personne ne peut faire face à ses obligations. Le surendettement est favorisé par le crédit revolving (renouvelable).
- **Mouvement Emmaüs :** Ensemble d'associations laïques fondées en 1949 par Henri Grouès, dit l'abbé Pierre (1912-2007) pour lutter contre la rigueur de l'hiver qui verra de nombreux Français mourir de froid.
- **Autres associations pour les pauvres :** Restos du cœur, Secours populaire français, Secours catholique, Petits Frères des Pauvres…
- **Précarité du logement**
- **HLM :** L'Habitation à Loyer Modéré est un logement privé ou public réservé aux personnes moins favorisées. Ces habitats bénéficient de subventions ou d'exonérations fiscales.
- **SRU :** Loi relative à la Solidarité et au Renouvellement Urbain, votée en 2000. Elle impose notamment aux villes de disposer d'au moins 20 % de logements sociaux pour favoriser la mixité sociale.
- **Action sociale ou 1 % logement :** Dispositif de 2009 de participation des employeurs à l'effort de construction (PEEC) pour aider tout salarié à se loger grâce à une aide des entreprises de plus de 10 salariés d'au moins 1 %.

d. Immigration, racisme

- **Sans-papiers :** Autres nom des étrangers en situation irrégulière sur un territoire national. En 1998, la loi Chevènement régularise des sans-papiers.
- **Regroupement familial :** Possibilité donnée à un étranger séjournant sur le territoire national de faire venir son conjoint et ses enfants mineurs au plus tard dans les 2 ans qui suivent son arrivée.
- **Racisme :** Plusieurs associations luttent contre le racisme, SOS racisme, la LICRA (Ligue Internationale Contre le Racisme et l'Antisémitisme), etc.
- **Homophobie :** Hostilité explicite ou implicite envers les homosexuels.
- **Loi Gayssot :** Loi de 1990 qui condamne pénalement la négation du génocide juif de la seconde guerre mondiale. L'extension à d'autres génocides (notamment arménien) voulue en 2012 est censurée par le Conseil constitutionnel qui juge que cette interdiction est une atteinte à la liberté d'expression.

Exercices

Répondez aux questions suivantes.

1. Un tribunal correctionnel juge…

❒ **a.** les infractions ❒ **b.** les délits ❒ **c.** les crimes

2. Qu'est-ce que la loi LOPPSI ?

❒ **a.** une Loi d'Orientation et de Programmation pour la Performance de la Sécurité Intérieure

❒ **b.** une Loi d'Observation et de Programmation de la Politique de Sécurité Intérieure

❒ **c.** une Loi d'Organisation de la Politique Publique de Sécurité Intérieure

3. Dans le plan Vigipirate, le degré d'alerte le plus élevé est…

❒ **a.** cramoisi ❒ **b.** urgence attentat ❒ **c.** rouge

4. Quelle est l'amende maximale imposée pour une contravention ?

❒ **a.** 1 000 € ❒ **b.** 3 000 € ❒ **c.** 5 000 €

5. Depuis quand existe le dispositif du permis à points en France ?

❒ **a.** Depuis toujours ❒ **b.** Depuis 1992 ❒ **c.** Depuis 1998

6. Sur quoi porte la loi Claeys-Leonetti de 2016 ?

❒ **a.** la fin de vie

❒ **b.** le tarif des loyers

❒ **c.** la protection des réfugiés

7. En quelle année les Françaises ont-elles obtenu le droit de vote ?

❒ **a.** 1919 ❒ **b.** 1936 ❒ **c.** 1944

8. En 1967 la loi Neuwirth autorise…

❒ **a.** la vente de produits de contraception

❒ **b.** la pratique de l'IVG

❒ **c.** la vente de la pilule du lendemain

9. Qu'est-ce que l'homophobie ?

❒ **a.** l'hostilité envers les hommes

❒ **b.** l'hostilité envers les homosexuels

❒ **c.** l'hostilité envers les personnes qui nous ressemblent

10. Que signifie le sigle IVG ?

❒ **a.** Interruption variable de gémellité

❒ **b.** Interruption volontaire de grossesse

❒ **c.** Interruption vivante de grossesse

11. Qui est le fondateur du mouvement Emmaüs ?

❐ **a.** Coluche ❐ **b.** Brigitte Bardot ❐ **c.** Henri Grouès

12. En quelle année a eu lieu le génocide arménien ?

❐ **a.** 1912 ❐ **b.** 1914 ❐ **c.** 1916

Corrigés

1. b. Les condamnations pour les délits ne peuvent excéder 10 ans de prison.

2. a. LOPPSI concerne la sécurité intérieure sur 5 ans par le recours aux scanners corporels, aux mouchards informatiques, au filtrage d'Internet.

3. b. Cette appellation existe depuis 2016.

4. b.

5. b. Le permis à points est instauré en 1992 après avoir été voté en 1989.

6. a. Cette loi fait suite à la loi Leonetti de 2005.

7. c. En 1936 des femmes sont entrées au gouvernement du Front populaire sans avoir le droit de vote.

8. a. L'Interruption volontaire de grossesse est autorisée par la loi Veil.

9. b. Étymologiquement c'est la *haine du même*.

10. b.

11. c. Henri Grouès est le nom de l'abbé Pierre.

12. c. En 2016, nous avons commémoré les 100 ans de ce drame qui n'est pas encore reconnu par les autorités turques.

1 Grandes dates de la science moderne

- **1440 :** Johannes Gutenberg invente la typographie (imprimerie) à Mayence
- **1609 :** Développement de la lunette astronomique par Hans Lippershey. Elle sera exploitée par Galilée
- **1642-1727 :** Vie d'Isaac Newton, fondateur de la mécanique classique, autour de la théorie de la gravitation universelle et du calcul infinitésimal
- **1643 :** Evangelista Torricelli invente le baromètre
- **1743-1794 :** Vie d'Antoine Lavoisier, père de la chimie moderne. Il découvre l'oxydation, la composition de l'air et de l'eau
- **1752 :** Benjamin Franklin invente le paratonnerre
- **1859 :** Charles Darwin publie *De l'origine des espèces* après son tour du monde sur le Beagle. Il y développe sa théorie de l'évolution des espèces
- **1868 :** Découverte de l'hélium par Jules Janssen en observant une éclipse de soleil
- **1879-1955 :** Vie d'Albert Einstein. Auteur des théories de la relativité. Contribution à la mécanique quantique, la cosmologie
- **1883 :** Robert Koch découvre le bacille du choléra
- **1885 :** Louis Pasteur vaccine contre la rage un berger alsacien de 9 ans, Joseph Meister
- **1894 :** Yersin isole le bacille de la peste
- **1895 :** Wilhelm Röntgen découvre les rayons X. 1re radiographie
- **1900 :** Freud publie *De l'interprétation des rêves*, naissance de la psychanalyse
- **1921 :** BCG développé contre la tuberculose par Camille Guérin et Albert Calmette
- **1922 :** Découverte de l'insuline par Frederick Grant Banting et Charles Herbert Best
- **1928 :** Découverte de la pénicilline par Alexander Fleming
- **1949 :** Découverte de virus de la grippe par le docteur Lépine
- **1953 :** Découverte de l'ADN par Jim Watson et Francis Crick
- **1967 :** 1re greffe du cœur d'un homme d'affaires sud-africain Louis Washkansky par le professeur Christiaan Barnard (chirurgien sud-africain) ; en France le 1er sera Christian Cabrol à Paris (patient : Clovis Roblain)
- **1978 :** 1er bébé-éprouvette : Louise Brown voit le jour à l'hôpital d'Oldham en Angleterre. Méthode mise au point par Robert Edwards
- **1982 :** Naissance du 1er bébé-éprouvette français Amandine, par le professeur René Frydman de l'hôpital Antoine Béclère de Clamart
- **1983 :** Virus VIH identifié par Luc Montagnier (prix Nobel en 2008)
- **1996** : Brebis Dolly 1er mammifère cloné

- **1998 :** Le Néo-zélandais Clint Hallam bénéficie d'une allogreffe de la main supervisée par le professeur Jean-Michel Dubernard (service d'urologie et de chirurgie de la transplantation à l'Hôpital Édouard Herriot, Lyon)
- **2012 :** Validation expérimentale par le CERN de la théorie du boson de Higgs

Exercices

Répondez aux questions suivantes.

1. Quel est le nom du premier mammifère cloné ?

❒ **a.** Lucy ❒ **b.** Nani ❒ **c.** Dolly

2. Qu'est-ce que le CERN ?

❒ **a.** Conseil européen pour la recherche nucléaire

❒ **b.** Conseil entrepreneurial pour la recherche nucléaire

❒ **c.** Centre européen de ressources nucléaires

3. Qui a développé la première lunette astronomique ?

❒ **a.** Galilée ❒ **b.** Descartes ❒ **c.** Lippershey

4. Que signifie ARN ?

❒ **a.** acidité rhizo-nucléire

❒ **b.** acide ribonucléique

❒ **c.** action résurgente neutre

5. Qui a découvert l'oxygène ?

❒ **a.** Georges Cuvier ❒ **b.** Francis Bacon ❒ **c.** Antoine Lavoisier

6. Où Gutenberg a-t-il inventé l'imprimerie ?

❒ **a.** Frankfort ❒ **b.** Mayence ❒ **c.** Bonn

Corrigés

1. **c.**

2. **a.** Créée en 1954, cette organisation située à Genève est le plus grand centre en physique des particules.

3. **c.** Il a développé la lunette en 1609. Galilée l'a suivi de peu.

4. **b.** C'est une molécule biologique présente chez presque tout être vivant.

5. **c.** Il l'a découverte grâce à l'oxydation des métaux.

6. **b.**

7 Connaissances
Sports et jeux

1 Jeux olympiques

Fondés en 776 avant J.-C. en l'honneur de Zeus à Olympie, ils ont lieu tous les 4 ans jusqu'en 393 (soit 1 200 ans). Ils sont rétablis en 1896 sous l'impulsion du baron Pierre de Coubertin lors de la création du CIO (Comité International Olympique). Les J.O. d'hiver sont inventés en 1924. La devise des J.O. : « Citius, Altius, Fortius » (« Plus vite, plus haut, plus fort »). Les J.O. d'été ont lieu à Tokyo en 2020 et à Paris en 2024.

2 Football

Coupe du monde de la FIFA : créée en 1928 (gagnée la 1re fois par l'Uruguay). Elle est organisée tous les 4 ans. En 2014, elle se déroule au Brésil (qui l'a emporté 5 fois, un record). La France l'a emporté en 1998 et 2018.

Coupe d'Europe des nations : créée en 1958 (gagnée la 1re fois par l'URSS). Elle a lieu tous les 4 ans. En 2016, le Portugal l'emporte contre la France (1-0). La France l'a emporté en 1984 et 2000.

Ligue des Champions : compétition des meilleures équipes de chaque championnat national. L'OM (Marseille) l'a emporté en 1993.

3 Rugby

Se joue à 7, 9, 12, 13 ou 15. Le rugby à 15 est le plus populaire.

Points : essai (5 pts), il faut aplatir le ballon derrière la ligne de but adverse,

- transformation (2 pts), consiste à réaliser un tir entre les poteaux de but après un essai, le ballon étant placé en face du lieu de réalisation de l'essai,
- pénalité (3 pts), tir entre les poteaux réalisé après une faute,
- drop (3 pts), tir durant une période de jeu, directement entre les poteaux.

Coupe du monde : créée en 1987. Les All Blacks de Nouvelle-Zélande la gagnent 3 fois (en 87, 2011 et 2015). La France ne l'a jamais gagnée (elle perd 8-7 en finale en 2011). En 2019, elle a eu lieu au Japon.

Tournoi des six nations : il accueille uniquement les 4 nations britanniques à partir de 1883 (Angleterre, Pays de Galles, Écosse, Irlande), puis la France en 1910, et, en 2000, l'Italie. Le Pays de Galles et l'Angleterre sont les plus titrés.

La cuillère de bois revient à l'équipe qui n'a gagné aucun match.

4 Tennis

Les principales épreuves sont celles du Grand Chelem (Open d'Australie, Roland Garros, Wimbledon, US Open), et le Masters (ATP World Tour Finals) qui oppose les 8 meilleurs joueurs de la saison. Roger Federer détient le record chez les hommes avec 20 victoires en Grand Chelem et 6 Masters. Serena Williams a remporté 37 titres en Grand Chelem dont 23 en simple. Seul Rod Lever (chez les hommes) a réalisé le Grand Chelem (gagner les quatre grands tournois sur une saison) et il l'a fait à deux reprises, en 1962 et 1969. Novak Djokovic l'a réalisé en continu sur 2 saisons.

5 Jeux d'échecs, de dames, jeu de go

Jeux de stratégie : aux échecs il faut mettre mat (tuer) le roi adverse et pas le mettre pat (prisonnier) ; aux dames il faut prendre tous les pions adverses ; et au jeu de go il faut contrôler le plus le tablier ou goban.

Exercices

Répondez aux questions suivantes.

1. Où se déroule la coupe du monde de football en 2018 ?
   ❒ **a.** au Brésil ❒ **b.** en Espagne ❒ **c.** en Russie
2. Quelle est la devise des Jeux olympiques ?
   ❒ **a.** L'important, c'est de participer.
   ❒ **b.** Qui ne tente rien n'a rien.
   ❒ **c.** Plus vite, plus haut, plus fort.
3. Quel est le dernier Français qui a gagné Roland Garros ?
   ❒ **a.** Henri Leconte ❒ **b.** Jo Wilfried Tsonga ❒ **c.** Yannick Noah
4. Combien de cases comporte un échiquier ?
   ❒ **a.** 64 ❒ **b.** 81 ❒ **c.** 100
5. Quel pays a remporté la dernière coupe du monde de Rugby à 15 ?
   ❒ **a.** la Nouvelle-Zélande
   ❒ **b.** l'Afrique du Sud
   ❒ **c.** la France
6. Parmi ces noms de jeux, lequel ne désigne pas un jeu de cartes ?
   ❒ **a.** canasta ❒ **b.** bridge ❒ **c.** mah-jong
7. Quelle est la périodicité des Jeux olympiques d'hiver ?
   ❒ **a.** tous les ans ❒ **b.** tous les 2 ans ❒ **c.** tous les 4 ans
8. Lors du Tour de France, qui reçoit le maillot vert ?
   ❒ **a.** le meilleur grimpeur
   ❒ **b.** le meilleur jeune
   ❒ **c.** le meilleur sprinter

Corrigés

1. **c.** Elle aura lieu en 2022 au Qatar.
2. **c.** L'expression « L'important, c'est de participer » est attribuée à Coubertin.
3. **c.** Noah l'emporte en 1983. Chez les femmes, victoire de Mary Pierce en 2000.
4. **a.** Un échiquier est un carré qui comporte 8 cases par côté.
5. **a.** Elle l'emporte pour la deuxième fois, et ce face à la France en 2011.
6. **c.** Le mah-jong est un jeu d'origine chinoise qui se joue avec des tuiles, sortes de dominos.
7. **c.** Il en est de même pour les J.O. d'été qui alternent par périodes de 2 ans.
8. **c.** Le meilleur grimpeur reçoit le maillot blanc à pois rouges, le meilleur jeune reçoit le maillot blanc et le meilleur coureur reçoit le maillot jaune.

Épreuve de connaissances générales

Français

- Vocabulaire
- Proverbes et expressions
- Orthographe d'usage
- Orthographe grammaticale
- Conjugaison

Si vous n'êtes pas fort(e) dans ces domaines, vous devez être bien précis(e) dans l'apprentissage des règles qui suivent. Dans un questionnaire, il est toujours plus rentable de connaître avec précision certains points plutôt que de tout connaître approximativement. Utilisez les exercices pour être bien au point.

30 minutes

8 Connaissances
Vocabulaire

C'est sans aucun doute la partie du questionnaire sur le français qui est la plus vaste pour l'apprentissage. Il existe des centaines de milliers de mots en français et certains ont plusieurs définitions.

Exemple

Un bar peut désigner un café, une unité de pression atmosphérique ou un poisson.

Dans cette fiche, vous trouverez :

- des définitions, des synonymes et des antonymes ;
- des homonymes et des paronymes.

La plupart des questions de vocabulaire portent sur des mots que vous connaissez mais que vous employez peu (ex : confiné, hirsute, véhément, etc.). Certaines portent sur des mots difficiles. Pour ne pas s'en remettre au hasard, suivez les règles qui suivent.

1 RÈGLE 1 : La mise en contexte

Il faut mettre en contexte le mot proposé, c'est-à-dire imaginer dans quelle phrase on pourrait l'employer.

Exemple

Que signifie le mot fastidieux ?

a. incertain **b.** nécessaire **c.** ennuyeux

Réponse : **c.** En mettant en contexte, on pouvait dire : « *Ce travail est vraiment fastidieux* ». D'après cette phrase, il est logique de remplacer *fastidieux* par *ennuyeux*.

2 RÈGLE 2 : Les homonymes

Il faut savoir distinguer les homonymes en connaissant la définition qui correspond à chaque orthographe.

Un homonyme est un mot qui se prononce ou s'écrit de la même façon qu'un autre, mais n'a pas la même signification. Pour distinguer les homonymes, il faut apprendre les principaux car ils sont en nombre limité.

- **air** : gaz respirable. / mélodie. / **aire** : surface. / **ère** : période. / **erre** : vitesse en régression. / **haire** : chemise de pénitence. / **hère** : misérable.
- **appas** : charmes. / **appât** : produit utilisé pour attirer.

- **are** : mesure agraire. / **arrhes** : avance financière. / **art** : création esthétique. / **hart** : pendaison.
- **bailler** : donner. / **bâiller** : ouvrir la bouche à cause de la fatigue ou de la faim. / **bayer** : dans l'expression *bayer aux corneilles,* ne rien faire, rêvasser.
- **balade** : promenade. / **ballade** : poème chanté.
- **ban** : bannissement. / **banc** : siège.
- **cahot** : saut d'un véhicule provoqué par les ornières d'une route. / **chaos** : désordre.
- **cane** : femelle du canard. / **canne** : bâton de soutien.
- **ceint** : verbe ceindre, entourer. / **sain** : en bonne santé. / **saint** : parfait. / **sein** : poitrine. / **seing** : signature.
- **censé** : supposé. / **sensé** : de bon sens.
- **chas** : trou d'aiguille. / **chat** : félin de compagnie. / **Shah** : souverain en Orient.
- **cuisseau** : partie du veau. / **cuissot** : cuisse de gros gibier.
- **détoner** : émettre un bruit violent en explosant. / **détonner** : changer de ton.
- **différend** : désaccord. / **différent** : non identique.
- **écho** : renvoi d'un son. / **écot** : part de chacun.
- **égailler** : disperser. / **égayer** : rendre gai.
- **envi** : dans l'expression *à l'envi*, en rivalisant, sans limite. / **envie** : désir.
- **foi** : croyance. / **foie** : organe du tube digestif. / **fois** : marque la fréquence.
- **fond** : base d'un objet. / **fonds** : somme d'argent. / **font** : forme du verbe *faire*.
- **fore** : creuse. / **fors** : sauf, excepté. / **fort** : puissant.
- **geai** : oiseau forestier. / **j'ai** : je possède. / **jais** : pierre noire. / **jet** : un lancer.
- **goûter** : savourer. / **goutter** : couler goutte à goutte.
- **héraut** : messager. / **héros** : personne très brave, exceptionnelle.
- **lai** : poème médiéval. / **laid** : sans beauté. / **laie** : femelle du sanglier. / **lait** : liquide blan**c.** / **lé** : largeur du papier peint. / **les** : article pluriel / **lez** : près de.
- **li** : mesure chinoise. / **lie** : dépôt du vin (ou) ce qu'il y a de pire. / **lit** : couche.
- **lice** : chienne de reproduction. / **lis** (ou) **lys** : fleur blanche. / **lisse** : verbe lisser.
- **maire** : élu local. / **mer** : étendue d'eau. / **mère** : maman.
- **marc** : reste de fruits pressés. / **mare** : étendue d'eau. / **marre** : assez.
- **maure** : du Maghre**b.** / **mors** : dispositif pour conduire un cheval. / **mort** : défunt.
- **pair** : en nombre multiple de deux. / **paire** : duo. / **perd** : verbe perdre. / **père** : papa. / **pers** : de couleur bleu-vert.
- **poids** : masse d'un corps / **pois** : plante comestible. / **poix** : résine collante.
- **rai** : rayon. / **raie** : poisson (ou) ligne. / **ré** : note. / **rets** : filet, piège. / **rez** : base.
- **ras** : court. / **rat** : rongeur. / **raz** : détroit parcouru par les courants de marée.
- **résonner** : renvoyer un son. / **raisonner** : réfléchir.
- **ri** : verbe rire. / **ris** : plat conçu avec un organe du veau, de l'agneau. / **riz** : céréale.
- **saut** : bond. / **sceau** : cachet, signature. / **seau** : récipient. / **sot** : idiot.
- **taie** : enveloppe d'oreiller. / **tais, tait** : verbe taire. / **té** : règle. / **thé** : boisson.

- **tain** : métal appliqué derrière une glace pour en faire un miroir. / **teint** : verbe teindre (ou) coloration de la peau. / **thym** : plante vivace. / **tint** : verbe tenir.
- **tan :** écorce de chêne réduite en poussière. / **tant :** autant. / **taon** : grosse mouche. / **temps** : moment, durée.
- **tribu :** groupe d'individus. / **tribut** : ce qu'il faut donner.

3 RÈGLE 3 : Les paronymes

Il faut savoir distinguer les paronymes en connaissant la définition qui correspond à chaque paronyme.

Un paronyme est un mot qui ressemble à un autre mot mais qui a un sens différent. Pour distinguer les paronymes, apprenez les principaux.

- **abhorrer** : détester. / **arborer** : porter avec fierté.
- **abjurer** : renoncer. / **adjurer** : demander avec instance.
- **acception** : signification. / **acceptation** : accord.
- **affinage** : amélioration finale d'un produit. / **affinement** : fait de rendre fin.
- **agonir** : insulter. / **agoniser** : mourir.
- **alternance** : succession alternée. / **alternative** : choix.
- **amnistie** : pardon général. / **armistice** : accord qui suspend les combats.
- **anoblir** : donner un titre de noblesse. / **ennoblir** : donner de la dignité.
- **assentiment** : consentement. / **ressentiment** : désir de venger une offense.
- **avanie** : affront, offense. / **avarie** : dommage matériel subi lors d'un transport.
- **brume** : brouillard léger. / **bruine** : pluie fine.
- **capiteux** : qui enivre. / **captieux** : qui veut tromper, induire en erreur.
- **clouer** : fixer avec des clous. / **clouter** : garnir de clous.
- **collision** : choc. / **collusion** : entente secrète.
- **croasser** : crier, tel un corbeau. / **coasser** : crier, telle une grenouille.
- **découpler** : séparer un couple de choses. / **décupler** : multiplier par dix.
- **dénouement** : fin d'une intrigue. / **dénuement** : misère, pauvreté.
- **déplier** : étendre, ouvrir un objet. / **déplisser** : ôter les plis d'un objet.
- **effraction** : fracture d'une porte pour voler. / **infraction** : violation d'une loi.
- **élucider** : résoudre. / **éluder** : éviter.
- **épancher** : répandre (ou) communiquer des sentiments. / **étancher** : arrêter.
- **exode** : émigration massive. / **exorde** : début d'un discours.
- **flagrance** : qualité de ce qui est flagrant. / **fragrance** : odeur agréable.
- **grabat** : lit inconfortable. / **gravats** : débris d'un bâtiment.
- **gradation** : progression par degrés. / **graduation** : échelle graduée.
- **habileté** : qualité de celui qui est habile. / **habilité** : autorisé.
- **hiverner** : passer l'hiver à l'abri. / **hiberner** : passer l'hiver endormi.
- **importun** : qui dérange. / **opportun** : qui arrive au bon moment.

- **inanité** : inutilité. / **inanition** : épuisement par manque de nourriture.
- **inclinaison** : état de ce qui est penché. / **inclination** : penchant naturel.
- **infecter** : contaminer. / **infester** : envahir, ravager.
- **magnificence** : qui est magnifique. / **munificence** : générosité somptueuse.
- **perpétuer** : faire durer, transmettre. / **perpétrer** : commettre.
- **prédiction** : annonce du futur. / **prédication** : instruction religieuse.
- **prescrire** : ordonner, imposer, recommander. / **proscrire** : interdire.
- **somptueux** : magnifique, fastueux. / (dépense) **somptuaire** : de luxe.
- **suggestion** : action de suggérer, d'influencer. / **sujétion** : soumission.
- **tendresse** : sentiment tendre, caresse. / **tendreté** : qualité des viandes tendres.
- **vénéneux** : qui renferme un poison. / **venimeux** : qui a du venin.
- **vigie** : surveillance. / **vigile** : veille d'une fête religieuse (ou) veilleur de nuit.

4 RÈGLE 4 : Enrichir son vocabulaire

Il faut se constituer un petit lexique personnel à partir des mots nouveaux rencontrés.

Aucune liste ne peut être complète et le meilleur moyen de progresser en vocabulaire, c'est de noter, par exemple par ordre alphabétique dans un cahier ou un répertoire, les mots inconnus que vous rencontrez.

Exercices

Répondez aux questions suivantes.

1. Quel est le sens du mot **judicieux** ?
❒ **a.** relationnel ❒ **b.** inapproprié ❒ **c.** cohérent

2. Quel est le synonyme de **maugréer** ?
❒ **a.** pester ❒ **b.** admettre ❒ **c.** renifler

3. Que signifie **imberbe** ?
❒ **a.** sans barbe ❒ **b.** injuste ❒ **c.** austère

4. Quel est le contraire de **belliqueux** ?
❒ **a.** agressif ❒ **b.** pacifique ❒ **c.** courtois

5. Quelle est la définition de **néophyte** ?
❒ **a.** adepte récent d'une doctrine.
❒ **b.** instigateur d'un complot.
❒ **c.** spécialiste de l'ère quaternaire.

6. Une **promenade** est une…
❒ **a.** balade ❒ **b.** baladde ❒ **c.** ballade

7. On peut dire d'un **miroir** qu'il est sans…
❒ **a.** thym ❒ **b.** tain ❒ **c.** teint

8. Que signifie le mot **poix** ?
❒ **a.** plante comestible
❒ **b.** qualité de ce qui est pesant
❒ **c.** substance résineuse et collante

9. On peut dire de **deux véhicules** qu'ils sont entrés en…
❒ **a.** collation ❒ **b.** collusion ❒ **c.** collision

10. Que signifie le mot **proscrire** ?
❒ **a.** interdire ❒ **b.** recommander ❒ **c.** inscrire

11. Quel mot ne désigne pas une **préparation culinaire** ?
❒ **a.** un kouglof ❒ **b.** un vacherin ❒ **c.** un serin

12. Quelle expression est correcte ?
❒ **a.** être collé monté. ❒ **b.** être collet monté. ❒ **c.** être collet montet.

13. Cherchez l'intrus.
❒ **a.** manipuler ❒ **b.** manie ❒ **c.** main

14. Quel est l'antonyme de **vigilant** ?
❒ **a.** attentif ❒ **b.** lunaire ❒ **c.** étourdi

15. Parmi les **os de la jambe**, trouvez l'intrus.
❒ **a.** cubitus ❒ **b.** péroné ❒ **c.** tibia

16. Quand on dit **n'importe quoi**, on raconte des…
❒ **a.** inanitions ❒ **b.** inanimés ❒ **c.** inanités

17. **Respirer involontairement en ouvrant la bouche** c'est…
❒ **a.** bayer ❒ **b.** bailler ❒ **c.** bâiller

18. Que signifie **affable** ?
❒ **a.** mensonger ❒ **b.** imaginatif ❒ **c.** aimable

19. Sur la plage, les enfants jouent avec des **pelles** et des…
❒ **a.** sots ❒ **b.** seaux ❒ **c.** sceaux

20. Quel est le synonyme de **lacérer** ?
❒ **a.** attacher
❒ **b.** infliger
❒ **c.** déchirer

Corrigés

1. **c.** Judicieux : Qui fait preuve de jugement, de bon sens.
2. **a.** Maugréer : Marquer son mécontentement, montrer que c'est contre son gré.
3. **a.** Imberbe : Qui est sans barbe, glabre.
4. **b.** Belliqueux : Qui aime la guerre, agressif.
5. **a.** L'ère quaternaire est le néolithique.
6. **a.** Ballade : Chanson.
7. **b.** Tain : Métal appliqué derrière un miroir (pensez à étain).
8. **c.** Pois : Plante comestible / Poids : Qualité de ce qui est pesant.
9. **c.** Collision : Choc / Collation : Repas léger (ou) Action de conférer un titre / Collusion : Entente secrète.
10. **a.** Prescrire : Recommander.
11. **c.** Serin : Petit oiseau jaune. Ne pas confondre avec savarin.
12. **b.**
13. **b.** Manie ne renvoie pas à la main.
14. **c.** Lunaire : Relatif à la lune (et non pas qui est dans la lune).
15. **a.** Cubitus : Os de l'avant-bras.
16. **c.** Inanité : Caractère de ce qui est vain, inutile, vide (et donc absurde).
17. **c.**
18. **c.** Affable : Aimable, bienveillant.
19. **b.** Sot : Idiot / Sceau : Cachet, signature.
20. **c.** Lacérer : Déchirer, mettre en pièces.

9 Proverbes et expressions

De nombreuses questions portent sur les proverbes, c'est-à-dire des dictons devenus populaires et sur les expressions, c'est-à-dire des mots ou groupes de mots qui synthétisent une idée.

Dans ces questions, il est surtout demandé d'identifier la meilleure traduction d'un proverbe ou d'une expression, ou de compléter un proverbe ou une expression. Afin de répondre à ces questions, apprenez la signification des 170 proverbes et expressions qui suivent (classés par ordre alphabétique).

- **À bon chat, bon rat :** l'agresseur trouve un opposant capable de lui résister.
- **À bon vin point d'enseigne :** ce qui est bon se recommande de soi-même.
- **À cœur joie :** de gaieté de cœur, avec un plaisir sincère.
- **Air (l') ne fait pas la chanson :** l'apparence n'est pas la réalité.
- **À l'impossible nul n'est tenu :** on ne peut pas exiger l'infaisable de quiconque.
- **Aller (tirer) à hue et à dia :** aller dans tous les sens, sans direction.
- **Aller à vau-l'eau :** sans contrôle de ses actes, ni des conséquences.
- **À méchant ouvrier point de bon outil :** l'incompétent accuse toujours ses outils.
- **Après la pluie, le beau temps :** le bonheur succède au malheur.
- **À quelque chose malheur est bon :** les malheurs sont un bon enseignement.
- **À tire-larigot :** en grande quantité.
- **Au diable Vauvert :** très loin.
- **Au royaume des aveugles, les borgnes sont rois :** même le médiocre peut briller au milieu d'ignorants.
- **Autant en emporte le vent :** rien ne restera, tout sera emporté.
- **Aux calendes grecques / À la Saint-Glinglin :** jamais.
- **Aux innocents les mains pleines :** la chance est du côté des simples d'esprit.
- **Avaler des couleuvres :** devoir accepter quelque chose contre sa volonté.
- **Avec des si et des mais, on mettrait Paris en bouteille :** avec des hypothèses, tout devient possible ; mais dans la réalité il en va tout autrement.
- **Avoir le nez creux :** avoir de l'intuition sur l'avenir, du flair.

- **Avoir le pain et le couteau :** ne manquer de rien.
- **Avoir le verbe haut :** parler fort (ou) parler avec présomption.
- **Avoir voix au chapitre :** pouvoir donner son avis.
- **Baroud d'honneur :** combat désespéré, livré pour l'honneur.
- **Bâtir des châteaux en Espagne :** vivre de rêves irréalisables.
- **Bien faire et laisser braire (dire)** : agir efficacement sans se soucier des critiques.
- **Boire la coupe jusqu'à la lie :** assumer les conséquences de ses actions.
- **Boîte (la) de Pandore :** la source, la cause d'une catastrophe.
- **Bonnet (Un) de nuit / Triste comme un bonnet de nuit :** ennuyeux tel un vieillard qui vit en bonnet de nuit.
- **Brûle-pourpoint (à) :** sans prévenir.
- **C'est au fruit que l'on connaît l'arbre :** c'est à l'œuvre qu'on peut juger l'auteur.
- **C'est cousu de fil blanc :** c'est une histoire dont on devine facilement la fin.
- **C'est là que le bât blesse :** c'est là que se trouve le problème.
- **C'est l'hôpital qui se moque de la charité :** c'est la misère qui se moque de la misère.
- **Chant (le) du cygne :** la dernière grande réalisation d'un génie.
- **Chat échaudé craint l'eau froide :** on redoute ce qui nous a déjà nui.
- **Chauffer à blanc :** exciter, attiser le zèle.
- **Clou (un) chasse l'autre :** les choses se suivent faisant oublier les précédentes.
- **Collet monté :** affecté et rigide dans ses manières.
- **Comme on fait son lit on se couche :** il faut assumer les conséquences de ses actes.
- **Conseilleurs (les) ne sont pas les payeurs :** ceux qui conseillent ne se préoccupent pas des conséquences et refusent toute responsabilité.
- **Contentement passe richesse :** le bonheur vaut mieux que la fortune.
- **Coup de Jarnac :** attaque perfide.
- **Coup de Trafalgar :** accident désastreux.
- **Crier haro sur le baudet :** critiquer publiquement quelqu'un.

- **De but en blanc :** brusquement, sans détour.
- **De gré à gré :** à l'amiable, en se mettant d'accord.
- **De guerre lasse :** en renonçant au combat, à l'affrontement.
- **De la roupie de sansonnet :** pas grand-chose.
- **Dès potron-minet / Dès potron-jacquet :** de très bon matin.
- **Dire pis que pendre de quelqu'un :** dire beaucoup de mal de quelqu'un.
- **Donner du grain à moudre :** donner matière à réflexion.
- **Donner le change :** tromper quelqu'un en lui donnant une fausse impression.
- **En capilotade :** en déconfiture, en très mauvais état.
- **En faire un pataquès :** faire toute une histoire de pas grand-chose.
- **Enfer (l') est pavé de bonnes intentions :** les bonnes intentions ne suffisent pas ; il faut les réaliser.
- **Enfourcher (ou Monter sur) Pégase :** se lancer dans la poésie, le lyrisme littéraire.
- **En perdre son latin :** ne plus rien y comprendre.
- **En tapinois :** en cachette, sournoisement.
- **Entre chien et loup :** à la tombée de la nuit.
- **Entrer en lice :** s'engager dans une compétition / intervenir dans un conflit, un débat.
- **En un tournemain :** rapidement ≠ **En un tour de main :** avec habileté.
- **Être comme chien et chat :** se disputer constamment.
- **Être Gros-Jean comme devant :** éprouver une désillusion.
- **Être mis au pilori :** être livré à la vindicte populaire, exposé à la critique publique.
- **Être réduit à quia :** rester sans réponse, être démuni.
- **Être sens dessus dessous (et non 'sans dessus dessous') :** être bouleversé.
- **Être un âne bâté :** être idiot.
- **Faire chou blanc :** subir un échec.
- **Faire des gorges chaudes :** se moquer.
- **Faire feu de tout bois :** utiliser tous les moyens.
- **Faire long feu :** échouer, ne pas produire l'effet voulu (l'expression « ne pas faire long feu » signifiant « ne pas durer longtemps » est contestée).

- **Faire tapisserie :** dans une réunion, rester sans bouger, et pouvoir être assimilé à la décoration du mur.
- **Fier comme Artaban :** être extrêmement fier, voire même fat.
- **Foire d'empoigne :** lutte sans merci.
- **Grandes douleurs (les) sont muettes :** dans les vrais chagrins on ne se lamente pas.
- **Homme de paille :** un homme manipulé ou un prête-nom.
- **Il ne faut jamais jeter le manche après la cognée :** il ne faut jamais abandonner.
- **Il ne faut pas dire : « Fontaine je ne boirai pas de ton eau » :** nul ne peut assurer de quelqu'un ou de quelque chose qu'il n'y recourra jamais.
- **Il ne faut pas mettre la charrue avant les bœufs :** il faut éviter de commencer par la fin.
- **Il ne faut pas mettre tous ses œufs dans le même panier :** il ne faut pas mettre tout son avoir dans une même entreprise, tous ses espoirs du même côté.
- **Il ne faut pas réveiller le chat qui dort :** il ne faut pas relancer un conflit assoupi.
- **Il n'est pire eau que l'eau qui dort :** les personnes d'apparence inoffensive sont souvent celles dont il faut le plus se méfier.
- **Il n'y a pas de rose sans épines :** il n'y a pas de plaisir sans peine.
- **Il y a loin de la coupe aux lèvres :** du désir à sa réalisation, il y a des obstacles.
- **Jeter de la poudre aux yeux :** chercher à paraître plus que l'on est.
- **Jeter le bébé avec l'eau du bain :** perdre de vue l'essentiel.
- **Jouer les Cassandre :** être un oiseau de mauvais augure, prophétiser un malheur.
- **Loups (les) ne se mangent pas entre eux :** les méchants ne se nuisent pas.
- **Main (une) de fer dans un gant de velours :** celui qui semble doux mais se révèle fort.
- **Manger dans la main :** être obéissant, docile.
- **Manger de la vache enragée :** vivre des moments difficiles, subir des privations.
- **Manger son blé vert :** dépenser son revenu à l'avance.
- **Manger son chapeau :** admettre amèrement ses erreurs.
- **Manger son pain blanc (noir) :** profiter du meilleur d'abord, ignorant le lendemain.
- **Marcher sur la tête :** faire n'importe quoi.
- **Mener une vie de bâton de chaise :** mener une vie agitée, sans but précis.
- **Mettre la pédale douce :** se faire oublier, se faire très discret.

- **Mettre le doigt entre l'arbre et l'écorce :** s'immiscer dans une affaire où il y a des intérêts contradictoires.
- **Mettre un cautère sur une jambe de bois :** action sans aucun effet.
- **Mi-figue, mi-raisin :** avoir deux attitudes opposées (ex. : content et mécontent).
- **Miroir aux alouettes :** ce qui attire par une apparence séduisante et trompeuse.
- **Monnaie de singe :** promesses sans valeur.
- **Mouche (la) du coche :** le petit élément perturbateur.
- **Mouton (un) à cinq pattes = Merle (un) blanc :** personne ou chose très rare.
- **Né avec une cuillère d'argent dans la bouche :** né dans une famille riche.
- **Nécessité fait loi :** dans un péril extrême, on peut oublier toutes les conventions.
- **Nul n'est prophète en son pays :** on n'est pas apprécié justement là où on vit.
- **Occasion (l') fait le larron :** les événements fortuits font faire des choses imprévues.
- **Ours mal léché :** personnage grossier, mal élevé.
- **Paris (Rome) ne s'est pas faite en un jour :** rien n'est réalisable sans le temps nécessaire.
- **Partir les pieds devant :** être mort.
- **Passer par pertes et profits :** accepter d'abandonner quelque chose.
- **Pauvreté n'est pas vice :** il n'y a pas de honte à être pauvre.
- **Payer rubis sur l'ongle :** payer une somme importante sans discussion.
- **Pays (un) de cocagne :** pays imaginaire où tout est en abondance.
- **Petite pluie abat grand vent :** peu de chose suffit pour calmer une grande colère.
- **Petits ruisseaux (les) font les grandes rivières :** les petits profits accumulés feront de gros bénéfices.
- **Pierre d'achoppement :** écueil, obstacle.
- **Pierre qui roule n'amasse pas mousse :** on ne s'enrichit pas en n'étant pas constant.
- **Pis aller (au) :** en envisageant le pire.
- **Planche (une) de salut :** dernière ressource, ultime recours.
- **Pleuvoir (tomber) des hallebardes** : pleuvoir de manière intense.
- **Porter au nues = Porter au pinacle :** louer avec excès, mettre au-dessus de tout.
- **Prêcher dans le désert :** ne pas être écouté.

- **Prêcher un converti :** tenter de convaincre quelqu'un qui est déjà convaincu.
- **Prendre le mors aux dents :** ne plus obéir / montrer subitement de l'énergie.
- **Prendre le taureau par les cornes :** s'attaquer à un problème difficile.
- **Quadrature (la) du cercle :** problème impossible à résoudre.
- **Quand le vin est tiré, il faut le boire :** l'affaire engagée, il faut en accepter les conséquences.
- **Qui aime bien châtie bien :** celui qui aime est prêt à user d'une juste sévérité.
- **Qui n'avance pas recule :** quand on ne fait aucun progrès, on perd ses avantages.
- **Qui n'entend qu'une cloche n'entend qu'un son :** pour bien juger, il faut entendre les deux parties.
- **Qui prouve trop ne prouve rien :** à multiplier les preuves on fait douter l'auditoire.
- **Qui sème le vent récolte la tempête :** celui qui incite à la violence s'expose à de grands périls.
- **Qui trop embrasse mal étreint :** qui entreprend trop ne réussit rien.
- **Qui veut noyer son chien l'accuse de la rage** : tout grief est bon pour perdre ses ennemis.
- **Qui vole un œuf vole un bœuf :** on commet un petit vol puis un plus important.
- **Remède de cheval :** remède très efficace, radical.
- **Rendre gorge :** restituer ce qu'on avait pris illicitement.
- **Rester le bec dans l'eau :** être frustré, déçu, ne rien obtenir.
- **Rester sur son quant-à-soi :** être réservé, discret.
- **Revenir de Pontoise :** être hébété, déconfit, décontenancé.
- **Rire homérique :** Un fou rire bruyant et incontrôlable.
- **Rocher (le) de Sisyphe :** travail interminable.
- **Sans ambages :** franchement, sans détours.
- **Sans coup férir :** sans rencontrer de problème, de résistance.
- **Savoir gré à quelqu'un :** être reconnaissant envers quelqu'un.
- **Se battre à fleuret moucheté :** s'affronter en évitant d'offenser l'adversaire.
- **Secret (un) de Polichinelle :** chose que l'on tente de dissimuler mais que tout le monde connaît.
- **Se méfier de l'eau qui dort :** se méfier de ce qui est considéré comme acquis.

- **Sentir le vent du boulet :** frôler une catastrophe, un problème grave.
- **Sonner le glas :** annoncer la fin (la mort).
- **Tant va la cruche à l'eau qu'à la fin elle se casse :** à s'exposer à un danger, on finit par le subir.
- **Tenir un tigre par la queue :** être sur une affaire difficile, délicate.
- **Tirer les marrons du feu :** effectuer un travail difficile au bénéfice d'un d'autre.
- **Tomber de Charybde en Scylla :** sortir d'un danger puis en trouver un plus grand.
- **Tomber des nues :** comprendre, réaliser tardivement, tomber de haut (sens figuré).
- **Tonneau des Danaïdes :** personne ou chose que l'on ne peut jamais satisfaire.
- **Tout passe, tout lasse, tout casse :** chaque chose est éphémère, provisoire.
- **Trancher le nœud gordien :** résoudre par la force un problème insoluble.
- **Travailler pour le roi de Prusse :** travailler sans être payé.
- **Trier le bon grain de l'ivraie :** séparer le bien du mal.
- **Tuer dans l'œuf :** stopper dès le commencement.
- **Une hirondelle ne fait pas le printemps :** on ne peut rien conclure d'un seul fait.
- **Une main de fer dans un gant de velours :** celui qui semble doux mais est fort.
- **Un Tiens vaut mieux que deux Tu l'auras :** posséder peu, mais sûrement, vaut mieux qu'espérer beaucoup, sans certitude.
- **Vengeance (la) est un plat qui se mange froid :** il faut savoir attendre pour se venger.
- **Vieux comme Hérode (ou comme Mathusalem) :** extrêmement ancien.
- **Violon d'Ingres :** activité qu'un artiste exerce par plaisir en dehors de son art.
- **Vogue la galère :** advienne que pourra, à la grâce de Dieu.

Exercices

Répondez aux questions suivantes.

1. Il n'y a pas de **roses** sans… ?

❒ **a.** bouquet ❒ **b.** épines ❒ **c.** pétales

2. C'est au **fruit** que l'on connaît… ?

❒ **a.** la terre ❒ **b.** l'arbre ❒ **c.** le jardinier

3. Que signifie l'expression « ***Tuer dans l'œuf*** » ?

❒ **a.** stopper dès son commencement

❒ **b.** casser un œuf

❒ **c.** s'attaquer aux plus jeunes

4. Que signifie l'expression « ***La quadrature du cercle*** » ?

❒ **a.** le carré de l'hypoténuse

❒ **b.** un problème impossible à résoudre

❒ **c.** le chef d'un groupe

5. Que signifie le proverbe « ***Prendre le taureau par les cornes*** » ?

❒ **a.** affronter ses problèmes

❒ **b.** prendre un risque excessif

❒ **c.** se préparer à agir avec violence

6. Que signifie le proverbe « ***Qui trop embrasse mal étreint*** » ?

❒ **a.** les aventures galantes ne mènent à rien.

❒ **b.** il ne faut détenir que ce qu'on peut garder.

❒ **c.** à trop entreprendre de choses, on ne réussit rien.

7. Que signifie le proverbe « ***Une hirondelle ne fait pas le printemps*** » ?

❒ **a.** il ne faut pas confondre la cause et l'effet.

❒ **b.** on ne peut rien conclure d'un seul fait.

❒ **c.** le cycle du temps ne peut être interrompu.

8. Que signifie le proverbe « ***À l'impossible nul n'est tenu*** » ?

❒ **a.** on ne peut exiger d'une personne qu'elle fasse ce qui est impossible.

❒ **b.** on n'est jamais obligé de croire à l'impossible.

❒ **c.** tout est possible si on s'y tient.

9. Les **grandes douleurs** sont… ?

❒ **a.** muettes ❒ **b.** belles ❒ **c.** instructives

10. Que signifie le proverbe « ***Qui prouve trop ne prouve rien*** » ?
❒ **a.** à trop vouloir prouver, on se contredit.
❒ **b.** on ne peut jamais tout démontrer.
❒ **c.** à multiplier les preuves, on fait douter l'auditoire.

11. Que signifie l'expression « ***Manger son blé vert*** » ?
❒ **a.** dépenser son revenu à l'avance.
❒ **b.** faire preuve d'impatience ou de gourmandise.
❒ **c.** s'affranchir des conventions.

12. Un **rire homérique** est un rire… ?
❒ **a.** bruyant ❒ **b.** raffiné ❒ **c.** narquois

13. Quelle est l'expression qui signifie **rapidement** ?
❒ **a.** en un tour de main ❒ **b.** en un tour demain ❒ **c.** en un tournemain

14. **Au royaume des aveugles, les borgnes sont…** ?
❒ **a.** exclus ❒ **b.** étrangers ❒ **c.** rois

15. Que signifie l'expression « ***Trancher le nœud gordien*** » ?
❒ **a.** couper les ponts avec sa famille.
❒ **b.** résoudre par la force un problème insoluble.
❒ **c.** couper les cheveux en quatre.

16. Qu'est-ce qu'un **pays de cocagne** ?
❒ **a.** un pays où tout est en abondance.
❒ **b.** un pays lointain.
❒ **c.** un pays de labeur et de souffrance.

Corrigés

1. **b.**
2. **b.** Ce proverbe signifie que c'est à l'œuvre que l'on reconnaît les qualités de l'auteur.
3. **a.**
4. **b.**
5. **a.**
6. **c.**
7. **b.**

8. **a.** La proposition **c.** est l'inverse.

9. **a.** Ce proverbe signifie que dans les vrais chagrins on ne se lamente pas.

10. **c.**

11. **a.**

12. **a.** Un rire homérique est à la fois bruyant et incontrôlable. Cette expression renvoie aux personnages du poète Homère. / Narquois : Rusé et moqueur.

13. **c.** Cette expression signifie «rapidement» et non « avec habileté ».

14. **c.** Ce proverbe signifie que même le médiocre peut briller au milieu d'ignorants.

15. **b.**

16. **a.**

10 Connaissances
Orthographe d'usage

Les questions portant sur l'orthographe sont plutôt nombreuses. À la différence de la partie précédente, il est plus facile de s'y préparer car certaines règles sont régulièrement sollicitées. Vous trouverez de l'orthographe d'usage et de l'orthographe grammaticale.

- L'orthographe d'usage est celle qui dépend du sens et de l'histoire des mots. Les questions portent sur les accents, les lettres muettes ou les redoublements de consonnes.
- L'orthographe grammaticale (traitée dans le chapitre 11) est celle qui dépend de la relation grammaticale qu'entretiennent les mots entre eux. Dans les concours, on trouve des questions sur le genre et le nombre du nom, de l'adjectif, de l'adverbe, les homonymes grammaticaux (ex. : a / à), l'accord du verbe et du participe passé.

Nous pouvons recenser **trois domaines de questions** en orthographe d'usage :

- Des questions qui concernent les accents. Il faut alors identifier parmi trois graphies du même mot, celle qui est correcte.
- Des questions qui concernent les lettres muettes au début, au milieu ou à la fin d'un mot.
- Des questions qui concernent les redoublements de consonnes. Il faut déterminer si un mot prend ou non *–ll*, ou *–tt*, etc. ou trouver parmi les mots proposés celui qui redouble ses consonnes.

Il arrive assez souvent que ces trois domaines de l'orthographe d'usage (ou deux de ces trois domaines) soient sollicités ensemble dans une question.

Exemple

Trouvez l'orthographe convenable.

a. innerrent **b.** inhérent **c.** inhérant

Réponse : **b.** Nous voyons que la question porte sur l'accent avant le –r, ainsi que sur le redoublement du –n et la présence d'un –h muet.

Afin de progresser rapidement dans ces questions, étudiez attentivement les règles qui suivent.

1 RÈGLE 1 : Les accents

a. Un –e suivi de deux consonnes, d'un –x, ou suivi d'un –d, –f, –h, –r, –t, –z final ne prend pas d'accent

C'est pourquoi il faut écrire :

- néc<u>e</u>ssaire (suivi de –ss) mais césarienne (suivi d'un –s) ;
- <u>e</u>xamen (suivi d'un –x) ;
- bl<u>e</u>d (suivi d'un –d final) mais pédagogie (–d n'est pas final).

b. L'accent aigu et l'accent grave se distinguent par la prononciation et par leur emploi

L'accent aigu se place en fin de mot (ex. : amitié), devant un –e muet final (ex. : journée), devant un –s final qui marque le pluriel (ex. : des prés) ou à l'intérieur d'un mot (ex. : ménage).

L'accent grave se place devant un –s final qui n'indique pas le pluriel (ex : procès), devant une syllabe contenant un –e muet (ex. : frère, règlement) ou pour distinguer des homonymes (ex. : où/ou).

Attention

Attention aux accents dans élaborer, eldorado, élixir, genèse, féerie, feta, illettré, impétigo, irréligion, nécessaire, rehausser, repartie, ténacité, veto.

c. L'accent circonflexe et le tréma ont des justifications historiques et phonétiques

L'accent circonflexe sert à marquer la perte d'une ancienne consonne (ex. : « *forest* » est devenu forêt → pensez au dérivé forestier), indiquer une voyelle longue (ex. : arôme) ou distinguer des homonymes (ex. mur/mûr).

Le tréma sert à séparer phonétiquement deux voyelles (ex. : maïs). Il est toujours placé sur la 2e voyelle (ex. : une douleur aiguë).

Attention

Attention à l'accent dans affût/raffut, barème, châtaigne, coteau, crèche, dîme, drôle/drolatique, fève, une gêne/un gène, gnome, grâce/gracieux, jeune / jeûne/à jeun, symptôme / syndrome, trêve.

Il n'y a pas de tréma dans moelle et poêle.

2 RÈGLE 2 : Les lettres muettes

a. Les lettres muettes peuvent être en début, milieu ou fin de mot

D'une façon générale, les consonnes finales sont souvent muettes.

Exemple

plomb, accroc, fusil

Pour penser à ces consonnes, cherchez des dérivés qui vous permettent d'entendre ces consonnes muettes.

Exemple

plombier, accrocher, fusiller

Pour les autres cas, étudions les principales difficultés classées par lettre :

- **A :** muet dans *août, saoul* (peut s'écrire *soûl*).
- **C :** muet dans *acquérir, becquée, socquette* et leurs dérivés.
- **E :** – muet comme lettre **médiane** dans *féerie, soierie, vilebrequin, gaieté* (peut s'écrire *gaîté*), mais aussi dans les mots en *–ment* qui dérivent de verbe en *–er* et dont le radical termine par une voyelle (exceptions : *agréer* et *châtier*).

Exemple

manier → maniement (radical *mani–*, terminaison *–er*)

châtier → châtiment (exception)

– muet comme lettre **finale** dans certains mots masculins : *athée, caducée* (symbole des pharmaciens), *coolie, génie, hyménée, mausolée* (monument aux morts), *messie, pygmée, scarabée, trophée.*

Remarque

Certains mots féminins n'ont, en revanche, pas de –e final muet. C'est le cas de *acné, clé* (ou clef), *psyché* (miroir), *fourmi, foi, loi, paroi, bru* (belle-fille), *glu, tribu, vertu* et de la plupart des mots en –eur et en –té (ex. : maigreur, publicité). Les noms en –té prennent un –e final s'ils dérivent de mots finissant

- en –t (nuit → nuitée),
- en –ette (assiette → assiettée),
- de verbes en –ter (dicter → dictée).

- **H :** muet dans abhorrer (détester), annihiler (anéantir), athée, blockhaus, cirrhose, dahlia, diarrhée, drachme (monnaie grecque), jacinthe, rhododendron (plante), thuya.

Remarque

Il n'y a pas de –h dans ankylose, azimut (angle), bitume, étymologie.

- **I :** muet dans encoignure, oignon.
- **M :** muet dans automne, damner et leurs dérivés (pas dans dilemme).
- **O :** muet dans faon, paon, taon (prononcer comme tant).
- **P :** muet devant un –t dans baptiser, compter, dompter, exempt, prompt, sculpter, sept (et leurs dérivés).
- **S :** muet dans schéma et ses dérivés et dans les mots suivants au singulier : legs (don par testament), pilotis, pouls, puits, relais, remords, remous, verglas.
- **X :** muet dans les mots suivants au singulier : crucifix, faix (charge), flux, houx, influx, taux, toux, et des adjectifs dont le féminin est en –se (ex. : affectueux, affectueuse) ce qui permet de vérifier la présence du –x au masculin.

Remarque

Il n'y a pas de –x final dans *superflu* (pluriel : *superflus*).

b. Certains sons peuvent avoir plusieurs graphies. Il faut alors faire le bon choix

Étudions les principales difficultés par son :

- AINDRE/EINDRE : Tous les verbes s'écrivent *–eindre* sauf *craindre, plaindre, contraindre.*
- ANDRE/ENDRE : Tous les verbes s'écrivent *–endre* sauf *épandre, répandre.*
- ASSION/ATION : Tous les mots s'écrivent *–ation* sauf *compassion, passion.*
- CIABLE/TIABLE : Tous les mots s'écrivent *–ciable* sauf *insatiable.*
- CIER/TIER : Tous les verbes s'écrivent *–cier* sauf *balbutier, initier.*
- EUIL/EUILLE : Tous les noms masculins s'écrivent *–euil* sauf *chèvrefeuille* (arbuste), *millefeuille, portefeuille.*
- EUIL/UEIL : Dans tous les mots le son *–euil* s'écrit *–euil* sauf dans *cercueil, écueil, cueillir, orgueil* et leurs dérivés où il s'écrit *-ueil.*
- USSION/UTION : Tous les mots s'écrivent *–ution* sauf *concussion* (vol d'argent public), *discussion, percussion, répercussion.*

3 RÈGLE 3 : Les redoublements de consonnes

Ils sont fréquents en français, mais ce sont souvent les mêmes qui posent problème.

Relevons dans la liste qui suit, les principales difficultés concernant le redoublement de consonnes.

- **B :** Redoublé dans *abbé, rabbin, sabbat* et leurs dérivés.
- **C :** Toujours redoublé quand le mot commence par *occu-*, sauf dans les dérivés d'*oculaire* (*oculiste,* etc.).
- **D :** Rarement redoublé, notons *addition, adduction, reddition* et dérivés.
- **F :** Notons surtout la différence entre *le soufre* et *il souffre*, mais aussi *affoler, boursoufler/souffler, persifler/siffler.*
- **G :** Peu redoublé, sauf dans *agglomérer, agglutiner, aggraver, suggérer* et dérivés.
- **L :** Il est souvent redoublé. Notons *accoler/colle, annuler/nullité, imbécile/imbécillité.*
- **M :** Les mots en *dom–* prennent un seul *–m*, sauf *dommage* et ses dérivés.

Remarque

Le –n devant –b, –m, –p devient –m (ex. : combien, comment, rompre), sauf dans bonbon, embonpoint, néanmoins, mainmise, mainmorte.

- **N :** Les mots en *–nat* prennent un seul *–n* sauf *bâtonnat* (fonction de chef de l'ordre des avocats), *championnat, paysannat, quinquennat, pensionnat, septennat, triennat.*
- **P :** Notons l'orthographe d'*attraper* mais aussi les mots en *–ap* qui ne prennent pas *–pp* tels *apaiser, apercevoir, apeurer, apitoyer, aplanir, aplatir, apostropher, apurer.*

- **R :** Notons *baril / barrique, chariot / charrette, courir / courrier.*
- **S :** Il est redoublé pour conserver le son *–s* quand il est placé entre deux voyelles. Associé à une consonne, il conserve le son *–s*. Toutefois dans certains mots, bien qu'employé seul, il conserve le son *–s* : *aérosol, asymétrie, dysenterie, présupposer, primesautier* (qui agit impulsivement), *resurgir, susurrer, vraisemblable.*
- **T :** Les mots en *–eterie* prennent un seul *–t*, sauf *billetterie, coquetterie, lunetterie, robinetterie, tabletterie.* Notons en outre *cahute / hutte.*
- **Z :** Peu redoublé sauf dans *blizzard, jazz, mezzanine, mozzarella, pizza, razzia.*

4 RÈGLE 4 : Repérez les mots qui font souvent l'objet de questions

- accès, excès
- ambigu (fém. ambiguë)
- b.a.-ba
- baïonnette
- business
- certes
- c'est-à-dire
- chaque jour (sans *–s*)
- cobaye
- controverse
- dégât
- (aux) dépens (de)
- le désir / je désire
- ébriété
- existence, existentiel
- un fait
- fascisme
- guet-apens
- handicap
- hormis, parmi
- indemne
- loquace
- malgré, degré
- ouï-dire
- plus-value
- quelquefois
- selon
- stèle
- tabou
- le travail / je travaille
- vice versa
- vraisemblable

Exercices

Répondez aux questions suivantes.

1. Parmi ces orthographes, laquelle est la bonne ?
❒ **a.** éxcessif ❒ **b.** excéssif ❒ **c.** excessif

2. Quelle est l'orthographe erronée ?
❒ **a.** la glue ❒ **b.** une bévue ❒ **c.** la grue

3. Quelle est la bonne orthographe ?
❒ **a.** un remord ❒ **b.** un remaure ❒ **c.** un remords

4. Laquelle de ces orthographes est incorrecte ?
❒ **a.** une fournée ❒ **b.** une montée ❒ **c.** une acnée

5. Quelle est la bonne orthographe ?
❒ **a.** une tous grasse ❒ **b.** une toue grasse ❒ **c.** une toux grasse

6. Quelle est la bonne accentuation ?
❒ **a.** côtelette ❒ **b.** cotelette ❒ **c.** côtelète

7. Quelle est la mauvaise orthographe ?
❒ **a.** affoller ❒ **b.** siffler ❒ **c.** boursoufler

8. Quel est le mot incorrect ?
❒ **a.** escroc ❒ **b.** galoc ❒ **c.** raccroc

9. Quel est le mot incorrect ?
❒ **a.** ballet ❒ **b.** feuillet ❒ **c.** pallet

10. Quelle est la bonne orthographe ?
❒ **a.** manivelle ❒ **b.** béchamelle ❒ **c.** bagatelle

11. Quelle est la seule orthographe convenable ?
❒ **a.** quelques fois ❒ **b.** quelque fois ❒ **c.** quelquefois

12. Quelle est la bonne orthographe ?
❒ **a.** bâillonnette ❒ **b.** baïllonnette ❒ **c.** baïonnette

13. Quel mot est incorrect ?
❒ **a.** embonpoint ❒ **b.** néanmoins ❒ **c.** palonbe

14. Quelle est la forme correcte ?

❒ **a.** applatir ❒ **b.** aplatir ❒ **c.** aplattir

15. Quelle est la bonne accentuation ?

❒ **a.** tenacité ❒ **b.** ténacité ❒ **c.** tènacité

16. Identifiez la bonne orthographe.

❒ **a.** loquace ❒ **b.** lauquasse ❒ **c.** loquasse

17. Quelle est la forme correcte ?

❒ **a.** cyrose ❒ **b.** cirrhose ❒ **c.** sirrose

18. Trouvez l'intrus.

❒ **a.** discution ❒ **b.** percussion ❒ **c.** concussion

19. Quelle est l'orthographe convenable ?

❒ **a.** un cobail ❒ **b.** un cobaille ❒ **c.** un cobaye

20. Dans une voiture, les petits enfants sont assis sur un...

❒ **a.** réhausseur ❒ **b.** réhauceur ❒ **c.** rehausseur

Corrigés

1. c. Pas d'accent avant un –x, ni avant une double consonne.

2. a. Quatre mots féminins en –u ne prennent pas de –e final : bru, glu, tribu, vertu.

3. c. Certains mots prennent toujours un –s, tels legs, pilotis, pouls, puits, relais, remords, remous, verglas.

4. c. Certains noms féminins en –é ne prennent pas de –e final tels acné, clé, psyché.

5. c.

6. a.

7. a. Il faut écrire affoler mais folle.

8. b. Galop vient de galoper.

9. c. Palet ne prend qu'un seul –l. La question ne portait pas sur la finale –et comme on pouvait le penser.

10. b. La sauce béchamel, du nom de son inventeur, ne prend qu'un seul –l.

11. c.

12. c. On écrit baïonnette, mais bâillon, bâiller.

13. c. On écrit palombe pour respecter la règle du –n qui devient –m devant –b, –m, –p. Les autres mots proposés font exception.

14. b. Mots en –ap qui ne prennent pas –pp : apaiser, apercevoir, apeurer, apitoyer, aplanir, aplatir, apostropher, apurer.

15. b. L'adjectif est tenace.

16. a. Synonyme de bavard.

17. b.

18. a. C'est le seul qui est mal orthographié ; on écrit discussion (« discution » est l'orthographe anglaise).

19. c. Ce terme désigne aussi bien le petit rongeur que celui sur qui sont réalisées des expériences.

20. c.

11 Connaissances
Orthographe grammaticale

Là encore, nous pouvons recenser **trois domaines de questions** :

- Des questions qui concernent les genre et nombre du nom, de l'adjectif (parfois l'adverbe). Il faut alors identifier le genre d'un nom ou sa forme correcte au féminin, son bon accord (particulièrement pour les noms composés) ou sa bonne orthographe,
- Des questions qui portent sur les homonymes grammaticaux. Il faut identifier la bonne orthographe pour compléter une phrase,
- Des questions qui portent sur l'accord du verbe et du participe passé. Il faut choisir le bon accord parmi les propositions.

Afin de retrouver les mécanismes de cette partie de l'orthographe, étudiez bien les règles qui suivent.

1 RÈGLE 1 : Le genre et le nombre du nom, de l'adjectif

Certains noms ont un genre qui fait hésiter.

Noms dont le genre fait hésiter :

Masculin			Féminin		
abîme	chrysanthème	intermède	absinthe	écritoire	scolopendre
aérolithe	décombres	interstice	acné	encaustique	spore
agrume	effluve	intervalle	acoustique	éphéméride	stalactite/ stalag-
amiante	éloge	ivoire	alcôve	épithète	mite
anthracite	élytre	jade	algèbre	épître	ténèbres
antidote	en-tête	obélisque	alluvion	espèce	urticaire
antre	épiderme	opprobre	anagramme	gemme	vis
apogée/	épilogue	ovule	anicroche	icône	
périgée	équinoxe	pétale	argile	idylle	
arcane	esclandre	planisphère	arrhes	oasis	
armistice	exode	pore	atmosphère	octave	
aromate	exorde	tentacule	câpre	omoplate	
asphalte	fastes	termite	céréale	once	
astérisque	globule	trille	clepsydre	opale	
augure	haltère	viscère	dartre	oriflamme	
causse	hémisphère	vivres	ébène	patère	
cerne	hémistiche		échappatoire	réglisse	

Exemple

C'est de *bon* augure / Avoir des cernes *brunis*. / *Une bonne* acoustique. / *Une* espèce d'idiot.

2 RÈGLE 2 : Le genre et le nombre du nom, de l'adjectif

La construction du féminin du nom et de l'adjectif se fait, quand cette forme existe, par ajout d'un –e final à la forme du masculin.

Exemple

un *partisan*, une *partisane* / un esprit *partisan*, une attitude *partisane*

Les noms de choses n'ont qu'un seul genre (*ex. un pommier, une boussole*).

Il n'y a pas de changement quand le mot finit déjà par un *–e* (ex. : *un élève, une élève*), sauf si le féminin est en *–esse* (*un âne, une ânesse,* une œuvre *maîtresse*). Parmi les noms qui font leur féminin en *–esse*, on peut citer *abbé, âne, bougre, chanoine, comte, diable, dieu, druide, hôte, ivrogne, maître, ogre, pape, poète, prêtre, prince, prophète, tigre, traître.*

Cas particuliers

Cas 1 : Certains noms et adjectifs redoublent leur consonne finale.

Consonnes redoublées	Exemples
–l : noms et adjectifs en *–el* et *–eil* + *gentil et nul*	*cruel → cruelle, vermeil → vermeille* *nul → nulle*
–n : noms et adjectifs en *–en, –on* + *paysan*	*indien → indienne, fripon → friponne* *paysan → paysanne* **Exception :** *mormon → mormone*
–t : noms et adjectifs en *–et* + *chat, boulot, maigriot, pâlot, sot, vieillot*	*muet → muette* *pâlot → pâlotte* **Exceptions :** *préfet, (in) complet, concret, désuet, (in) discret, inquiet, replet, secret →* féminin en *–ète*
–s : noms et adjectifs *bas, épais, gras, gros, las, métis, exprès*	*las → lasse* *exprès → expresse*

Cas 2 : D'autres noms et adjectifs sont plus irréguliers.

Types de modifications	Exemples
–c devient **–qu** dans *laïc, ammoniac, caduc, public, turc, franc* (le peuple).	*turc → turque, franc → franque* À noter : *franc* (qui fait preuve de franchise) → *franche*
–er devient **–ère**	*cuisinier → cuisinière*
–eur devient **–euse** si le mot dérive directement d'un verbe **–teur** devient **–trice** si le mot ne dérive pas directement d'un verbe **–eur** devient **–eure** dans *meilleur, majeur / mineur, antérieur / postérieur, citérieur / ultérieur, extérieur / intérieur, supérieur / inférieur.*	*menteur → menteuse* (verbe mentir) Exceptions : *éditeur, émetteur / récepteur, exécuteur, inspecteur, inventeur, persécuteur* → fém. en **–trice**, *enchanteur, vengeur* → fém. en **–eresse**. *amateur → amatrice* (« amater » n'existe pas) *supérieur → supérieure* *un jour ultérieur → une date ultérieure*

Types de modifications	Exemples
–**gu** devient –**guë**	*aigu → aiguë*
–**x** devient –**s** pour les noms et adjectifs en *–eux* + *époux* et *jaloux*	*sérieux → sérieuse* *jaloux → jalouse* *vieux → vieille*
–**n** devient –**gn** dans *bénin, malin*	*bénin → bénigne, malin → maligne*
féminin en –**lle** pour *beau, jumeau, nouveau, fou, mou, vieux*	*mou → molle* *vieux → vieille*
Remarque : Ces mots (sauf jumeau) ont un masculin en –el, devant un mot masculin commençant par une voyelle. (ex. : un vieil ami)	
addition d'un : –**d** dans esquimau –**s** dans andalou –**t** dans *coi**, *favori, rigolo*	 *esquimau → esquimaude* *andalou → andalouse* *coi → coite*
modifications particulières *dans bref, frais, grec, sec, tiers*	*bref → brève, frais → fraîche* *grec → grecque, sec → sèche* *tiers → tierce*

* « rester coi » : rester sans voix à cause de l'émotion ou de la surprise

3 RÈGLE 3 : Le genre et le nombre du nom, de l'adjectif

À partir du féminin de l'adjectif, il est possible de construire les adverbes en -ment.

Exemple

grand, grande → grandement

Parfois on ajoute un accent aigu.

Exemple

profond, profonde → profondément

Cas particuliers

Cas 1 : Quand l'adjectif termine au masculin par une voyelle autre que *–e*, l'adverbe se construit sans *–e* final

Exemple

vrai → vraiment.

Certains adjectifs finissant en *–u* au masculin, ont un adverbe en *–ûment* : *assidu, congru* (= qui convient), *continu, cru, dû, goulu, indu, nu.*

Cas 2 : Quand l'adjectif termine au masculin par :

- *–ant* → adverbe en *–amment*
- *–ent* → adverbe en *–emment*

Ces deux finales se prononcent de la même façon.

Trois adverbes en *–ent* se construisent toutefois normalement : *lentement, présentement, véhémentement.*

Cas 3 : Des inclassables : *gentiment, impunément, brièvement* (de bref)

4 RÈGLE 4 : Le genre et le nombre du nom, de l'adjectif

La construction du pluriel du nom et de l'adjectif se fait par ajout d'un –s final à la forme du singulier.

Exemple

un *homme*, des *hommes* / des comportements *humains*

Il n'est cependant pas toujours possible de passer du singulier au pluriel à l'écrit, soit parce qu'il n'y a pas de pluriel, comme pour les noms collectifs (ex. : du bétail) soit parce qu'il n'y a pas de singulier (ex. : les annales), soit parce que la marque du pluriel est impossible (mots finissant au singulier par –s, –x, –z).

Exemple

un *puits*, des *puits* / un *nez*, des *nez*

Cas particulier

Certains noms et adjectifs prennent un **–x** au pluriel.

Cas du pluriel en –x	Exceptions avec pluriel en –s
Sans modifications : Tous les noms et adjectifs en *–au*. Exemple : *un niveau, des niveaux*	*landau, sarrau*[1]. Exemple : *des sarraus*
Tous les noms et adjectifs en *–eu*. Exemple : *hébreu, hébreux*	*bleu, émeu*[2], *lieu*[3], *pneu.* Exemple : *des émeus*
Sept noms en –ou : *bijou, caillou, chou, genou, hibou, joujou, pou.*	Les autres noms en *–ou* ont un pluriel régulier Exemple : *un clou, des clous*
Avec modifications : Tous les noms et adjectifs changent *–al* en *–aux* au pluriel. Exemple : un rival, des rivaux	*bal, bancal, cal, carnaval, cérémonial, chacal, fatal, festival, final, glacial, jovial, mistral, natal, naval, récital, régal.* Exemple : *des festivals*
Plusieurs noms changent *–ail* en *–aux* au pluriel : aspirail[4], bail[5], corail, émail, fermail[6], soupirail, travail, vantail[7], ventail[8], vitrail.	Les autres noms en *–ail* ont un pluriel régulier. Exemple : *un rail, des rails*

[1] tablier d'écolier, [2] oiseau proche de l'autruche, [3] poisson, [4] ouverture dans un poêle, [5] contrat de location, [6] fermoir, [7] battant d'une porte, [8] partie mobile d'un casque.

Les noms suivants subissent d'autres modifications : un œil → des yeux un ciel → des cieux un aïeul → des aïeux	*œils* se rencontre dans les noms composés (ex. : des *œils*-de-bœuf) *ciels* s'emploie hors des connotations religieuses (ex. : des *ciels* de lit) *aïeuls* pour désigner les grands-parents et non pas tous les ancêtres.

5 RÈGLE 5 : Le genre et le nombre du nom, de l'adjectif

L'emploi du pluriel se fait, à propos de réalités quantifiables, toutes les fois que l'on désigne plusieurs de ces réalités.

Le choix du nombre du nom dépend du contexte ; il faut déterminer si l'on a bien affaire à plusieurs réalités. Le pluriel de l'adjectif dépend du terme auquel il se rapporte et dont il prend le nombre par le phénomène de l'accord ; il faut alors retrouver ce support.

Exemple 1 : un sac de sable

Pas de –s à *sable* parce que ce n'est pas quantifiable.

Exemple 2 : un groupe d'hommes

Un –s à *homme* parce qu'il faut plusieurs hommes pour former un groupe.

Exemple 3 : Ces garçons, calmes et souriants, sont polis.

Un –s aux adjectifs *calmes, souriants* et *polis* parce qu'ils se rapportent à *garçons*.

Cas particuliers

Cas 1 : Le nombre des noms et adjectifs composés dépend de la nature des termes qui composent ces mots.

Règles d'accord	Composition des mots	Exemples
Accord des deux termes	nom + nom nom + adjectif adjectif + adjectif	*des sourds-muets* *des coffres-forts* des femmes *sourdes-muettes*
Accord du premier terme	nom (+ préposition) + nom complément	*des arcs-en-ciel*
Accord du second terme	mot invariable + nom élément incomplet + nom élément incomplet + adj. *nu, mi, demi, semi* + nom *nu, mi, demi, semi* + adj.	*des avant-projets* *des gallo-romains* des hommes *gallo-romains* *des semi-remorques* des paupières *mi-closes*

Règles d'accord	Composition des mots	Exemples
Accord du second terme ou pas d'accord selon le sens	verbe + nom	*des couvre-lits* *des réveille-matin*
Pas d'accord	verbe + verbe verbe + mot invariable phrase	*des peut-être* *des touche-à-tout* *des qu'en-dira-t-on*

Remarque

Demi s'accorde en genre dans *une (deux, trois, etc.) heure(s) et demie*, parce qu'on considère qu'il s'agit d'une heure et de la moitié d'une heure.

En revanche, la locution *à demi* est toujours invariable.

Cas 2 : Les noms propres et les noms occasionnels sont invariables.

Exemple

Les *Martin* habitent la maison voisine. / Avec des *si* on mettrait Paris en bouteille.

Cas 3 : Les adjectifs numéraux cardinaux (un, deux, trois, etc.) sont tous invariables sauf *un* qui varie en genre et *vingt* et *cent* qui varient en nombre quand ils sont multipliés et placés en fin d'un nombre.

Exemple 1

quatre-vingts

Exemple 2

quatre-vingt-un (*vingt* ne finit pas le nombre)

On notera que *mille* peut s'écrire *mil* lorsqu'il s'agit d'années et qu'il n'est pas multiplié.

Exemple

l'an *mil* neuf cent douze

Remarque

Zéro, million et *milliard* ne sont pas des adjectifs, mais des noms. Ils varient normalement. **Exemple :** Ce sont des zéros.

Si les numéraux ont une valeur ordinale (ils indiquent un ordre) et qu'ils prennent la forme d'un cardinal, ils sont invariables. **Exemple :** la page quatre-vingt.

Il ne s'agit pas de quatre-vingts pages, mais d'une seule, la quatre-vingtième.

Cas 4 : Les adjectifs de couleur sont invariables.

- Quand ce sont des adjectifs composés.

Exemple

des pulls *bleu marine*

- Quand ce sont des noms employés comme adjectif.

Exemple

des livres *orange*

Exceptions : *écarlate* (pierre), *mauve* (plante), *pourpre* (colorant) et *rose*, pourtant issus de noms, varient.

Cas 5 : Les mots employés comme adjectifs sont toujours invariables.

Il peut s'agir :

- de noms (ex. : des airs *bon enfant*) ou
- d'adverbes (ex. : des gens *bien*)

Cas 6 : Les adjectifs employés comme adverbes sont toujours invariables.

Pour les reconnaître on peut faire correspondre aux adjectifs des formes d'adverbe en *–ment*.

Exemple

Cette personne voit *clair*. (= *clairement*, donc invariabilité)

Cas 7 : Les adjectifs *quelque*, *tout* et *même* sont difficiles à bien accorder car on les confond facilement avec les adverbes qui leur correspondent. Voici un tableau pour distinguer les deux natures :

Nature	Méthode d'identification	Exemples
Adjectif : accord avec le mot auquel ils se rapportent (complète un nom ou un pronom)	*quelque* = plusieurs *ou* un certain *tout* = l'ensemble de *ou* n'importe quel *même* = identique	Ils ont *quelques* **regrets.** Il est venu *quelque* **temps.** *Tous* mes **voisins** sont présents. *Toute* **idée** est recevable. Ils ont les *mêmes* **amis.**
Adverbe : invariabilité (complète un adjectif ou un adverbe)	*quelque* = environ *ou* aussi *tout* = totalement* *même* = aussi	Il y a *quelque* vingt ans. *Quelque* étranges que soient vos justifications, j'y crois. La famille *tout* entière est là. Il y a les parents, les amis *même*.

Remarque

L'adverbe tout peut varier pour que l'on entende le second –t, lorsqu'il précède un mot féminin commençant par une consonne. **Exemple :** Elle est toute réjouie.

Tout peut également être nom et pronom :

Nom, quand il a un déterminant et qu'il ne complète pas un nom. Il a alors un masculin pluriel particulier, touts. **Exemple :** Les touts sont plus grands que leurs parties.

Pronom, quand il remplace un nom ou un autre pronom. On entend alors le –s final au masculin pluriel. **Exemple :** Ils sont tous venus me parler.

6 RÈGLE 6 : Les homonymes grammaticaux

Il faut savoir distinguer les homonymes grammaticaux graphiquement et dans leur emploi.

Comme nous l'avions déjà vu dans la partie vocabulaire, un homonyme est un mot qui se prononce ou s'écrit de la même façon qu'un autre, mais n'a pas la même signification. La caractéristique des homonymes grammaticaux c'est la justification de leur orthographe selon les spécificités de leur emploi.

Certaines questions portent sur ces homonymes et ils sont en nombre limité, d'où l'intérêt de les apprendre pour s'assurer des points.

Voici les principaux :

Liste d'homonymes → Moyen d'identification		Exemples
a (verbe) **à** (préposition)	→ *possède* → dans les autres cas	Il *a* une voiture. Une scie *à* bois.
aulx (nom) **ô** (interjection) **au, aux** (article)	→ pluriel de *ail* → introduit une apostrophe → *à le, à les*	Des *aulx* à tunique. *Ô* temps, suspends ton vol. Aller *au* bois.
ça (pronom) **çà** (adverbe) **sa** (adjectif)	→ *cela* → utilisé avec *là* → *la sienne*	*Ça* a pris du temps. On voyait, *çà* et là des oies. C'est *sa* chemise.
ce (pronom démonstratif) **se** (pronom personnel)	→ *cela* → remplacer par *me*	*Ce* sera très amusant. Il *se* dit que tout finit bien.
ces (adjectif démonstratif) **ses** (adjectif possessif)	→ sert à désigner → marque la possession	*Ces* chaussures sont à moi. Il doute de *ses* capacités.
davantage (adverbe) **d'avantage(s)** (nom)	→ *plus* → *de bénéfice, de profit*	Ce film me plaît *davantage*. J'y vois plus *d'avantages*.
dès (préposition) **des** (article)	→ *à partir de* → indique une quantité	Nous partirons *dès* l'aube. Ils mangent *des* petits pois.
dû (verbe) **du** (article)	→ participe du verbe *devoir* → *de le*	Il faut payer son *dû*. La couleur *du* ciel.
et (conjonction) **est** (verbe)	→ *ainsi que* → présent du verbe *être*	Paul *et* son père sont revenus. Il *est* temps de dormir.

Liste d'homonymes → Moyen d'identification	Exemples
hors (préposition) → *à l'extérieur* **or** (conjonction) → pour enchaîner les idées	Il est *hors* de la ville. Il m'attendait ; *or* je l'ignorais.
la (article) → devant un nom féminin **là** (adverbe) → *ici* **l'a** (pronom + verbe) → remplacer *a* par *ont*	*La* poupée de chiffon. Il n'est pas *là*. Il *l'a* vu hier.
leur (adjectif ou pronom) → singulier **leurs** (adjectif ou pronom) → pluriel **Remarque :** Leurs ne peut pas être pronom **personnel**, mais seulement pronom **possessif** ou adjectif **possessif**.	Ils ont *leur* frère près d'eux. Ils ont *leurs* frères près d'eux. Ils *leur* disent la vérité. (**pers.**) Ce sont les *leurs*. (**poss.**)
ni (conjonction) → souvent répété : *ni… ni* **n'y** (adverbes) → utilisé avec *pas, point, rien*	Il n'est venu *ni* lundi *ni* mardi. Il *n'y* a rien à espérer de cela.
notre / votre (adjectif) → précède un nom **nôtre / vôtre** (pronom ou adjectif) → utilisé sans nom	Il a pris *votre* voiture. Cette voiture est *vôtre*.
on (pronom) → *nous* **ont** (verbe) → *avoir*, remplacer par *a*	*On* voit la mer au loin. Ils *ont* du temps à perdre.
ou (conjonction) → *ou bien* **où** (pronom) → indique le lieu	Veux-tu de l'eau *ou* du vin ? *Où* irez-vous en août ?
près (adverbe) + de → *à proximité de* **prêt** (adjectif) + à → *disposé à*	Il est *près* de moi. Il est *prêt* à tout.
quand (conjonction) → indique le temps **quant** + à (préposition) → *pour ce qui est de* **qu'en** (pronoms) → *que… de cela*	*Quand* nous reverrons-nous ? *Quant* à moi, je reste ! *Qu'en* est-il de votre santé ?
quelle (adjectif) → suivi d'un nom **qu'elle** (conjonction + pronom) → suivi d'un verbe	*Quelle* heure est-il ? Il faut *qu'elle* m'écoute.
quelque (adverbe ou adjectif) → *plusieurs* ou *aussi* **quel que** (adjectif + pronom) → suivi du verbe être au subjonctif	*Quelques* personnes parlent. *Quel que* soit votre avis, on vous écoute.
quoique (conjonction) → *bien que* **quoi que** (pronoms) → *quel que soit ce que*	J'irai *quoique* ce soit risqué. J'irai *quoi que* tu dises.
sans (préposition) → privation (opposé à avec) **c'en** (pronoms) → cela en **s'en** (pronoms) → avec un verbe pronominal	Une chemise *sans* poche. *C'en* est trop, je suis révolté. Il *s'en* aperçoit bien tard !
si (conjonction / adverbe) → *en supposant que / tellement* **s'y** (adverbes) → *se… à cela* ou *se… ici* **ci** (adverbe) → *là*	*Si* je viens, serai-je attendu ? Il est *si* facile de se tromper ! Il *s'y* consacre totalement. Ces temps-*ci*, il fait froid.

Liste d'homonymes → Moyen d'identification		Exemples
son (adjectif) **sont** (verbe)	→ remplacer par *ses* → remplacer par *est*	C'est *son* manteau. Ils *sont* partis.
voir (verbe) **voire** (adverbe)	→ *regarder* → *et même*	C'est ce que nous allons *voir*. Il est taquin *voire* exaspérant.

7 RÈGLE 7 : L'accord du verbe et du participe passé

Le verbe (ou son auxiliaire) reçoit de son (ses) sujet(s) ses marques de nombre et de personne.

Exemple 1 : Nous dînons.

Le verbe *dînons* s'accorde selon les nombre et personne de *nous*.

Exemple 2 : Vous avez dîné.

L'auxiliaire *avez* s'accorde selon les nombre et personne de *vous*.

Les fautes d'accord viennent souvent d'un problème d'identification du sujet. Pour l'identifier, il faut se demander *qui est-ce qui ?* (pour une personne) ou *qu'est-ce qui ?* (pour un animal, une chose) *fait l'action exprimée par le verbe.*

Exemple : Les enfants chantent fort.

Qui est-ce qui chante ? *les enfants. Chantent* est donc au pluriel.

C'est particulièrement utile en cas d'inversion du sujet et du verbe.

Exemple : Dans le bois chantent les coucous.

Qu'est-ce qui chante ? *les coucous* (et non *le bois*). *Chantent* est donc au pluriel.

Lorsque le sujet est un pronom, il faut donner au verbe le nombre et la personne de l'être ou de la chose que le pronom remplace.

Exemple : C'est toi qui joues le premier.

Ici le pronom *qui* remplace *toi*, donc il faut mettre le verbe *jouer* à la 2e personne du singulier.

Cas particuliers

Cas 1 : Quand le sujet est *la plupart, beaucoup, quantité, peu* ou un équivalent désignant une quantité indéterminée, le verbe se met au pluriel.

Exemple

La plupart **pensent** comme moi.

Cas 2 : Quand le sujet est *ce* ou *c'* suivi du verbe être, ce verbe s'accorde avec l'attribut qui suit et non avec *ce* ou *c'*.

Exemple

Ce **sont** *les amis* de nos voisins.

Remarque

Si l'attribut est *nous* ou *vous*, il faut laisser au singulier. **Exemple :** Les enfants, c'est *vous* qui avez gagnez.

Les locutions *c'est-à-dire* et *si ce n'est* sont invariables.

Cas 3 : Le participe présent ne varie pas.

Rappelons que le participe présent se construit en *–ant* (ex. : *chantant*).

Exemple

Des individus **fuyant** leurs responsabilités.

Pour le vérifier, essayez de mettre au féminin. Si c'est possible, sans changer le sens global de la phrase, alors ce n'est pas un participe présent, mais un adjectif qui lui ressemble et l'accord est possible.

Exemple

Des *individus* **fuyant** leurs responsabilités. (On ne peut pas dire : « Des personnes "fuyantes" leurs responsabilités ».)

Des *regards* **fuyants**. (On peut dire : « Des attitudes fuyantes ».)

8 RÈGLE 8 : L'accord du verbe et du participe passé

Le participe passé a des règles d'accord qui dépendent de son emploi.

Emploi	Règles	Exemple
Emploi sans auxiliaire ou avec *être*	accord avec le mot auquel il se rapporte	→ *Une soirée réussie* → *La soirée est réussie.*
Emploi avec *avoir*	pas d'accord, ou accord avec le COD* s'il est placé avant	→ *Léa a réussi sa soirée.* → *Sa soirée, Léa l'a réussie.* (*l'*, féminin est COD)
Emploi avec *avoir + être*	accord avec le sujet	→ *Elles ont été réussies.*
Emploi avec *avoir + avoir*	pas d'accord, ou accord avec le COD placé avant	→ *Elles ont eu réussi.* → *La soirée, Léa l'a eu réussie* (*l'* est COD)

*COD : Complément d'objet direct

Remarque

Quand il y a deux auxiliaires, celui qui est intercalé est invariable. **Exemple** : Elles ont été entendues. / Ils ont eu fini leur travail.

Dans les propositions absolues (groupe de mots isolés dans la phrase) composées d'un sujet et d'un participe, le participe reste invariable lorsqu'il est placé avant le sujet et varie lorsqu'il est placé après. **Exemples** :

- Vu *les intempéries*, la prudence s'impose.
- Tout le monde sera convié, y compris *votre nièce*.
- Tout le monde sera convié, *votre nièce* comprise.

Cas particuliers

Cas 1 : Le participe passé des verbes impersonnels (verbes accompagnés du sujet *il* ne désignant pas un être ou une chose) est invariable.

Exemple : Les sommes qu'il a fallu ont paru énormes.

Les sommes (remplacé par *qu'*) est le véritable sujet de *falloir* et non son COD.

Cas 2 : Un participe passé suivi d'un infinitif est invariable si le COD qui précède est COD de l'infinitif et non du participe passé. Pour le savoir, il faut déterminer si ce COD fait l'action exprimée par l'infinitif ; dans ce cas il faut accorder le participe passé.

Exemple 1 : Les chansons que j'ai entendu chanter.

Les chansons ne font pas l'action de chanter, donc on n'accorde pas.

Exemple 2 : Les personnes que j'ai entendues chanter.

Les personnes font l'action de chanter, donc on accorde.

Exception : Le participe *fait* suivi d'un infinitif est toujours invariable.

Cas 3 : Le participe passé précédé de en COD reste invariable.

Exemple

Des regrets, j'*en* ai **eu**.

Bien sûr, si *en* n'est pas COD, l'accord reste possible.

Exemple

Ce sont de vrais amis ; je n'oublierai pas les services que j'*en* ai **reçus**.

Cas 4 : Le participe passé des verbes pronominaux

Un verbe pronominal est un verbe qui se conjugue avec le pronom personnel se mis à la même personne que le sujet.

Exemple

se parler, se dire, s'apercevoir, se cacher, etc.

Les verbes pronominaux se conjuguent aux temps composés avec l'auxiliaire *être*, mais l'accord de leur participe passé se comporte comme si l'auxiliaire était *avoir*. C'est pourquoi, si le pronom personnel peut être considéré comme un COD ou s'il y a un autre COD placé avant on accorde. S'il n'y a pas de COD ou s'il est placé après, on n'accorde pas.

Pour identifier le COD, il suffit de remplacer *être* par *avoir*.

Exemple 1 : Elle s'est lavée ce matin.

Elle a lavé qui ? *se* (elle). *S'* est COD placé avant, donc on accorde.

Exemple 2 : Elle s'est lavé les cheveux ce matin.

Elle a lavé quoi ? *les cheveux*. Cheveux est le COD placé après, donc on n'accorde pas. Dans ce 2e exemple, *s'* n'est plus COD mais COI [elle a lavé les cheveux de qui ? *de se* (d'elle)].

Remarque

Dans les propositions qui concernent les questions sur le participe passé, vous trouverez souvent une forme à l'infinitif. La plupart du temps cette proposition est fausse. Mais il est utile de rappeler comment savoir s'il faut un infinitif ou un participe passé.

La confusion n'est possible que pour les verbes du 1er groupe (en –er). Il faut remplacer le verbe en –er par un verbe du 3e groupe (dire, faire, prendre, etc.).

Exemple : Agnès sera-t-elle invit…

a. é **b.** ée **c.** er

Réponse : **b.** Si l'on remplace inviter par prendre, cela donne « Agnès sera-t-elle prise » et non « Agnès sera-t-elle prendre ». Donc il faut un participe passé et non un infinitif.

Exercices

Répondez aux questions suivantes.

1. Comment doit-on écrire en toutes lettres 180 ?

❒ **a.** cent quatre-vingt ❒ **b.** cent quatre-vingts ❒ **c.** cents quatre-vingts

2. Quel est le seul nom masculin ?

❒ **a.** agrume ❒ **b.** brume ❒ **c.** enclume

3. Le pluriel de joujou est…

❒ **a.** jousjous ❒ **b.** joujous ❒ **c.** joujoux

4. Voilà mon idée,… pensez-vous ?

❒ **a.** quand ❒ **b.** quant ❒ **c.** qu'en

5. Il… est fallu de peu que je tombe !

❒ **a.** sans ❒ **b.** s'en ❒ **c.** c'en

6. Mesdames, avez-vous été surpr… ?

❒ **a.** is ❒ **b.** ies ❒ **c.** ises

7. Est-ce toi qui… ce bal ?

❒ **a.** organises ❒ **b.** organise ❒ **c.** organisent

8. Le féminin d'artisan est…

❒ **a.** artisante

❒ **b.** artisane

❒ **c.** Ce mot n'a pas de féminin.

9. Quel est le pluriel correct de rouge-gorge ?

❒ **a.** rouges-gorges ❒ **b.** rouge-gorges ❒ **c.** rouge-gorge

10. Quand il est parti, il était… de lui.

❒ **a.** or ❒ **b.** ors ❒ **c.** hors

11. Trouvez la forme incorrecte

❒ **a.** aulx ❒ **b.** aus ❒ **c.** ô

12. Quel est le bon accord ?

❒ **a.** La plupart est déçue par cette nouvelle.

❒ **b.** La plupart sont déçus par cette nouvelle.

❒ **c.** La plupart est déçu par cette nouvelle.

13. Ces femmes, je les ai…

❒ **a.** écoutées discourir. ❒ **b.** écouté discourir. ❒ **c.** écouter discourir.

14. Près du bois… des cris d'enfants.

❒ **a.** raisonnent ❒ **b.** résonne ❒ **c.** résonnent

15. Porter des pulls…

❒ **a.** bleus marine ❒ **b.** bleu marine ❒ **c.** bleus marines

16. Cette faute, je ne… pardonnerai jamais.

❒ **a.** leur ❒ **b.** leurre ❒ **c.** leurs

17. … cette petite somme, tout a été reversé.

❒ **a.** Exceptée ❒ **b.** Excepté ❒ **c.** Excepter

18. Quelle est la bonne orthographe ?

❒ **a.** élégemment ❒ **b.** élégamment ❒ **c.** élégament

19. Parmi ces adjectifs de couleur, lequel est invariable ?

❒ **a.** rose ❒ **b.** rouge ❒ **c.** orange

20. Cela fait… temps que nous ne l'avons pas vu.

❒ **a.** quels que ❒ **b.** quelque ❒ **c.** quelques

Corrigés

1. **b.** Vingt prend un –s final quand il est multiplié (ici par quatre) et qu'il finit le nombre.

2. **a.**

3. **c.** Sept nom en –ou font leur pluriel en –oux : bijou, caillou, chou, genou, hibou, joujou, pou.

4. **c.** « Que pensez-vous de cela ? »

5. **b.** Cela fait partie d'une forme pronominale.

6. **c.** Avec deux auxiliaires dont le second est été, on accorde le participe passé avec le sujet.

7. **a.** Le sujet qui est mis pour toi, c'est-à-dire la 2e personne du singulier.

8. **b.** Il ne serait pas justifié d'ajouter un -t final.

9. **a.** Nom composé d'un adjectif et d'un nom, les deux varient.

10. **c.** Renvoie à l'idée de sortie, d'extériorité.

11. **b.** Le pluriel d'« ail » est « aulx ». Le pluriel de « à le » est « aux ».

12. **b.** Accord toujours au pluriel quand la plupart est sujet.

13. **a.** Les femmes font l'action de discourir, donc on accorde.

14. **c.** Le sujet est inversé, il s'agit de cris. Il ne faut pas confondre raisonner (utiliser sa raison, réfléchir) et résonner (renvoyer un son).

15. **b.** Les adjectifs composés de couleur sont invariables.

16. **a.** Placé devant un verbe, leur ne prend jamais de –s.

17. **b.** Nous sommes dans une proposition absolue et le participe passé est placé avant le mot auquel il se rapporte.

18. **b.** L'adverbe élégamment vient de l'adjectif élégant, d'où la forme en –amment.

19. **c.** Orange est un adjectif issu d'un nom ; il est donc invariable. Rose vient aussi d'un nom, mais c'est une exception tout comme écarlate, mauve et pourpre.

20. **b.** Employé devant « temps », l'adjectif « quelque » signifie « un certain » (« temps » n'est pas au pluriel).

12 Connaissances Conjugaison

La conjugaison est l'art d'énumérer les flexions d'un verbe selon le mode, le temps, la personne, le nombre et la voix (la flexion du nom, de l'adjectif, etc. s'appelle la déclinaison).

Nous pouvons recenser **trois domaines de questions** :

- Des questions concernent les groupes de conjugaison ou l'identification des modes et/ou des temps (parfois aussi des personnes). Vous serez surtout interrogés sur l'indicatif, le conditionnel (tous les temps), le subjonctif présent.
- Des questions qui concernent le choix d'une forme correcte (bien construite, bien orthographiée) de conjugaison.
- Des questions qui portent sur la concordance des temps. Une phrase incomplète est proposée et il faut choisir le mode et le temps qui conviennent.

Les règles qui suivent constituent un rappel nécessaire pour affronter ces questions.

1 RÈGLE 1 : Les modes et les temps

Il existe 3 groupes de conjugaison, 7 modes (4 modes conjugués et 3 non conjugués), 12 temps simples, 11 temps composés et 6 personnes (je, tu, il/elle, nous, vous, ils/elles).

Les trois groupes de conjugaison sont définis selon les infinitifs des verbes et la régularité de leur conjugaison.

- Le *premier groupe* rassemble les verbes réguliers en -er (aller ou envoyer qui sont irréguliers appartiennent au troisième groupe).
- Le *deuxième groupe* rassemble les verbes réguliers en -ir qui prennent l'affixe -ss à certaines formes (ex. : finir, nous finissons).
- Le *troisième groupe* rassemble tous les autres verbes.

Il faut, en outre, savoir identifier chaque mode et chaque temps, à l'aide du tableau suivant.

Modes conjugués (emploi de personnes)

MODES	TEMPS SIMPLES (Ex.) → TEMPS COMPOSÉS (Ex.)
Indicatif	Présent (je *chante*) → Passé composé (j'*ai chanté*) Imparfait (je *chantais*) → Plus-que-parfait (j'*avais chanté*) Passé simple (je *chantai*) → Passé antérieur (j'*eus chanté*) Futur simple (je *chanterai*) → Futur antérieur (j'*aurai chanté*)
Conditionnel	Présent (je *chanterais*) → Passé (j'*aurais chanté*) **Remarque :** Il existe un conditionnel passé 2e forme ; il prend la forme du subjonctif plus-que-parfait, mais il a la valeur du conditionnel passé. Exemple : Je n'*eusse* pas *chanté*, si tu n'étais pas venu.
Subjonctif	Présent (que je chante) → Passé (que j'aie chanté) Imparfait (que je chantasse) → Plus-que-parfait (que j'eusse chanté)
Impératif	Présent (*chante*) → Passé (*aie chanté*)

Modes non conjugués

Infinitif	Présent (*chanter*) → Passé (*avoir chanté*)
Participe	Présent (chantant) → Passé composé (ayant chanté) / Passé (chanté) → ***Pas de temps composé***
Gérondif	Présent (*en chantant*) → Passé composé (*en ayant chanté*)

Vous constaterez par le tableau précédent que le temps composé se construit à l'aide de l'auxiliaire conjugué au temps simple + participe passé.

Exemple

Pour conjuguer *faire* au futur antérieur, il faut conjuguer l'auxiliaire *avoir* au futur simple (*j'aurai*) et mettre «faire» au participe passé (*fait*) → J'aurai fait

Pour réussir à construire tous les temps composés, il faut maîtriser parfaitement la conjugaison des auxiliaires. En français, il existe deux auxiliaires, *avoir* et *être*.

- **Avoir** est le principal auxiliaire, il est employé pour tous les verbes transitifs (ceux qui peuvent avoir un complément d'objet) et la plupart des verbes intransitifs.

AVOIR							
	Indicatif				Conditionnel	Subjonctif	
	présent	imparfait	passé	futur	présent	présent	imparfait
j'	ai	avais	eus	aurai	aurais	aie	eusse
tu	as	avais	eus	auras	aurais	aies	eusses
il	a	avait	eut	aura	aurait	ait	eût
nous	avons	avions	eûmes	aurons	aurions	ayons	eussions
vous	avez	aviez	eûtes	aurez	auriez	ayez	eussiez
ils	ont	avaient	eurent	auront	auraient	aient	eussent
Impératif présent : *aie, ayons, ayez.* **Participe** présent (et **Gérondif**) : *(en) ayant* / passé : *eu.*							

- **Être** sert d'auxiliaire pour certains verbes intransitifs (ex. : aller), pour les verbes pronominaux (ex. : je me suis blessé) et pour la voix passive (ex. : je suis surpris).

ÊTRE							
	Indicatif				Conditionnel	Subjonctif	
	présent	imparfait	passé	futur	présent	présent	imparfait
je/j'	suis	étais	fus	serai	serais	sois	fusse
tu	es	étais	fus	seras	serais	sois	fusses
il	est	était	fut	sera	serait	soit	fût
nous	sommes	étions	fûmes	serons	serions	soyons	fussions
vous	êtes	étiez	fûtes	serez	seriez	soyez	fussiez
ils	sont	étaient	furent	seront	seraient	soient	fussent
Impératif présent : *sois, soyons, soyez.* **Participe** présent (et **Gérondif**) : *(en) étant* / passé : *été.*							

Remarque

De nombreuses fautes sont commises au subjonctif présent. Observez bien les formes du singulier et notez aussi qu'il ne faut pas écrire que « nous ayions/soyions », que « vous ayiez/soyiez » mais *que nous ayons/soyons, que vous ayez/soyez.*

Évitez également la confusion entre *nous serons* (verbe *être*) et *nous saurons* (verbe *savoir*). **Exemple :**

- Nous saurons bien comment faire. (verbe *savoir*)
- Nous serons bien nombreux demain. (verbe *être*)

Évitez enfin la confusion entre *ait* (verbe avoir) et *est* (verbe *être*) en cherchant l'infinitif. **Exemple :**

- Il faut qu'il ait de la chance. (*avoir de la chance*)
- Il faut admettre qu'il est chanceux. (*être chanceux*)

2 RÈGLE 2 : La conjugaison des temps simples

La plupart des règles de conjugaisons sont identiques pour les verbes réguliers et irréguliers. Mais les deux premiers groupes ont particulièrement des points communs.

Parmi les points communs entre les deux conjugaisons régulières, nous remarquons :

- Les mêmes terminaisons, si on fait abstraction de l'affixe du 2e groupe, pour l'indicatif imparfait et le subjonctif présent.
- La construction du futur simple à partir de l'infinitif + *–ai, –as*, etc.
- La construction du conditionnel à partir de l'infinitif + les terminaisons de l'imparfait.

Remarque

Il ne faut pas confondre la terminaison de la 1re personne du futur simple *–erai* avec celle du conditionnel présent *–erais.* Pour les distinguer, changez de personne. **Exemple** :

- Je serai là quand vous appellerez. (Tu seras là quand… = futur)
- Je serais là si vous appelez. (Tu serais là si… = conditionnel)

- La présence d'un accent circonflexe uniquement dans trois cas de terminaisons : 1re et 2e personne du pluriel de l'indicatif passé simple et 3e personne du subjonctif imparfait.
- La voyelle qui commence la terminaison du passé simple (*–a* au 1er groupe et *–i* au 2e) est la même que celle du subjonctif plus-que-parfait, et la suite de la terminaison est régulière.

Verbes du 1er groupe : infinitif en –er (type : chanter)

Indicatif				Conditionnel	Subjonctif	
Présent	**Imparfait**	**Passé**	**Futur**	**Présent**	**Présent**	**Imparfait**
Chant–e –es –e –ons –ez –ent	–ais –ais –ait –ions –iez –aient	–ai –as –a –âmes –âtes –èrent	–erai –eras –era –erons –erez –eront	–erais –erais –erait –erions –eriez –eraient	–e –es –e –ions –iez –ent	–asse –asses –ât –assions –assiez –assent
Impératif présent : –e, –ons, –ez. **Participe** présent (et gérondif) : –ant / passé : –é.						

Remarque

Il ne faut pas confondre l'indicatif présent, 2e personne du singulier (*tu chantes*) et l'impératif présent singulier (*chante*). **Exemple** : Tu *chantes* mal (indicatif), *chante* mieux. (impératif, c'est un ordre)

Verbes du 2e groupe : infinitif en –ir avec ajout de l'affixe –iss à certaines formes (type : finir)

Indicatif				Conditionnel	Subjonctif	
Présent	**Imparfait**	**Passé**	**Futur**	**Présent**	**Présent**	**Imparfait**
Fin–is –is –it –issons –issez –issent	–issais –issais –issait –issions –issiez –issaient	–is –is –it –îmes –îtes –irent	–irai –iras –ira –irons –irez –iront	–irais –irais –irait –irions –iriez –iraient	–isse –isses –isse –issions –issiez –issent	–isse –isses –ît –issions –issiez –issent
Impératif présent : identique à l'indicatif présent aux mêmes personnes. Participe présent (et gérondif) : *–issant* / passé : *–i*.						

Remarque

Le participe passé de ces verbes ne prend pas de consonne finale muette au singulier (*fini*) à la différence de certains verbes du 3e groupe. Pour le vérifier, si vous avez un doute, mettez le participe au féminin (*fini* → *finie* mais pas 'démi' mais *démis* → *démise*)

Cas particuliers

Cas 1 : Les verbes qui prennent un *–e* muet à l'avant-dernière syllabe dans leur conjugaison, changent ce *–e* en *–è*, sauf les verbes en *–eler* et *–eter* qui redoublent leur consonne finale.

Exemple

semer, semons → je sème / appeler, appelons → j'appelle

Remarque

Certains verbes en *–eler* et *–eter* restent réguliers, prenant un accent grave :

- *ciseler, geler, démanteler, écarteler, harceler, marteler, modeler, peler,*
- *acheter, crocheter, s'encasteler, fureter, haleter*, et leurs dérivés.

Cas 2 : Les verbes en *–guer* et *–quer* conservent les lettres *–gu* ou *–qu* dans toute leur conjugaison. Mais dès lors que l'on forme un nom ou un adjectif à partir de ces verbes, ce groupe de lettres disparaît.

Exemple

Un élève *conjuguant* des verbes. / La *conjugaison.*

Un patron *communiquant* son énergie. / Les vases *communicants.*

Cas 3 : Les verbes en *–yer* ont diverses conjugaisons suivant la voyelle qui précède *–yer.*

- Les verbes en *–oyer* et *–uyer* changent *–y* en *–i* devant un *–e* muet.

Exemple

essuyons (pas de *–e* muet) → *essuient* (*–e* muet).

- Les verbes en *–ayer* admettent l'orthographe en *–y* ou en *–i.*

Exemple

je balaye ou *je balaie.*

- Les verbes en *–eyer* conservent toujours leur *–y.*

Exemple

il grasseye, vous grasseyez (prononcer les *–r* avec la gorge).

Remarque

Ne conjuguez pas *croire* ou *voir* sur le modèle de verbe en *–yer* ; « ils croyent » ou « ils voyent » sont des barbarismes. À éviter tout autant, « ils croivent ». Il faut écrire *ils croient, ils voient.*

3 RÈGLE 3 : La conjugaison des temps simples

Les verbes du 3e groupe (en –ir qui ne prennent pas l'affixe –iss, en –re, et ceux qui ont une conjugaison irrégulière ou incomplète, les défectifs) sont les plus irréguliers et donc les plus difficiles.

Notons les règles communes à plusieurs verbes :

- Les verbes en *–ir* ont les mêmes terminaisons que les verbes du 2e groupe, sans l'affixe (ex. : *dormir, nous dormons*).

Exceptions **:** *assaillir, couvrir, cueillir, défaillir, offrir, ouvrir, souffrir, tressaillir* et leurs dérivés ont au présent de l'indicatif, et au présent de l'impératif les mêmes terminaisons que les verbes du 1er groupe (ex. : *ouvre, il assaille*).

- Les verbes en *–oir* prennent un *–u* à la place du *–i* en terminaison, à l'indicatif passé simple, au subjonctif imparfait et au participe passé, sauf *asseoir, surseoir, voir* et leurs dérivés qui prennent un *–i*.

Exemples

je voulus, que je voulusse / que j'assisse, que je sursisse

Remarque

Pouvoir, valoir, vouloir ont un indicatif présent en *–x, –x, –t, –ons, –ez, –ent*

- Les verbes en *–re* ont les mêmes terminaisons que les verbes du 2e groupe à tous les autres modes et temps, sauf à l'indicatif présent. Les irrégularités portent plutôt sur le radical.

À l'indicatif présent, leurs terminaisons sont *–s, –s, ø, –ons, –ez, –ent.*

La 3e personne du singulier n'a pas de terminaison spécifique. Le verbe finit généralement par la dernière consonne de son radical : *il prend, il met, il vainc*, etc.

Parmi les verbes en *–re*, on rencontre aussi bien des passés simples en *–i* (*coudre, faire, luire* → *cousis, fis, luisis*) qu'en *–u* (*lire* → *lus*).

Cas particuliers

Cas 1 : Les verbes en *–indre* et *–soudre* ne conservent leur *–d* dans la conjugaison que s'il précède un *–r* ; de même, les verbes en *–aître* et *–oître* ainsi que *plaire* ont un accent circonflexe sur le *–i* s'il précède un *–t* dans la conjugaison.

Exemple

geindre, nous geindrons, il geint / connaître, nous connaîtrons,
vous connaissez / plaisant, il plaît

Cas 2 : Les participes passés *dû, redû, mû, crû, recrû* prennent un accent circonflexe au masculin singulier uniquement. En revanche les participes *accru, décru, indu* ne prennent jamais d'accent.

Exemple

Un salaire *dû* / une somme *due*.

Cas 3 : Quelques erreurs de conjugaison du 3e groupe à connaître.

- **Aller** : À l'indicatif présent, *ils vont* et non ils « allent ».
- **Envoyer** : À l'indicatif futur (et au conditionnel), *j'enverrai(s)* et non « j'envoyerai(s) ».
- **Acquérir** : À l'indicatif passé simple, *j'acquis* et non « j'acquéris », au futur simple (et conditionnel) *j'acquerrai(s)* et non « j'acquérirai(s) » et au participe passé *acquis* et non « acquéris ».
- **Mourir** : À l'indicatif passé simple, *je mourus* et non « je mouris », et au participe passé, *mort* et non « mouru ».
- **Bouillir** : À l'indicatif présent, *ils bouillent* et non « ils bouent ».
- **Savoir** : Au subjonctif présent, *que je sache* et non « que je save ».
- **Asseoir** : À l'indicatif futur (et au conditionnel), j'assiérai(s) ou j'assoirai(s) et non « j'assoyerai(s) » ou « j'asseoirai(s) ».
- **Dire** : À l'indicatif présent, *vous dites* et non « vous disez » ou « vous dîtes ». De même *vous redites*, mais *vous contredisez, vous dédisez, vous interdisez.*
- **Conclure** : À l'indicatif futur (et au conditionnel), *je conclurai(s)* et non « je concluerai(s) ».
- **Vivre** : À l'indicatif passé simple *je vécus* et non « je vis » et au participe passé, *vécu.*
- **L'inversion impropre du sujet** je **et du verbe.** On peut faire cette inversion à l'indicatif présent pour *ai-je, dis-je, dois-je, fais-je, puis-je, sais-je, suis-je, vais-je, veux-je, vois-je.* En dehors de ces cas, l'inversion est impossible à l'indicatif présent, 1re personne, pour les verbes irréguliers. On évitera donc *mens-je, cours-je*, etc.

4 RÈGLE 4 : La concordance des modes et des temps

L'usage des modes importe surtout pour la confusion de l'indicatif et du subjonctif mais aussi pour l'emploi du conditionnel.

L'indicatif est le mode du fait. On le retrouve dans les phrases déclaratives, interrogatives et exclamatives. Le subjonctif est le mode de l'hypothèse ; celui qui parle ne s'engage pas sur la réalité du fait dont il est question. On le rencontre souvent dans des propositions compléments, mais il peut aussi être employé comme mode de la proposition principale après un verbe exprimant un souhait, un sentiment ou après un verbe à la tournure négative ou interrogative.

> **Exemple : Il ne *peut* pas venir. / Je crains qu'il ne *puisse* pas venir.**
>
> Dans la 1re phrase l'indicatif s'impose parce qu'il s'agit d'une affirmation. Dans la 2de phrase, il s'agit d'une hypothèse.

Une question courante concernant la concordance est l'emploi du conditionnel après *si*. Le conditionnel qui est une sorte de futur dans le passé ne s'emploie jamais dans une proposition introduite par si.

> **Exemple : « Si j'aurais su, je ne serais pas venu ».**
> **(phrase incorrecte)**
> Il faut écrire : « Si j'avais su, je ne serais pas venu ».

D'une façon général, quand une proposition commence par si, certaines règles d'emploi des temps sont à respecter.

	La prop. principale est au…	… la subordonnée introduite par si est au…
1	futur simple	présent
2	conditionnel présent	imparfait
3	futur simple	passé composé
4	conditionnel passé	plus-que-parfait

> Exemple du 1 : Tu me préviendras si la fièvre monte ?
>
> Exemple du 2 : Tu me préviendrais si la fièvre montait ?
>
> Exemple du 3 : Tu me préviendras si la fièvre a monté ?
>
> Exemple du 4 : Tu m'aurais prévenu si la fièvre avait monté ?

Exercices

Répondez aux questions suivantes.

1. Laquelle des formes est la bonne ?
❒ **a.** Nous dimes ❒ **b.** Nous dîmes ❒ **c.** nous disîmes

2. Quel est le temps composé qui correspond au passé simple de l'indicatif ?
❒ **a.** le plus-que-parfait ❒ **b.** le passé composé ❒ **c.** le passé antérieur

3. Parmi ces verbes, lequel appartient au 3e groupe de conjugaison ?
❒ **a.** brandir ❒ **b.** porter ❒ **c.** maudire

4. Le temps utilisé dans la phrase : «Aura-il habité dans cette maison ?» est :
❒ **a.** le passé antérieur ❒ **b.** le futur antérieur ❒ **c.** le conditionnel passé

5. Combien l'indicatif compte-t-il de temps simples ?
❒ **a.** 2 ❒ **b.** 3 ❒ **c.** 4

6. À quel groupe appartient le verbe venir ?
❒ **a.** 1er groupe ❒ **b.** 2e groupe ❒ **c.** 3e groupe

7. À quel temps est conjugué le verbe dans la phrase : «J'avais parlé à mon supérieur» ?

❒ **a.** plus-que-parfait ❒ **b.** passé antérieur ❒ **c.** imparfait

8. Quelle proposition est au conditionnel présent, 1re personne du singulier ?

❒ **a.** Je voudrais ❒ **b.** Je voudrai ❒ **c.** Je voudré

9. Conjuguez « avoir » au subjonctif présent, 2e personne du pluriel.

❒ **a.** Que tu aies ❒ **b.** Que vous ayiez ❒ **c.** Que vous ayez

10. Quelle phrase comporte un verbe conjugué au passé simple de l'indicatif ?

❒ **a.** Il l'en remercia. ❒ **b.** Il l'eut remercié. ❒ **c.** Il l'eût remercié.

11. Complétez correctement la phrase suivante : « … ta viande immédiatement ! »

❒ **a.** Mange ❒ **b.** Manges ❒ **c.** Menges

12. Quelle forme verbale est correcte ?

❒ **a.** Ils croivent ❒ **b.** Ils croyent ❒ **c.** Ils croient

13. Si j'... plus d'argent, je ferais les soldes.

❒ **a.** aurais ❒ **b.** aurai ❒ **c.** avais

14. Il… été facile de partir, mais j'ai préféré rester.

❒ **a.** eût ❒ **b.** eu ❒ **c.** eut

15. Nous souhaitons qu'il… participer à la course.

❒ **a.** pourra ❒ **b.** peut ❒ **c.** puisse

16. Complétez correctement la phrase : « Voici le bateau que nous avons… »

❒ **a.** acquis ❒ **b.** acquéris ❒ **c.** acquiert

17. Il… une réaction instinctive dans une situation d'urgence.

❒ **a.** eût ❒ **b.** eu ❒ **c.** eut

18. Quelle forme verbale est correcte ?

❒ **a.** Il gelle ❒ **b.** Il martelle ❒ **c.** Il renouvelle

19. Je sais que tu… le faire.

❒ **a.** pus ❒ **b.** peux ❒ **c.** puisses

20. Quelle forme verbale est correcte ?

❒ **a.** Tu crains ❒ **b.** Tu dissouds ❒ **c.** Tu peinds

Corrigés

1. **b.** Verbe dire (3e groupe) conjugué à l'indicatif passé simple.
2. **c.** Le plus-que-parfait est le temps composé de l'imparfait et le passé composé est le temps composé du présent.
3. **c.** Tous les verbes en –re appartiennent au 3e groupe.
4. **b.** Dans le futur antérieur, l'auxiliaire est au futur simple (*aura*).
5. **c.** On trouve le présent, l'imparfait, le passé simple, le futur simple.
6. **c.** On ne dit pas « nous venissons » avec ajout de l'affixe –ss, mais « nous venons ».
7. **a.** Le verbe complet est « avais parlé » et non « avais ».
8. **a.** La 1re personne du singulier du conditionnel présent prend toujours un *–s* final.
9. **c.** Pas de *–i* après le *–y* ; il en est de même pour *être* (*que vous soyez*).
10. **a.** Le passé simple est un temps simple et non composé. La proposition **c.** est au subjonctif plus-que-parfait.
11. **a.** L'impératif singulier des verbes du 1er groupe ne prend pas de *–s* final.
12. **c.**
13. **c.** Voir la règle 4 de la concordance des temps. La proposition principale (celle qui n'est pas introduite par
«si») a un verbe au conditionnel présent, donc la subordonnée introduite par «si» doit être à l'imparfait.
14. **a.** C'est un conditionnel passé 2e forme, et on peut le vérifier en constatant qu'il peut être remplacé par un conditionnel passé 1re forme (« Il *aurait* été facile de partir… »)
15. **c.** On emploie le subjonctif dans une proposition subordonnée après un verbe de proposition principale qui exprime un souhait.
16. **a.** Le verbe acquérir est tout à fait irrégulier (cf. règle 3, cas 3).
17. **c.** Ce n'est pas un conditionnel passé 2e forme, car ce n'est même pas un temps composé. D'autre part, ce temps indique seulement que l'action se déroule dans le passé, il faut donc un passé simple.
18. **c.** Les verbes *geler* et *marteler* font partie des verbes en *–eler* qui ne redoublent pas leur *–l* dans la conjugaison.
19. **b.** On emploie l'indicatif dans une proposition subordonnée après un verbe qui exprime une affirmation, un fait certain.
20. **a.** Les verbes en *–indre* (tel *craindre, peindre*) et *–soudre* (tel *dissoudre*) ne conservent leur *–d* dans la conjugaison que s'il précède un *–r*.

Épreuve de connaissances générales

Mathématiques

- Opérations de base
- Fractions
- Puissances et racines carrées
- Résolution d'équations
- Unités de mesure et conversions
- Périmètres, aires et volumes
- Proportionnalité et règle de trois
- Pourcentages

Lors du concours, la calculatrice ne sera pas autorisée. De ce fait, il faudra effectuer de nombreuses opérations et ce, le plus rapidement possible, car le temps vous sera compté. Vous devrez respecter les règles de calcul et connaître les tables de multiplication par cœur.

30 minutes

13 Connaissances
Opérations de base

Un nombre relatif est un nombre qui est **positionné par rapport à zéro** (relatif à 0). Il y a donc des nombres relatifs positifs et négatifs. Dans ces nombres, certains sont des **entiers relatifs** (par exemple −2 ; −1 ou 2), d'autres des **décimaux relatifs** (par exemple −1,3 ; −0,05 ou 1,2).

Définition

Un nombre décimal est un nombre avec une virgule. La partie décimale est celle qui se trouve à droite de cette virgule

Écriture d'un nombre décimal : 2 435,326

Milliers	Centaines	Dizaines	Unités	Dixièmes	Centièmes	Millièmes
2	4	3	5,	3	2	6

1 L'addition

Le résultat d'une addition est une somme.

- **Si les nombres ont le même signe**, on fait leur somme, en mettant devant leur signe commun.

Exemples

- (+ 36) + (+ 12) + (+ 13) = (+ 61) = + 61
- (+ 4,2) + (+ 6,8) + (+ 3,5) = (+ 14,5) = + 14,5

- **Si les nombres sont de signes contraires**, on effectue une soustraction. On prend le nombre le plus grand et on lui soustrait le plus petit. On garde le signe du plus grand des deux nombres.

Exemples

- (+ 25) + (– 13) = (+ 12) = + 12 car 25 > 13
- (+ 1,1) + (– 32) = (–30,9) = – 30,9 car 32 > 1,1

2 La soustraction

Le résultat d'une soustraction est une différence.

Soustraire un nombre relatif, **c'est ajouter son opposé.**

L'opposé d'un nombre relatif est le nombre de signe contraire qui a la même partie numérique : l'opposé de a est $-a$. L'opposé de $-a$ est a.

Exemples

- $(-12)-(+22)=(-12)+(-22)=(-34)=-34$
- $(+23)-(-12)=(+23)+(+12)=(+35)=+35$
- $(-9)-(-1{,}2)=(-9)+(+1{,}2)=(-7{,}8)=-7{,}8$
- $(+7)-(+1{,}5)=(+7)+(-1{,}5)=(+5{,}5)=+5{,}5$

3 La multiplication

Le résultat d'une multiplication est un produit.

- **Si les nombres ont le même signe**, on fait leur produit avec le signe « + ».

+	Multiplié par	+	Donne	+
–	Multiplié par	–	Donne	+

Exemple

- $(+23)\times(+2)=+(23\times 2)=+46$
- $(-4)\times(-12)=+(4\times 12)=+48$

- **Si les nombres sont de signes contraires**, on fait leur produit avec le signe « - ».

+	Multiplié par	–	Donne	–
–	Multiplié par	+	Donne	–

Exemples

- $(+5)\times(-2)=-(5\times 2)=-10$
- $(-8)\times(+15)=-(8\times 15)=-120$

Rappel

La multiplication est commutative : $a\times b=b\times a$

La multiplication est associative : $(a\times b)\times c=a\times(b\times c)=a\times b\times c$

La multiplication est distributive par rapport à l'addition :

$a\times(b+c)=(a\times b)+(a\times c)$ et $a\times(b-c)=(a\times b)-(a\times c)$

4 La division

Le résultat d'une division est un quotient.

On applique les mêmes règles que celles de la multiplication.

Exemples

a) $\frac{(+21)}{(+7)}=(+3)=\mathbf{3}$ b) $\frac{(-42)}{(+2)}=(-21)=-\mathbf{21}$ c) $\frac{(-16)}{(-4)}=(+4)=\mathbf{4}$

Connaissances : Mathématiques

La priorité de calcul des opérations

- **Dans un calcul sans parenthèses**, on effectue **EN PRIORITÉ** les multiplications et les divisions puis les additions et les soustractions.
- **Dans un calcul avec parenthèses**, on effectue **EN PRIORITÉ** les calculs entre parenthèses, en commençant par les parenthèses les plus intérieures (où l'on respectera la priorité multiplication, division puis addition, soustraction).

5 L'approximation

Dans un calcul, l'approximation permet de trouver une **valeur approchée par excès** ou **par défaut** d'un nombre recherché. L'approximation passe par des valeurs arrondies ou entières afin de faciliter les calculs et surtout de gagner en rapidité !

Exemples

- Calculer $\frac{22}{84}$: on approxime 22 et 84 par défaut
  $\frac{22}{84} \approx \frac{20}{80} \approx \frac{1}{4} \approx 0{,}25$. Or $\frac{22}{84} \approx 0{,}26$
- Calculer $13{,}8 \times 4{,}2$: 13,8 par excès et 4,2 par défaut
  $13{,}8 \times 4{,}2 \approx 14 \times 4 \approx 56$. Or $13{,}8 \times 4{,}2 = 57{,}96$

Exercices

1. Calculer $0{,}415 \times 1{,}15$

❒ **a.** 4,77 ❒ **b.** 47,72 ❒ **c.** 0,047 ❒ **d.** 0,477 ❒ **e.** 0,005

2. Calculer $123 + 38 + 41$

❒ **a.** 102 ❒ **b.** 202 ❒ **c.** 250 ❒ **d.** 302 ❒ **e.** 402

3. Calculer $(-5) \times (+7) \times (-2)$

❒ **a.** −70 ❒ **b.** −35 ❒ **c.** 35 ❒ **d.** 40 ❒ **e.** 70

4. Calculer $12 + 15 \times 3 - \frac{6}{2}$

❒ **a.** 6 ❒ **b.** 10 ❒ **c.** 14 ❒ **d.** 37,5 ❒ **e.** 54

5. On multiplie un nombre par 3. En ajoutant 23 à ce que l'on obtient, on trouve 176. Quel est ce nombre ?

❒ **a.** 23 ❒ **b.** 51 ❒ **c.** 69 ❒ **d.** 153 ❒ **e.** 164

6. Calculer approximativement $32{,}08 \div 8{,}03$

❒ **a.** 3 ❒ **b.** 4 ❒ **c.** 5 ❒ **d.** 6 ❒ **e.** 8

7. Calculer $[(3-2)\times 4]+2\times(-5+3\times(-2))$

❐ **a.** -22 ❐ **b.** -18 ❐ **c.** 0 ❐ **d.** 18 ❐ **e.** 22

8. Valeur de 75×11

❐ **a.** 415 ❐ **b.** 525 ❐ **c.** 825 ❐ **d.** 900 ❐ **e.** 925

9. Valeur de $44 \times 12{,}5$

❐ **a.** 525 ❐ **b.** 535 ❐ **c.** 545 ❐ **d.** 550 ❐ **e.** 5 500

10. Calculer $-5+2\times(10+3-6-8+1)$

❐ **a.** -5 ❐ **b.** 5 ❐ **c.** 0 ❐ **d.** -12 ❐ **e.** -3

Corrigés

1. **d. Par approximation** : $0{,}415 \times 1{,}15 \approx 0{,}4 \times 1{,}2 \approx 0{,}4 \times (1+0{,}2) \approx 0{,}4 \times 1 + 0{,}4 \times 0{,}2$
$\approx 0{,}4 + 0{,}08 \approx 0{,}48$. **d.** est la solution la plus proche.

2. **b.** On peut décomposer ainsi : $100 + (20+30+40) + (3+8+1)$
$= 100 + 90 + 12 = 100 + 102 = 202$

3. **e.** Un produit de 2 signes « − » donne un nombre positif ! **a.** et **b.** impossibles.
Donc $(-5)\times(+7)\times(-2) = 5 \times 2 \times 7 = 10 \times 7 = 70$

4. **e.** Attention aux priorités ! $12 + 15 \times 3 - \dfrac{6}{2} = 12 + 45 - 3 = 12 + 42 = 54$

5. **b. 1re méthode** : on calcule en partant de la fin (en soustrayant ce qui est additionné et divisant ce qui est multiplié, et vice versa) : $176 - 23 = 153$ puis $\dfrac{153}{3} = 51$
2e méthode : on utilise les propositions pour trouver 176
$51 \times 3 + 23 = 153 + 23 = 176$

6. **b. Par approximation** : $32{,}08/8{,}03 \approx 32/8 \approx 4$

7. **b.** Attention aux priorités! $[(3-2)\times 4]+2\times(-5+3\times(-2))=(1\times 4)+2\times(-5-6)=4+2\times(-11)=4-22=-18$

8. **c.** $75 \times 11 = 75 \times (10+1) = 75 \times 10 + 75 \times 1 = 750 + 75 = 825$

9. **d. 1re méthode : Par approximation** : $44 \times 12{,}5 \approx 44 \times 13 = 44 \times (10+3) \approx 44 \times 10 + 44 \times 3$
$\approx 440 + 132 \approx 572$. **d.** est la solution la plus proche.
2e méthode : **Calcul exacte** : $44 \times 12{,}5 = 44 \times (12 + 0{,}5) = (44 \text{ x } 12) + (44 \text{ x } 0{,}5)$
$= (44 \text{ x } 10 + 44 \text{ x } 2) + \left(\dfrac{44}{2}\right) = (440 + 88) + 22 = 528 + 22 = 550$

10. **a.** $-5 + 2 \text{ x } (10+3-6-8+1) = -5 + 2 \text{ x } 0 = -5 + 0 = -5$

14 Connaissances Fractions

Les fractions vont être utilisées dans les calculs se portant sur les 4 opérations, mais on peut également les utiliser pour passer d'une décimale à une fraction (ou inversement) pour simplifier les calculs.

Le quotient de a par b (a et b étant des entiers et **b est différent de 0**) est noté :

$$\frac{a}{b} = \frac{\text{numérateur}}{\text{dénominateur}}$$

Quelques propriétés :

$$\frac{a}{b} = 1 \ ; \ \frac{0}{a} = 0 \ ; \ \frac{a}{b} = a \times \frac{1}{b} \ ; \ \frac{a}{b} = \frac{c}{d} \rightarrow a \times d = b \times c$$

Quelques fractions à connaître pour pouvoir faire certaines estimations ou simplifications :

$$\frac{1}{10} = 0{,}1 \ ; \ \frac{1}{2} = 0{,}5 \ ; \ \frac{1}{4} = 0{,}25 \ ; \ \frac{3}{4} = 0{,}75 \ ; \ \frac{1}{5} = 0{,}2 \ ; \ \frac{1}{3} \approx 0{,}33 \ ; \ \frac{2}{3} \approx 0{,}66$$

1 Additionner ou soustraire deux fractions

Il faut avoir le même dénominateur !

a. On a le même dénominateur

$$\frac{a}{c} + \frac{b}{c} = \frac{a+b}{c} \quad \text{et} \quad \frac{a}{c} - \frac{b}{c} = \frac{a-b}{c}$$

Exemple

Calculer $\frac{4}{5} + \frac{3}{5}$

On a le même dénominateur, on peut faire la somme des numérateurs :

$$\frac{4}{5} + \frac{3}{5} = \frac{4+3}{5} = \frac{7}{5}$$

b. On n'a pas le même dénominateur

Il faut trouver un dénominateur commun à b et d (b × d en est un, par exemple).

$$\frac{a}{b} + \frac{c}{d} = \frac{a \times d + c \times b}{b \times d} \quad \text{et} \quad \frac{a}{b} - \frac{c}{d} = \frac{a \times d - c \times b}{b \times d}$$

Exemple

Calculer $\frac{4}{5} - \frac{1}{2}$

Il faut trouver un dénominateur commun. Le premier dénominateur qui nous vient à l'esprit est 10.

$$\frac{4}{5} - \frac{1}{2} = \frac{4 \times 2}{5 \times 2} - \frac{1 \times 5}{2 \times 5} = \frac{8}{10} - \frac{5}{10} = \frac{8-5}{10} = \frac{3}{10}$$

2 Multiplier deux fractions

$$\frac{a}{b}\times\frac{c}{d}=\frac{a\times c}{b\times d}$$

Dans ce cas de figure, nous pouvons faire des simplifications, mais **uniquement quand il y a des multiplications entre les fractions !**

$$\frac{a}{c}\times\frac{c}{d}=\frac{a}{\cancel{c}}\times\frac{\cancel{c}}{d}=\frac{a}{d}$$

Exemple

Calculer $\frac{3}{7}\times\frac{7}{5}$

On devrait faire le produit des numérateurs et le produit des dénominateurs, mais on regarde d'abord si on peut simplifier.

$$\frac{3}{\cancel{7}}\times\frac{\cancel{7}}{5}=\frac{3}{5}$$

Dans ce cas, nous pouvons arriver au résultat « sans effort », par simplifications successives.

3 Diviser deux fractions

On multiplie par l'inverse de la fraction qui est au dénominateur :

Soit la fraction située au dénominateur $\frac{c}{d}$, son inverse est $\frac{d}{c}$

$$\frac{\frac{a}{b}}{\frac{c}{d}}=\frac{a}{b}\times\frac{d}{c}=\frac{a\times d}{b\times c}$$

Exemple

Calculer $\frac{5}{6}\div\frac{2}{3}$

On peut aussi simplifier avant de calculer.

$$\frac{5}{6}\div\frac{2}{3}=\frac{5}{6}\times\frac{3}{2}=\frac{5}{2\times\cancel{3}}\times\frac{\cancel{3}\times 1}{2}=\frac{5\times 1}{2\times 2}=\frac{5}{4}$$

L'inverse de $\frac{c}{d}$ est $\frac{d}{c}$.

L'opposé de $\frac{c}{d}$ est $-\frac{c}{d}$.

Connaissances : Mathématiques

Exercices

1. Calculer $4,5+\frac{3}{4}$

❐ **a.** 2,5 ❐ **b.** 4,25 ❐ **c.** 2,75 ❐ **d.** 5,25 ❐ **e.** 6,25

2. Calculer $\frac{12}{20}\div\frac{6}{15}$

❐ **a.** $\frac{2}{3}$ ❐ **b.** $\frac{3}{2}$ ❐ **c.** $\frac{6}{25}$ ❐ **d.** $\frac{25}{6}$ ❐ **e.** 5

3. Calculer $\frac{12}{33}\times\frac{11}{7}\times\frac{35}{3}$

❐ **a.** 1 ❐ **b.** $\frac{3}{20}$ ❐ **c.** $\frac{7}{3}$ ❐ **d.** $\frac{3}{7}$ ❐ **e.** $\frac{20}{3}$

4. Calculer $\frac{3}{5}\times\frac{3}{5}$

❐ **a.** 1 ❐ **b.** $\frac{1}{9}$ ❐ **c.** $\frac{1}{25}$ ❐ **d.** $\frac{25}{9}$ ❐ **e.** $\frac{9}{25}$

5. Calculer $\left(\frac{2}{3}\right)-\left(\frac{8}{3}\right)\times\left(\frac{5}{24}\right)$

❐ **a.** $-\frac{1}{9}$ ❐ **b.** $\frac{1}{9}$ ❐ **c.** $-\frac{1}{3}$ ❐ **d.** $\frac{1}{3}$ ❐ **e.** $\frac{2}{3}$

6. Jean prend les $\frac{4}{5}$ de ses économies et en dépense les $\frac{3}{4}$ pour s'acheter une tablette tactile de 240 €. Quel était le montant de ses économies ?

❐ **a.** 85 ❐ **b.** 95 ❐ **c.** 126 ❐ **d.** 400 ❐ **e.** 560

7. Les $\frac{2}{5}$ d'une succession ont été partagés entre 4 héritiers ; chacun a reçu 45 000 euros. Quel est le montant en euros de l'héritage ?

❐ **a.** 450 000 ❐ **c.** 550 000 ❐ **e.** 650 000

❐ **b.** 500 000 ❐ **d.** 600 000

8. Calculer $\left(\frac{3}{8}-\frac{5}{8}\right)\times\frac{1}{2}$

❐ **a.** $-\frac{1}{8}$ ❐ **b.** $-\frac{3}{4}$ ❐ **c.** $\frac{1}{8}$ ❐ **d.** $\frac{3}{4}$ ❐ **e.** $\frac{3}{2}$

9. La fraction $\frac{9}{2}$ divisée par $\frac{3}{4}$ est égale à ?

❐ **a.** $\frac{1}{6}$ ❐ **b.** $\frac{2}{3}$ ❐ **c.** $\frac{3}{2}$ ❐ **d.** $\frac{27}{8}$ ❐ **e.** 6

10. Calculer $\left(1-\frac{1}{4}\right)\times\left[\frac{(3+2)}{2}\right]\times\left[\frac{(8+4)}{(5\times4)}-\frac{1}{5}\right]$

❐ **a.** $\frac{1}{4}$ ❐ **b.** $\frac{2}{5}$ ❐ **c.** $\frac{3}{4}$ ❐ **d.** $\frac{4}{3}$ ❐ **e.** $\frac{5}{2}$

Corrigés

1. **d. 1re méthode :** $4,5=\frac{9}{2}\rightarrow\ \frac{9}{2}+\frac{3}{4}=\frac{9\times 2}{2\times 2}+\frac{3}{4}=\frac{18}{4}+\frac{3}{4}=\frac{18+3}{4}=\frac{21}{4}\approx\frac{20}{4}\approx 5$

$\rightarrow$ Réponse **d.** est la plus proche.

2e méthode : $\frac{3}{4}=0{,}75.\ 4{,}5+0{,}75=5{,}25$

2. **b.** Simplifier un maximum avant de faire les calculs !

$$\frac{12}{20}=\frac{3\times 4}{5\times 4}=\frac{3}{5}\ \text{ et }\ \frac{6}{15}=\frac{2\times 3}{5\times 3}=\frac{2}{5}$$

On en déduit :

$$\frac{12}{20}\div\frac{6}{15}=\frac{3}{5}\div\frac{2}{5}=\frac{3}{5}\times\frac{5}{2}=\frac{3}{2}$$

3. **e.** Simplifier un maximum avant de faire les calculs !

$$\frac{12}{33}\times\frac{11}{7}\times\frac{35}{3}=\frac{3\times 4\times\cancel{11\times 7}\times 5}{3\times\cancel{11\times 7}\times 3}=\frac{4\times 5}{3}=\frac{20}{3}$$

4. **e.** $\frac{3}{5}\times\frac{3}{5}=\frac{3\times 3}{5\times 5}=\frac{9}{25}$

5. **b.** $\frac{2}{3}-\frac{8}{3}\times\frac{5}{24}=\frac{2}{3}-\frac{\cancel{8}}{3}\times\frac{5}{\cancel{8}\times 3}=\frac{2}{3}-\frac{5}{9}=\frac{2\times 3}{3\times 3}-\frac{5}{9}=\frac{6}{9}-\frac{5}{9}=\frac{6-5}{9}=\frac{1}{9}$

6. **d.**

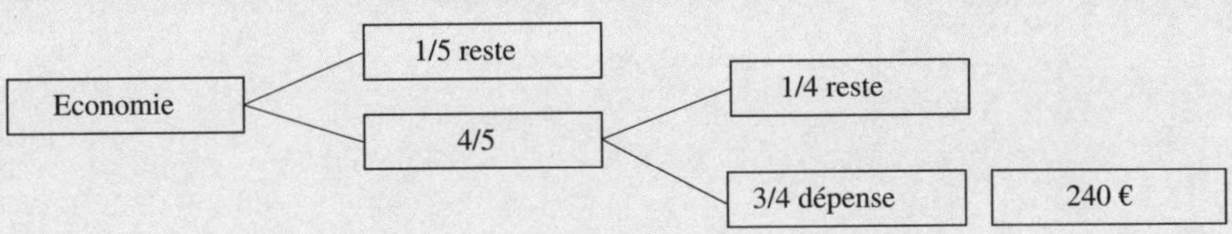

En faisant ce schéma, on peut tout résumer ! On remonte les ramifications en multipliant pour chaque branche.

On peut lire : 240 € = $\frac{3}{4}\times\frac{4}{5}$ × économie $\rightarrow$ **on simplifie** : 240 = $\frac{3}{5}$ × économie

$$\rightarrow \text{économie}=\frac{240}{\frac{3}{5}}=240\times\frac{5}{3}=\left(\frac{80\times\cancel{3}\times 5}{\cancel{3}}\right)=80\times 5=400\ €$$

7. **a.** Les 4 héritiers reçoivent chacun 45 000 €, il y a donc 45 000 × 4 = 180 000 € en tout.

Succession × $\frac{2}{5}$ = 180 000 $\rightarrow$ succession = 180 000 × $\frac{5}{2}$

= 90 000 × 5 = 450 000 €

8. **a.** $\left(\frac{3}{8}-\frac{5}{8}\right)\times\frac{1}{2}=\frac{3-5}{8}\times\frac{1}{2}=\frac{-2}{8}\times\frac{1}{2}=-\frac{1}{8}$

9. **e.** $\frac{9}{2}\div\frac{3}{4}=\frac{9}{2}\times\frac{4}{3}=\frac{3\times\cancel{3\times 2}\times 2}{\cancel{2\times 3}}=6$

10. c. Procéder par étapes.

$$1-\frac{1}{4}=\frac{1}{1}-\frac{1}{4}=\frac{1\times 4}{1\times 4}-\frac{1}{4}=\frac{4}{4}-\frac{1}{4}=\frac{4-1}{4}=\frac{3}{4}$$

$$\frac{3+2}{2}=\frac{5}{2}$$

$$\frac{(8+4)}{5\times 4}-\frac{1}{5}=\frac{12}{5\times 4}=\frac{3\times 4}{5\times 4}-\frac{1}{5}=\frac{3}{5}-\frac{1}{5}=\frac{3-1}{5}=\frac{2}{5}$$

Le calcul final : $\frac{3}{4}\times\frac{5}{2}\times\frac{2}{5}=\frac{3}{4}\times\frac{\cancel{5}}{\cancel{2}}\times\frac{\cancel{2}}{\cancel{5}}=\frac{3}{4}$

Connaissances

15 Puissances et racines carrées

1 Puissances

Un nombre soumis à une puissance (ou exposant) se multiplie par lui même, autant de fois que l'indique la puissance (ou exposant).

Exemple

4^5 se lit 4 « exposant » ou « puissance » 5. 4 est multiplié 5 fois par lui-même donc on peut aussi l'écrire sous cette forme $4^5 = 4 \times 4 \times 4 \times 4 \times 4$.

La forme générale : $a^n = a \times a \times \ldots \times a$ **(n fois)**

Propriétés :

$a^0 = 1$	$\frac{a^n}{b^n} = \left(\frac{a}{b}\right)^n$ avec $b \neq 0$
$(a \times b)^n = a^n \times b^n$	$a^n \times a^m = a^{n+m}$
$a^{-1} = \frac{1}{a}$	$a^{-n} = \frac{1}{a^n}$
$a^1 = a$	$\frac{a^n}{a^m} = a^{n-m}$ avec $a \neq 0$
$(a^n)^m = a^{n \times m}$	

Exemples

- $5^0 = \mathbf{1}$
- $4^{(-1)} = \frac{1}{4} = \mathbf{0,25}$
- $3^{-2} = \frac{1}{3^2} = \frac{1}{3 \times 3} = \mathbf{\frac{1}{9}}$
- $\frac{6^3}{2^3} = \left(\frac{6}{2}\right)^3 = 3^3 = 3 \times 3 \times 3 = \mathbf{27}$
- $\frac{3^3}{3^2} = 3^{3-2} = 3^1 = \mathbf{3}$
- $3^2 \times 3^3 = 3^{2+3} = 3^5 = 3 \times 3 \times 3 \times 3 \times 3 = \mathbf{243}$
- $(7 \times 5)^2 = 7^2 \times 5^2 = 7 \times 7 \times 5 \times 5 = 49 \times 25 = \mathbf{1\ 225}$
- $(5^2)^3 = 5^{2 \times 3} = 5^6 = 5 \times 5 \times 5 \times 5 \times 5 \times 5 = \mathbf{15\ 625}$

Remarque

Un nombre positif avec une puissance quelconque est toujours positif.

Si un nombre est négatif :

- avec une **puissance paire** (2 ; 4 ; 6 ;…), il est **toujours positif**.
- avec une **puissance impaire** (3 ; 5 ; 7 ;), il est **toujours négatif**.

Exemples

- 3^4 ou 3^{-4} sont tous les deux positifs car 3 > 0 (positif).
- $(-5)^2 = +25$ est **positif car puissance paire**.
- $(-5)^3 = -(5^3) = -125$ est **négatif car puissance impaire**.

Bien observer où se trouve le signe « – », c'est à dire à l'intérieur ou à l'extérieur de la parenthèse.

Exemples

- $-5^2 = -(5^2) = -\mathbf{25}$
- $(-5)^2 = +\mathbf{25}$

a. Les puissances de 10

Quand vous avez 10^n, vous pouvez rajouter à 1, *n* zéro.

Exemple

$10^5 = \mathbf{100\ 000}$ (On rajoute à 1 cinq zéros)

Quand vous avez 10^{-n}, vous avez *n* chiffres après la virgule.

Exemple

$10^{-3} = \mathbf{0{,}001}$ ($n = 3$: 3 chiffres après la virgule)

Astuces

- **Multiplier un nombre par 10^n**, c'est déplacer la virgule de ***n*** **rangs vers la droite** (en rajoutant des zéro si c'est nécessaire).
- **Diviser un nombre par 10^n**, c'est déplacer la virgule de ***n*** **rangs vers la gauche** (en rajoutant des zéro si c'est nécessaire).
- **Multiplier un nombre par 10^{-n}**, c'est déplacer la virgule de ***n*** **rangs vers la gauche** (en rajoutant des zéro si c'est nécessaire).
- **Diviser un nombre par 10^{-n}**, c'est déplacer la virgule de ***n*** **rangs vers la droite** (en rajoutant des zéro si c'est nécessaire).

Exemples

- $10{,}3 \times 10^3 = 10\,\mathbf{300}$
- $2{,}03 \div 10^2 = 2{,}03 \times 10^{-2} = 0{,}\mathbf{02}03$
- $123 \times 10^{-4} = 123 \times \frac{1}{10^4} = 123 \div 10^4 = 0{,}\mathbf{0123}$
- $2{,}03 \div 10^{-4} = 2{,}03 \times 10^4 = 2\mathbf{0\ 300}$

Pour additionner ou soustraire des nombres avec des puissances de 10 différentes, il faut les ramener à la même puissance de 10.

Exemple

Il faut choisir la même puissance de 10 : 10^{-3} ou 10^{-4}

$3,4\times10^{-4}+1,2\times10^{-3}=\mathbf{0,34\times10^{-3}}+1,2\times10^{-3}=(0,34+1,2)\times10^{-3}=\mathbf{1,54\times10^{-3}}$

ou

$3,4\times10^{-4}+1,2\times10^{-3}=3,4\times10^{-4}+\mathbf{12\times10^{-4}}=(3,4+12)\times10^{-4}=\mathbf{15,4\times10^{-4}}$

b. La notation scientifique

$$\mathbf{a\times10^{n}}$$

a est un nombre décimal dont **l'unité est autre que zéro (compris entre 1 et 9)** :

***a* = 1,2 mais *a* ≠ 0,12 ; *a* = 4,23568 mais *a* ≠ 0,423568.**

n est un nombre entier **positif** ou **négatif**.

Exemple

Mettre 0,125 en notation scientifique : $0,125=1,25\times10^{-1}$

Et non pas : 125×10^{-3} ou $12,5\times10^{-2}$

2 Racines carrées

Soit *a* un nombre positif. Il existe un unique nombre positif dont le carré est égal à *a* ; ce nombre est appelé racine carrée de *a*, et est noté $\sqrt{a}$.

En d'autres termes, $\sqrt{a}\times\sqrt{a}=a$.

Vocabulaire

- Le symbole √ est appelé **radical** ; dans l'expression $\sqrt{a}$, *a* est appelé **radicande**..

a. Les racines carrées à connaître par cœur

Elles sont indispensables dans le cadre d'une approximation :

$\sqrt{1}$	$\sqrt{2}$	$\sqrt{3}$	$\sqrt{5}$	$\sqrt{10}$
1	1,41	1,73	2,25	3,16

Les nombres positifs dont la racine carrée est un entier sont appelés **carrés parfaits** comme $\sqrt{9}=3$.

Quelque soit le nombre *a* positif : $\left(\sqrt{a}\right)^2=a$ et $\sqrt{a^2}=a$

Exemples

$\left(\sqrt{5}\right)^2=\mathbf{5}$ et $\sqrt{36}=\sqrt{6^2}=\mathbf{6}$

b. Simplifier des racines

Regardez bien ce que vous pouvez simplifier sous le radical avant d'extraire la racine ou pour pouvoir extraire une racine.

Il faut procéder comme pour les fractions, c'est-à-dire décomposer les nombres sous le radical en facteurs premiers.

Formules à connaître : $\sqrt{a^{2n}} = a^n ; \sqrt[n]{a} = a^{\frac{1}{n}}$ et $\sqrt[n]{a^m} = a^{\frac{m}{n}}$

$$\sqrt[2]{a} = \sqrt{a} = a^{\frac{1}{2}}$$

Lorsqu'un nombre est extrait de la racine, il faut que son exposant soit pair.

Exemples

- Simplifier $\sqrt{\mathbf{18}}$: $\sqrt{18} = \sqrt{9 \times 2} = \sqrt{3^2 \times 2} = \mathbf{3\sqrt{2}}$

9 peut s'écrire **3**^{2} avec l'exposant pair, nous pouvons extraire 3 de la racine. En revanche, l'exposant du nombre 2 est 1, **chiffre impair**, c'est pour cela qu'on **ne peut pas extraire 2 de la racine**.

- Calculer $\mathbf{A} = \sqrt{\mathbf{45}} + \mathbf{2}\sqrt{\mathbf{5}} - \mathbf{3}\sqrt{\mathbf{20}}$:

$A = \sqrt{\mathbf{9} \times \mathbf{5}} + 2\sqrt{5} - 3\sqrt{\mathbf{4} \times \mathbf{5}} = 3\sqrt{5} + 2\sqrt{5} - 3 \times 2\sqrt{5} = (3 + 2 - 6)\sqrt{5} = -\sqrt{\mathbf{5}}$

- **Simplifier** $\sqrt{5^6}$: $\sqrt{5^6} = \sqrt{\left(5^3\right)^2} = 5^3 = 5 \times 5 \times 5 = \mathbf{125}$
- **Simplifier** $\sqrt[3]{7^6}$: $\sqrt[3]{7^6} = 7^{\frac{6}{3}} = 7^2 = 7 \times 7 = \mathbf{49}$

c. La multiplication de racines

Pour tout nombre positif *a* et *b*, on a $\sqrt{\boldsymbol{a} \times \boldsymbol{b}} = \sqrt{\boldsymbol{a}} \times \sqrt{\boldsymbol{b}}$

Exemple

$\sqrt{25 \times 36} = \sqrt{25} \times \sqrt{36} = \sqrt{5^2} \times \sqrt{6^2} = 5 \times 6 = \mathbf{30}$

d. La division de racines

Pour tout nombre positif *a* et *b* (**b** $\neq$ **0**), on a $\sqrt{\frac{a}{b}} = \frac{\sqrt{a}}{\sqrt{b}}$

Exemple

$\sqrt{\frac{49}{16}} = \frac{\sqrt{49}}{\sqrt{16}} = \frac{\sqrt{7^2}}{\sqrt{4^2}} = \mathbf{\frac{7}{4}}$

e. L'addition ou la soustraction de racines

En règle générale, $\sqrt{\boldsymbol{a} + \boldsymbol{b}} \neq \sqrt{\boldsymbol{a}} + \sqrt{\boldsymbol{b}}$ ainsi que $\sqrt{\boldsymbol{a} - \boldsymbol{b}} \neq \sqrt{\boldsymbol{a}} - \sqrt{\boldsymbol{b}}$

Exemples

- $\sqrt{9 + 16} = \sqrt{25} = \sqrt{5^2} = \mathbf{5}$ **mais** $\sqrt{9} + \sqrt{16} = \sqrt{3^2} + \sqrt{4^2} = 3 + 4 = \mathbf{7}$
- $\sqrt{49 - 16} = \sqrt{\mathbf{33}}$ **mais** $\sqrt{49} - \sqrt{16} = \sqrt{7^2} - \sqrt{4^2} = 7 - 4 = \mathbf{3}$

Si on ne peut pas simplifier sous les racines, l'addition et la soustraction ne pourront se faire qu'en approximant.

Exemple

$\sqrt{35} + \sqrt{50} - \sqrt{17} \approx \sqrt{36} + \sqrt{49} - \sqrt{16} \approx \sqrt{6^2} + \sqrt{7^2} - \sqrt{4^2} \approx 6 + 7 - 4 \approx$ **9**

Exercices

1. Écrire en notation scientifique 23 000

❒ **a.** 23×10^3 ❒ **b.** 23×10^4 ❒ **c.** $2,3 \times 10^4$ ❒ **d.** $0,23 \times 10^5$ ❒ **e.** 230×10^2

2. Calculer $0,0025 \times 0,0004$

❒ **a.** 10^{-6} ❒ **b.** 10^{-5} ❒ **c.** 10^{-4} ❒ **d.** 10^5 ❒ **e.** 10^6

3. Calculer $(2^3)^2$

❒ **a.** 4 ❒ **b.** 8 ❒ **c.** 16 ❒ **d.** 32 ❒ **e.** 64

4. Calculer $(0,16 \times 10^3) \div (0,4 \times 10)$

❒ **a.** 4 ❒ **b.** 40 ❒ **c.** 44 ❒ **d.** 400 ❒ **e.** 440

5. Quel est l'ordre de grandeur de 17 000 301 × 1 999 819 002 ?

❒ **a.** $3,4 \times 10^{12}$ ❒ **c.** $0,34 \times 10^{16}$ ❒ **e.** 34×10^{16}

❒ **b.** 340×10^{10} ❒ **d.** $3,4 \times 10^{16}$

6. Calculer $[10^{-3} \times (10^3)^{-2} \times 10^2] \div (10^{-4} \times 10^{-2})$

❒ **a.** 10^{-2} ❒ **b.** 10^{-1} ❒ **c.** 10 ❒ **d.** 10^2 ❒ **e.** 10^3

7. Calculer $\sqrt{48} + \sqrt{27} - \sqrt{75}$

❒ **a.** 0 ❒ **b.** $\sqrt{3}$ ❒ **c.** $2\sqrt{3}$ ❒ **d.** $3\sqrt{3}$ ❒ **e.** $4\sqrt{3}$

8. Calculer $\sqrt{\frac{18}{8}} \times \frac{\sqrt{16}}{6}$

❒ **a.** −1 ❒ **b.** −1/2 ❒ **c.** 0 ❒ **d.** 1 ❒ **e.** 1/2

9. $2 \times 6 \times 18 \times 48$ peut s'écrire

❒ **a.** 10 364 ❒ **b.** $2^6 \times 3^5$ ❒ **c.** $2^7 \times 3^4$ ❒ **d.** $2^8 \times 3^4$ ❒ **e.** $2^9 \times 3^2$

10. Calculer $\sqrt{4 \times 100 \times 6400}$

❒ **a.** 16 ❒ **b.** 160 ❒ **c.** 400 ❒ **d.** 1 600 ❒ **e.** 4 000

Corrigés

1. **c.** $23\,000 = 23 \times 10^3 = 2{,}3 \times 10^4$

2. **a.** $0{,}0025 \times 0{,}0004 = 25 \times 10^{-4} \times 4 \times 10^{-4} = 100 \times 10^{-4-4} = 10^2 \times 10^{-8} = 10^{-6}$

3. **e.** $(2^3)^2 = 2^{3\times 2} = 2^6 = 2 \times 2 \times 2 \times 2 \times 2 \times 2 = 4 \times 4 \times 4 = 16 \times 4 = 64$

4. **b.** $0{,}16 = 16 \times 10^{-2}$ et $0{,}4 = 4 \times 10^{-1}$ et $\dfrac{10^3}{10} = 10^{3-1} = 10^2$

Donc :

$$\frac{0{,}16}{0{,}4} = \frac{16\times10^{-2}}{4\times10^{-1}} = \frac{16}{4}\times\frac{10^{-2}}{10^{-1}} = 4\times10^{-2}\times10 = 4\times10^{-2+1} = 4\times10^{-1}$$

Et on peut en déduire :

$$\frac{0{,}16\times10^3}{0{,}4\times10} = \frac{0{,}16}{0{,}4}\times\frac{10^3}{10} = 4\times10^{-1}\times10^2 = 4\times10^{-1+2} = 4\times10 = 40$$

Ou plus simplement : $0{,}16 \times 103 = 160$ et $0{,}4 \times 10 = 4$

$$\frac{0{,}16\times10^3}{0{,}4\times10} = \frac{160}{4} = 40$$

5. **d.** $17\,000\,301 \approx 17 \times 10^6$ et $1\,999\,819\,002 \approx 2 \times 10^9$

Donc : $17\,000\,301 \times 1\,999\,819\,002 \approx 17 \times 106 \times 2 \times 109 \approx 17 \times 2 \times 106 \times 109 \approx 34 \times 106+9$
$\approx 34 \times 10^{15} \approx 3{,}4 \times 10^{16}$

6. **b.** $\dfrac{10^{-3}\times\left(10^3\right)^{-2}\times10^2}{10^{-4}\times10^{-2}} = \dfrac{10^{-3-6+2}}{10^{-4-2}} = \dfrac{10^{-7}}{10^{-6}} = 10^{-7}\times10^6 = 10^{-7+6} = 10^{-1}$

7. **c.** $\sqrt{48}+\sqrt{27}-\sqrt{75} = \sqrt{3\times16}+\sqrt{3\times9}-\sqrt{3\times25} = \sqrt{3\times4^2}+\sqrt{3\times3^2}-\sqrt{3\times5^2}$

$$= 4\sqrt{3}+3\sqrt{3}-5\sqrt{3}$$

$$= (4+3-5)\sqrt{3} = 2\sqrt{3}$$

8. **d.** $\sqrt{\dfrac{18}{8}}\times\dfrac{\sqrt{16}}{6} = \sqrt{\dfrac{9\times2}{4\times2}}\times\dfrac{4}{6} = \dfrac{\sqrt{9}}{\sqrt{4}}\times\dfrac{2\times2}{3\times2} = \dfrac{\sqrt{3^2}}{\sqrt{2^2}}\times\dfrac{2}{3} = \dfrac{3}{2}\times\dfrac{2}{3} = 1$

9. **c.** $2 \times 6 \times 18 \times 48 = 2 \times 2 \times 3 \times 3 \times 3 \times 2 \times 2 \times 2 \times 2 \times 2 \times 3 = 2^7 \times 3^4$

10. **d.** $\sqrt{4\times100\times6\,400} = \sqrt{4}\times\sqrt{100}\times\sqrt{64\times100} = \sqrt{2^2}\times\sqrt{10^2}\times\sqrt{8^2\times10^2}$

$$= 2\times10\times8\times10 = 16\times100 = 1\,600$$

16 Connaissances
Résolution d'équations

Nous allons aborder les équations du premier degré à une seule inconnue. La mise en équation est cruciale dans bon nombre de problèmes, car elle facilite le calcul.

Définition

Une équation du premier degré est une égalité dans laquelle intervient une inconnue. Cette inconnue est désignée par une lettre. **On nomme souvent l'inconnue x.**

Exemple

$3x + 3 = 6$ est une équation du premier degré à une inconnue x.

1 Comment résoudre une équation du premier degré à une inconnue ?

Résoudre une équation du premier degré d'inconnue x signifie qu'il faut trouver toutes les valeurs de x qui vérifient l'égalité. Chacune de ces valeurs est une solution de l'équation.

a. Première méthode

On passer des nombres de chaque côté de l'égalité afin d'isoler x.

Lors d'une addition et d'une soustraction, lorsqu'on passe un nombre de l'autre côté du symbole égal, **on change son signe**.

Lors d'une multiplication, lorsqu'on passe un facteur de l'autre côté du symbole égal, on **divise par ce nombre avec son signe**.

Lors d'une division, lorsqu'on passe le dénominateur de l'autre côté du symbole égal, on **multiplie par ce nombre avec son signe**.

Exemple

- Soit $3x + 3 = 6$. Il faut trouver la valeur de x pour que l'équation soit égale à 6.

$\mathbf{3}x = 6 - \mathbf{3} = 3$ puis $x = \frac{3}{\mathbf{3}} = \mathbf{1}$.

Quand $x = 1$: $3 \times 1 + 3 = 6$.

- Soit $-2x - 5 = -4x - 2$. Il faut trouver la valeur de x pour qu'il y ait une égalité.

$\rightarrow -2x + 4x = -2 + 5 \rightarrow 2x = 3 \rightarrow x = \frac{3}{2} = 1{,}5$.

Connaissances : Mathématiques

Quand $x = \frac{3}{2}$: $-2 \times \frac{3}{2} - 5 = -3 - 5 = -8$ et $-4 \times \frac{3}{2} - 2 = -6 - 2 = -8$

- Soit $-5x = 7$. Il faut trouver la valeur de x pour que l'équation soit égale à 7.

$\rightarrow$ $\boldsymbol{x = -\frac{7}{5}}$

Quand $x = -\frac{7}{5}$: $-5 \times \left(-\frac{7}{5}\right) = 7$

Repérer les signes car une erreur est vite arrivée !

b. Deuxième méthode

On remplace l'inconnue par les propositions du QCM.

Exemple

Résoudre $2a + 3 = 3a - 5$

a. $a = 2$ **b.** $a = 4$ **c.** $a = 6$ **d.** $a = 8$ **e.** $a = 10$

Avec $a = 2$: $2 \times 2 + 3 = 4 + 3 = \mathbf{7}$ et $3 \times 2 - 5 = 6 - 5 = \mathbf{1}$ → pas d'égalité

Avec $a = 4$: $2 \times 4 + 3 = 8 + 3 = \mathbf{11}$ et $3 \times 4 - 5 = 12 - 5 = \mathbf{7}$ → pas d'égalité

Avec $a = 6$: $2 \times 6 + 3 = 12 + 3 = \mathbf{15}$ et $3 \times 6 - 5 = 18 - 5 = \mathbf{13}$ → pas d'égalité

Avec $a = 8$: $2 \times 8 + 3 = 16 + 3 = \mathbf{19}$ et $3 \times 8 - 5 = 24 - 5 = \mathbf{19}$ → ÉGALITÉ

Réponse **d.**

2 Comment répondre à un problème en posant une équation du premier degré à une inconnue ?

Il faut trouver l'équation à partir des données du problème ; puis on utilise la première ou la deuxième méthode.

Exemple

Quel même naturel faut-il ajouter au numérateur et au dénominateur de $\frac{3}{7}$ pour obtenir le double de cette fraction ?

Appelons ***x* le nombre que l'on cherche** :

$$\frac{3+x}{7+x} = 2 \times \frac{3}{7} = \frac{6}{7}$$

$$7 \times (3 + x) = 6 \times (7 + x) \rightarrow 21 + 7x = 42 + 6x \rightarrow 7x - 6x = 42 - 21 \rightarrow x = \mathbf{21}$$

Effectivement :

$$\frac{3+21}{7+21} = \frac{24}{28} = \frac{6 \times 4}{7 \times 4} = \frac{6}{7}$$

Exercices

1. Résoudre cette équation $x + 3 = 6$

❒ **a.** 0 ❒ **b.** 1 ❒ **c.** 2 ❒ **d.** 3 ❒ **e.** 4

2. Résoudre $3x + 1 = 7x + 5$

❒ **a.** -2 ❒ **b.** -1 ❒ **c.** 0 ❒ **d.** 1 ❒ **e.** 2

3. Résoudre $3(2b - 5) - (4b + 7) = 5(2b - 1) - (3b + 1)$

❒ **a.** $\frac{-16}{5}$ ❒ **b.** $\frac{-8}{5}$ ❒ **c.** 1 ❒ **d.** $\frac{8}{5}$ ❒ **e.** $\frac{16}{5}$

4. Résoudre $2x - 8 = 5$

❒ **a.** $\frac{-13}{2}$ ❒ **b.** $\frac{-3}{2}$ ❒ **c.** 1 ❒ **d.** $\frac{3}{2}$ ❒ **e.** $\frac{13}{2}$

5. Résoudre $\frac{1+2x}{3} = \frac{4+5x}{6}$

❒ **a.** -2 ❒ **b.** $-\frac{1}{2}$ ❒ **c.** 0 ❒ **d.** $\frac{1}{2}$ ❒ **e.** 2

6. Résoudre $5b + 2 = 9b + 7$

❒ **a.** $-\frac{3}{4}$ ❒ **b.** $-\frac{5}{4}$ ❒ **c.** 0 ❒ **d.** 1 ❒ **e.** $\frac{5}{4}$

7. Résoudre $5(y - 1) + 3(2 - y) = 0$

❒ **a.** -2 ❒ **b.** -1 ❒ **c.** $-\frac{1}{2}$ ❒ **d.** 1 ❒ **e.** $\frac{1}{2}$

8. Pierre a ajouté 17 à son âge, a multiplié le résultat par 2 et a trouvé 48. Quel âge a-t-il ?

❒ **a.** 2 ans ❒ **b.** 4 ans ❒ **c.** 7 ans ❒ **d.** 10 ans ❒ **e.** 12 ans

9. Un automobiliste constate qu'en ajoutant 12 litres de carburant à son réservoir à moitié plein, il le remplit aux trois quarts. Quelle est la capacité de son réservoir ?

❒ **a.** 20 L ❒ **b.** 30 L ❒ **c.** 40 L ❒ **d.** 48 L ❒ **e.** 58 L

10. Trois cousins ont respectivement 32, 20 et 6 ans. Dans combien d'années l'âge de l'aîné sera-t-il égal à la somme des deux autres ?

❒ **a.** 2 ❒ **b.** 4 ❒ **c.** 5 ❒ **d.** 6 ❒ **e.** 10

Corrigés

1. d.

1re méthode : $x + 3 = 6 \rightarrow x = 6 - 3 = 3$

2e méthode : Avec $x = 3$; $3 + 3 = 6$

2. b.

1re méthode : $3x + 1 = 7x + 5 \rightarrow 7x - 3x = 1 - 5 \rightarrow 4x = -4 \rightarrow x = \frac{-4}{4} = -1$

2e méthode : Avec $x = -1$; $3 \times (-1) + 1 = -3 + 1 = -2$ et $7 \times (-1) + 5 = -7 + 5 = -2$

3. a. $3(2b - 5) - (4b + 7) = 5(2b - 1) - (3b + 1)$

1re méthode : $6b - 15 - 4b - 7 = 10b - 5 - 3b - 1 \rightarrow 2b - 22 = 7b - 6 \rightarrow 2b - 7b = -6 + 22$

$$\rightarrow -5b = 16 \rightarrow b = \frac{-16}{5}$$

2e méthode : on peut simplifier un peu pour nous faciliter la résolution, donc on part de :

$2b - 22 = 7b - 6$ et avec $b = \frac{-16}{5}$

$$2\times\left(\frac{-16}{5}\right)-22=-\frac{32}{5}-\frac{22\times 5}{5}=\frac{-32-110}{5}=-\frac{142}{5}$$

$$7\times\left(\frac{-16}{5}\right)-6=-\frac{112}{5}-\frac{6\times 5}{5}=\frac{-112-30}{5}=-\frac{142}{5}$$

4. e.

1re méthode : $2x - 8 = 5 \rightarrow 2x = 8 + 5 = 13 \rightarrow x = \frac{13}{2}$

2e méthode : Avec $x = \frac{13}{2}$; $2 \times \frac{13}{2} - 8 = 13 - 8 = 5$

5. a.

1re méthode :

$$\frac{1+2x}{3}=\frac{4+5x}{6}\rightarrow 6\times(1+2x)=3\times(4+5x)\rightarrow 6+12x=12+15x\rightarrow 12x-15x=12-6$$

$$-3x=6\rightarrow -x=\frac{6}{3}=2\rightarrow x=-2$$

2e méthode : avec $x = -2$

$$\frac{1+2\times(-2)}{3}=\frac{1-4}{3}=-\frac{3}{3}=-1 \text{ et } \frac{4+5\times(-2)}{6}=\frac{4-10}{6}=-\frac{6}{6}=-1$$

6. b.

1re méthode : $5b + 2 = 9b + 7 \rightarrow 5b - 9b = 7 - 2 \rightarrow -4b = 5 \rightarrow b = \frac{-5}{4}$

2e méthode : Avec $b = \frac{-5}{4}$; $5\times\left(\frac{-5}{4}\right)+2=\frac{-25}{4}+\frac{8}{4}=\frac{-25+8}{4}=\frac{-17}{4}$ et

$$9\times\left(\frac{-5}{4}\right)+7=\frac{-45}{4}+\frac{28}{4}=\frac{-45+8}{4}=\frac{-17}{4}$$

7. c.

1re méthode : $5(y-1)+3(2-y)=0 \rightarrow 5y-5+6-3y=0 \rightarrow 2y+1=0$

$$2y=-1 \rightarrow y=\frac{-1}{2}$$

2e méthode : Avec $b=\frac{-1}{2}$; $5\left(\frac{-1}{2}-1\right)+3\left[2-\left(\frac{-1}{2}\right)\right]=5\left(\frac{-1}{2}-\frac{2}{2}\right)+3\left[\frac{4}{3}-\left(\frac{-1}{2}\right)\right]$

$$5\times\left(\frac{-3}{2}\right)+3\times\left(\frac{4}{2}+\frac{1}{2}\right)=\frac{-15}{2}+3\times\frac{5}{2}=\frac{-15}{2}+\frac{15}{2}=0$$

8. c. Soit y l'âge de Pierre. On obtient l'équation suivante : $2\times(y+17)=48$

1re méthode : $2y+34=48 \rightarrow 2y=48-34=14 \rightarrow y=\frac{14}{2}=7$ ans

2e méthode : Avec $y=7$; $2\times(7+17)=2\times24=48$

9. d. Soit x la capacité de son réservoir. On obtient l'équation suivante :

$$\frac{1}{2}x+12=\frac{3}{4}x$$

1re méthode :

$$\frac{1}{2}x+12=\frac{3}{4}x \rightarrow \frac{3}{4}x-\frac{1}{2}x=12 \rightarrow \frac{3}{4}x-\frac{2}{4}x=12 \rightarrow \frac{1}{4}x=12 \rightarrow x=12\times4=48\text{ L}$$

2e méthode : Avec $x=48$

$$\frac{1}{2}\times48+12=24+12=36 \text{ et } \frac{3}{4}\times48=\frac{3}{4}\times4\times12=3\times12=36$$

10. d. Soit x le nombre d'années recherché. On obtient l'équation suivante :

Le nombre d'années x sera ajouté à chacun des cousins !

$$(32+x)=(20+x)+(6+x)$$

1re méthode : $32+x=20+x+6+x \rightarrow 32+x=26+2x \rightarrow 2x-x=32-26 \rightarrow x=6$ ans

2e méthode : Avec $x=6$ ans ; $32+6=38$ et $20+6+6+6=20+18=38$

17

Connaissances

Unités de mesure et conversions

Pour la conversion, il faut bien lire ce que l'on vous demande, car le résultat recherché devra être dans l'unité de mesure demandée.

1 Unités de longueur

L'unité usuelle est le mètre (m). Ses multiples sont le kilomètre (km), l'hectomètre (hm), le décamètre (dam), et ses sous-multiples sont le décimètre (dm), le centimètre (cm) et le millimètre (mm).

Sous forme de tableau

	km	hm	dam	m	dm	cm	mm
Valeurs en m	10^3	10^2	10	1	10^{-1}	10^{-2}	10^{-3}

2 Unités de surface

L'unité usuelle est le mètre carré (m^2). Ses multiples sont le kilomètre carré (km^2), l'hectomètre carré (hm^2), le décamètre carré (dam^2), et ses sous-multiples sont le décimètre carré (dm^2), le centimètre carré (cm^2) et le millimètre carré (mm^2), ainsi que l'hectare (ha) et l'are (a).

Sous forme de tableau

	km^2	hm^2	dam^2	m^2	dm^2	cm^2	mm^2
		ha	a				
Valeurs en m^2	10^6	10^4	10^2	1	10^{-2}	10^{-4}	10^{-6}

Ce qu'il faut savoir

1 hm^2 = 1 ha = 100 a = 10 000 m^2 = 10^4 m^2

1 a = 1 dam^2 = 100 m^2 = 10^2 m^2

La surface est une grandeur à deux dimensions, c'est pour cela que l'on a deux colonnes sous chaque unité.

3 Unités de volume

L'unité usuelle est le mètre cube (m³). Son multiple est le décamètre cube (dam³), et ses sous-multiples sont le décimètre cube (dm³), le centimètre cube (cm³) et le millimètre cube (mm³). Ainsi que **les unités de capacité** avec l'hectolitre (hL), le décalitre (daL), le litre (L), le décilitre (dL), le centilitre (cL) et le millilitre (mL).

Sous forme de tableau

	dam³			m³			dm³			cm³			mm³		
						kL	hL	daL	L	dL	cL	mL			
Valeurs en m³	10^3			1			10^{-3}			10^{-6}			10^{-9}		

Ce qu'il faut savoir

1 kL = 1 m³

1 L = 1 dm³

Le volume est une grandeur à trois dimensions, c'est pour cela que l'on a trois colonnes sous chaque unité.

4 Unités de masse

L'unité usuelle est le gramme (g). Ses multiples sont le kilogramme (kg), l'hectogramme (hg), le décagramme (dag) et ses sous-multiples sont le décigramme (dg), le centigramme (cg) et le milligramme (mg).

Sous forme de tableau

	t	q	╳	kg	hg	dag	g	dg	cg	mg
Valeurs en g	10^6	10^5		10^3	10^2	10	1	10^{-1}	10^{-2}	10^{-3}

Il n'y a pas d'unité correspondant à 10 kg.

Ce qu'il faut savoir

1 tonne (t) = 1 000 kg

1 quintal (q) = 100 kg

5 Unités de temps

L'unité usuelle est la seconde (s). Ses multiples sont le jour (j), l'heure (h) et la minute (min).

Ce qu'il faut savoir

1 an = 12 mois = 52 semaines = 365 jours

1 semestres = 6 mois

1 trimestre = 3 mois

1 an = 2 semestres = 4 trimestres

1 mois = 4 semaines

1 semaine = 7 jours

1 jour = 24 heures

1 heure = 60 minutes = 3 600 secondes

1 minute = 60 secondes

Règles

Si on vous demande un résultat en heures minutes secondes :

- les heures ne doivent pas dépasser 23 heures car au-delà cela correspond à des jours ;
- les minutes ne doivent pas dépasser 59 minutes car au-delà cela correspond à des heures ;
- les secondes ne doivent pas dépasser 59 secondes car au-delà cela correspond à des minutes.

Si c'est le cas, il faut réajuster.

Exemple

1 heure 36 minutes oui, mais pas 1 heure 75 minutes !

75 minutes = (60 + 15) minutes donc 75 minutes = 1 heure 15 minutes.

Et on en déduit 1 heure 75 minutes = **2 heures 15 minutes**.

a. Additionner le temps

Il faut additionner les unités entre elles, c'est-à dire les secondes avec les secondes, les minutes avec les minutes, et**c.** Si c'est nécessaire, il faut réajuster le résultat comme le stipule la règle ci-dessus.

Exemple

1 h 15 min 30 s + 49 min 45 s = **2 h 05 min 15 s**

	1 h	15 min	30 s					
+		49 min	45 s					
	1 h	64 min	75 s	→	1 h	(60 + 4) min	(60 + 15) s	↓
	2 h	05 min	15 s	←	1 + 1 = 2 h	4 + 1 = 5 min	15 s	

b. Soustraire le temps

Il faut soustraire les unités entre elles, c'est-à dire les secondes avec les secondes, les minutes avec les minutes, et**c. Si c'est nécessaire, il faut** récupérer du temps **pour pouvoir soustraire** : si on n'a pas assez de secondes, on prend 1 minute pour faire 60 secondes ; si on n'a pas assez de minutes, on prend une heure que l'on convertit en 60 minutes, etc.

Exemple

1 h 15 min 30 s – 53 min 45 s = **21 min 45 s**

1re étape : je n'ai pas assez de secondes, je convertis une minute **(1)**

2e étape : je n'ai pas assez de minutes, je convertis une heure **(2)**

3e étape : je peux effectuer la soustraction **(3)**

	1h	15 min	30 s	**(1)**	1h	**15 – 1 = 14 min**	**30 + 60 = 90 s**
––		53 min	45 s	**(2)**	**1 – 1 = 0 h**	**14 + 60 = 74 min**	
(3)		**74 min**	**90 s**				
––		53 min	45 s				
		21 min	**45 s**				

c. Multiplier le temps

Il faut réajuster après l'opération, si c'est nécessaire.

Exemple

(3 heures 26 minutes 10 secondes) × **3**

3 × 10 s = **30 s ;** 26 min × 3 = 78 min = (60 + 18) min = **1 h 18 min ;** 3 h × 3 = **9 h**

(3 h 26 min 10 s) × 3 = **(9 + 1)** h 18 min 30 s = **10 h 18 min 30 s**

d. Diviser le temps

Exemple

Paul a effectué les 2 tours du terrain de football, en courant, en 2 min 48 s. Quel est son temps moyen au tour ?

2 min	**48 s**	**2**	
2 min	↓	**1 min**	**24 s**
– 0 min	**48 s**		
	– 48 s		
	0 s		

Diviser les minutes : $\frac{2}{2}$ min = **1 min**. Il reste 48 s que l'on divise par 2 : $\frac{48}{2}$ = **24 s**

Il reste 0.

6 Convertir

a. Concernant la longueur, la surface, le volume et le poids

Vous pouvez utiliser les tableaux ou les puissances de 10. Convertir dans la même unité avant d'effectuer une opération.

Exemples

a) 124 m en dam ; **b)** 0,125 cm^2 en dm^2 ; **c)** 1 245 mm^3 en dL.

- **En utilisant les tableaux**

Commencer par l'unité puis mettre le reste. Positionner la virgule au niveau de l'unité demandée, et/ou rajouter/supprimer des zéro, si c'est nécessaire.

a) 124 m = **12,4 dam**

km	hm	dam	m	dm
	1	2	4	
	1	2,	4	

b) 0,125 cm^2 = **12,5 dm^2**

dm^2		cm^2		dm^2		mm^2	
			0,	1	2	5	
				1	2,	5	

c) 1 245 mm^3 = **0,01245 dL**

dm^3			cm^3			mm^3		
hL	daL	L	dL	cL	mL			
					1	2	4	5
			0,	0	1	2	4	5

- **En utilisant les puissances de 10**

a) 124 m = 124×10^{-1} = $124 \times 0{,}1$ = 12,4 dam

b) 0,125 cm^2 = $0{,}125 \times 10^2$ = $0{,}125 \times 100$ = 12,5 dm^2

c) 1 245 mm^3 = $1\,245 \times 10^{-5}$ = 0,01245 dL

b. Additionner et soustraire plusieurs unités

Exemple

Regrouper les additions dans l'unité voulue, regrouper les soustractions dans l'unité voulue, et faire la soustraction finale.

30 cL + 0,5 L – 1,25 dL + 300 cm³ – 0,5 L – 15 cL + 0,25 dm³ – 180 cm³ = ? cm³

1 350 cm³ – 955 cm³ = 395 cm³

dm³			cm³		
hL	daL	L	dL	cL	mL
			3	0	
		0,	5		
			3	0	0
	+	0,	2	5	
		1	3	5	0

dm³			cm³		
hL	daL	L	dL	cL	mL
			1,	2	5
		0,	5		
			1	5	
	+		1	8	0
			9	5	5

Remarque

Pour additionner plusieurs unités, remplir un tableau en fonction des unités respectives, additionner puis donner le résultat dans l'unité voulue.

c. Concernant le temps

Faire des divisions successives tout en gardant le reste.

Il ne faut surtout pas simplifier la division avant de l'effectuer : on veut convertir des minutes en heures minutes : 126 min/60 min : 2 reste 6, soit 2 heures 6 minutes.

Si on simplifie par 2 (le dividende et le diviseur) avant de diviser : 63 min/30 min : 2 reste 3. C'est différent !

Exemples

Convertir 4 526 s en heures minutes secondes

Il y a assez de secondes pour avoir des heures. On divise par 3 600 s :

4 256/3 600 = 1 reste 656 s. Pour avoir la part en minutes, on divise le reste par 60 s :

656 ÷ 60 = 10 reste 56 s. **4 526 s = 1 h 10 min 56 s**.

4 2 5 6	3 6 0 0
– 3 6 0 0	**1 h**
6 5 6 s	

6 5 6	6 0
– 6 0 0	**1 0 min**
5 6 s	

2,36 h 2 h 36 min ! Pour convertir en heures minutes secondes :

2,36 h = 2 h (0,36 × 60) min = 2 h 21,6 min = 2 h 21 min (0,6 × 60) s

= 2 h 21 min 36 s.

Exercices

1. Calculer 2 h 31 min × 2

❒ **a.** 4 h 02 min ❒ **c.** 6 h 02 min ❒ **e.** 8 h 02 min
❒ **b.** 5 h 02 min ❒ **d.** 7 h 02 min

2. Convertir 3 601 s en heures minutes secondes

❒ **a.** 30 min 01 s ❒ **c.** 45 min 30 s ❒ **e.** 1 h 00 min 01 s
❒ **b.** 45 min 01 s ❒ **d.** 55 min 01 s

3. Calculer 5 h 26 min 12 s – 4 h 30 min 25 s

❒ **a.** 55 min 47 s ❒ **c.** 57 min 47 s ❒ **e.** 59 min 47 s
❒ **b.** 56 min 47 s ❒ **d.** 58 min 47 s

4. Des bassines ont des contenances respectives de 0,1 dm^3, 25 cm^3, 3 000 ml et 3 000 mm^3. Quel est le volume total contenu dans l'ensemble des bassines, en litres ?

❒ **a.** 3 L ❒ **c.** 3,128 L ❒ **e.** 4 L
❒ **b.** 3,1 L ❒ **d.** 3,5 L

5. Calculer le retard, au bout de 24 heures, d'une pendule qui retarde de 2 secondes toutes les 12 minutes.

❒ **a.** 1 min ❒ **c.** 3 min ❒ **e.** 5 min
❒ **b.** 2 min ❒ **d.** 4 min

6. Calculer 30 mL + 250 cm^3 + 125 cL – 0,005 L + 0,25 dm^3 = dL ?

❒ **a.** 17,75 dL ❒ **c.** 19,75 dL ❒ **e.** 21 dL
❒ **b.** 18,75 dL ❒ **d.** 20 dL

7. Calculer 1 h 47 min + 5 h 25 min

❒ **a.** 7 h 08 min ❒ **c.** 7 h 10 min ❒ **e.** 7 h 12 min
❒ **b.** 7 h 09 min ❒ **d.** 7 h 11 min

8. Convertir 321 000 mm en m

❒ **a.** 3,21 m ❒ **c.** 321 m ❒ **e.** 32 100 m
❒ **b.** 32,1 m ❒ **d.** 3 210 m

9. Calculer 76 dm – 33 cm = ? cm

❒ **a.** 727 cm ❒ **c.** 729 cm ❒ **e.** 731 cm
❒ **b.** 728 cm ❒ **d.** 730 cm

10. Convertir 0,87 km^3 en m^3

❒ **a.** $8,7 \times 10^6\ m^3$ ❒ **c.** $8,7 \times 10^8\ m^3$ ❒ **e.** $87 \times 10^8\ m^3$
❒ **b.** $8,7 \times 10^7\ m^3$ ❒ **d.** $87 \times 10^7\ m^3$

Corrigés

1. **b.** 31 min × 2 = 62 min = (60 + 2 min) = 1 h 02 min et 2 h × 2 = 4 h.
Donc 2 h 31 min × 2 = 1 h 02 min + 4 h = 5 h 02 min

2. **e.** 3 601 s = 3 600 s + 01 s = 1 h 00 min 01 s

3. **a.** 5 h 26 min 12 s – 4 h 30 min 25 s = 55 min 47 s

	5 h	26 min	12 s	(1)	5 h	26 − 1 = 25 min	12 + 60 = 72 s
–	4 h	30 min	25 s	(2)	5 − 1 = 4 h	25 + 60 = 85 min	72 s
(3)	4 h	85 min	72 s				
–	4 h	30 min	25 s				
		55 min	47 s				

4. **c.** 3,128 litres

dm³			cm³			mm³		
hL	daL	L	dL	cL	mL			
		0,	1					
				2	5			
		3	0	0	0			
					3	0	0	0
		3,	1	2	8	0	0	0

5. **d.** 4 minutes

Pour calculer le retard (le nombre de « 2 s » en tout), on va calculer le nombre de « 12 min » qu'il y a dans 24 heures = 24 × 60 = 1 440 min. On calcule 1 440 ÷ 12 = 120. On en déduit le retard, au bout de 24 h, 120 × 2 = 240 s = 60 s × 4 = 4 min.

6. **a.** 17,8 dL – 0,05 dL = 17,75 dL

dm³			cm³				dm³			cm³		
hL	daL	L	dL	cL	mL		hL	daL	L	dL	cL	mL
				3	0					0,	0	5
			2	5	0							
		1	2	5								
	+	0,	2	5								
		1	7,	8	0							

7. **e.** 1 h 47 min + 5 h 25 min = 7 h 12 min

	1 h	47 min	72 = 60 +12 = 1 h 12 min
+	5 h	25 min	6 h + 1 h 12 min = 7 h 12 min
	6 h	72 min	

8. **c.** 321 m

km	hm	dam	m	dm	cm	mm
	3	2	1	0	0	0

9. **a.** 727 cm

76 dm = 760 cm → 760 – 33 = 727 cm

10. **c.** 870 000 000 m³ = 8,7 × 10⁸ m³

km³			hm³			dam³			m³			dm³			cm³			mm³		
		0,	8	7																
			8	7	0	0	0	0	0	0	0									

Connaissances : Mathématiques

18 Connaissances
Périmètres, aires et volumes

1 Périmètres et aires

Définitions

- Le périmètre est une longueur qui représente le contour d'une surface plane.
- L'aire d'une figure géométrique est aussi appelée **surface** ou **superficie**. Elle revient à mesurer l'espace, c'est à dire la place qu'occupe cette figure géométrique.

Cercle

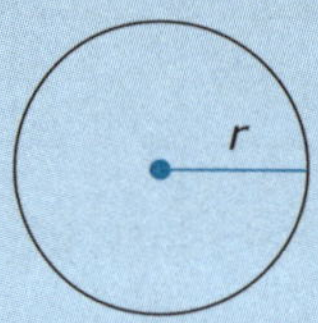

Périmètre = $2 \times \pi \times r = \pi \times d$

Disque

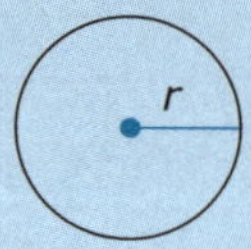

Aire = $\pi \times r^2$

- π est souvent arrondi à 3,14
- r : rayon et d : diamètre. $d = 2 \times r$

Périmètre/Aire d'un carré	Périmètre/Aire d'un rectangle
Carré 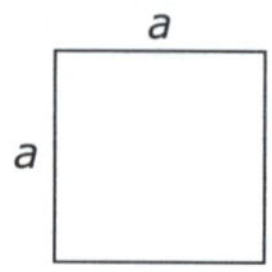 Périmètre = $4a$ Aire = a^2	*Rectangle* 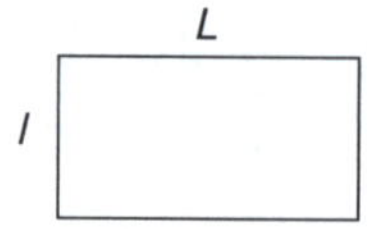 Périmètre = $2 \times (L + l) = 2L + 2l$ Aire = $L \times l$ À partir de l'aire d'un rectangle, on peut retrouver les formules d'aires de nombreuses autres figures planes, si on se souvient du découpage utilisé. Le découpage est indiqué dans chaque figure.

Aire triangle rectangle	Aire triangle quelconque
Triangle rectangle 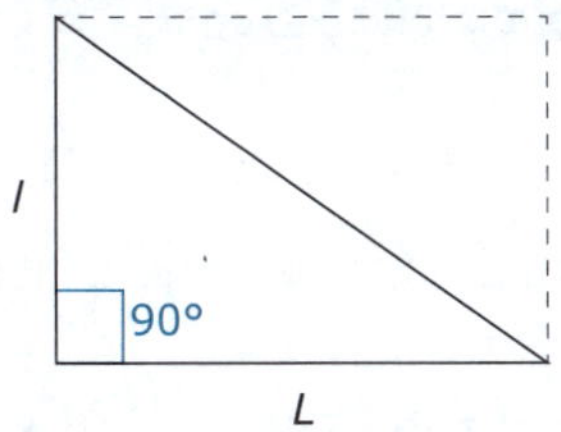 $Aire = \frac{l \times L}{2}$ Le triangle rectangle est contenu deux fois dans le rectangle en pointillés	*Triangle quelconque* 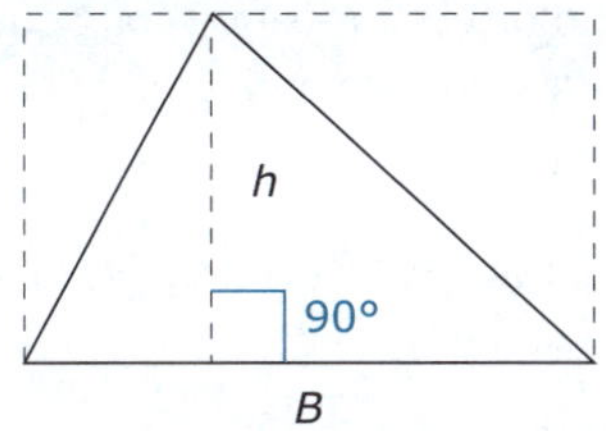 $Aire = \frac{(B \times h)}{2}$ Le triangle rectangle est contenu deux fois dans le rectangle en pointillés

Définitions

Un **triangle équilatéral** est un triangle dont **les trois côtés sont égaux.**

Un **triangle isocèle** est un triangle ayant **au moins deux côtés de même longueur.**

Théorème de Pythagore	
Triangle rectangle 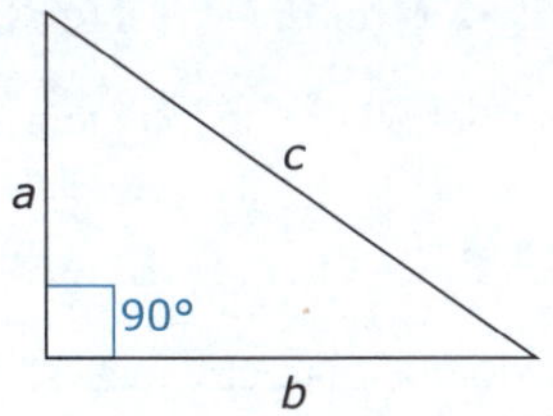 $c^2 = a^2 + b^2$ *donc* $c = \sqrt{a^2 + b^2}$	Si un triangle est rectangle alors le carré de la longueur de l'hypoténuse (c^2) est égal à la somme des carrés des longueurs des deux côtés formant l'angle droit. **Ce théorème permet notamment de calculer l'une de ces longueurs à partir des deux autres.**

2 Volumes

Volume cube	Volume parallélépipède rectangle
Cube 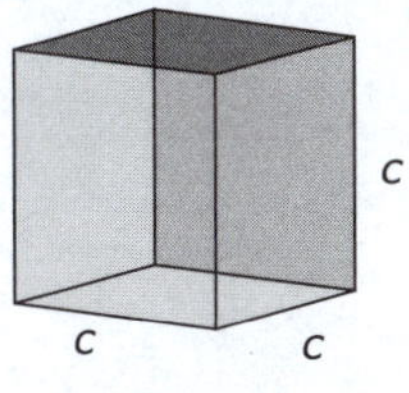 $V = c \times c \times c = c^3$	*Parallélépipède rectangle* 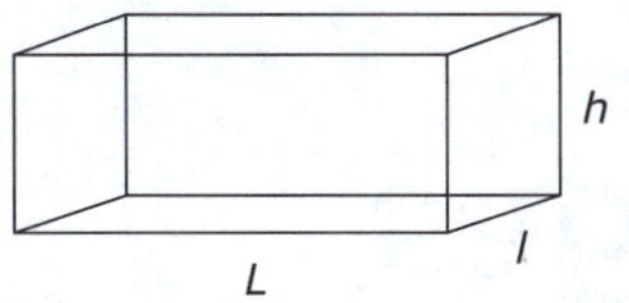 $V = L \times l \times h$

Exercices

1. Un rectangle est 2 fois plus long que large. Son périmètre est de 240 cm. Quelle est la longueur en cm, de ce rectangle ?

❒ **a.** 30 cm ❒ **b.** 40 cm ❒ **c.** 50 cm ❒ **d.** 60 cm ❒ **e.** 80 cm

2. Dans un triangle ABC rectangle en A tel que [AB] = 4 cm et [AC] = 3 cm, combien mesure le côté [BC] ?

❒ **a.** 3 cm ❒ **b.** 4 cm ❒ **c.** 5 cm ❒ **d.** 6 cm ❒ **e.** $2\sqrt{3}$ cm

3. Quelle est l'aire d'un carré de 32 cm de périmètre ?

❒ **a.** 7 cm^2 ❒ **b.** 14 cm^2 ❒ **c.** 49 cm^2 ❒ **d.** 56 cm^2 ❒ **e.** 64 cm^2

4. Calculer l'aire d'un disque avec un rayon de 2 cm

❒ **a.** 12,56 cm^2 ❒ **c.** 49,56 cm^2 ❒ **e.** 64 cm^2

❒ **b.** 14,56 cm^2 ❒ **d.** 56 cm^2

5. Calculer le volume d'un cube avec une arête de 20 cm

❒ **a.** 8 dm^3 ❒ **b.** 14 dm^3 ❒ **c.** 49 dm^3 ❒ **d.** 56 dm^3 ❒ **e.** 64 dm^3

6. Calculer la surface totale d'un cube avec une arête de 2 cm

❒ **a.** 4 cm^2 ❒ **b.** 6 cm^2 ❒ **c.** 12 cm^2 ❒ **d.** 24 cm^2 ❒ **e.** 48 cm^2

7. Calculer l'aire d'un triangle quelconque dont la base mesure 0,4 cm et la hauteur 2 mm.

❒ **a.** 1 mm^2 ❒ **b.** 2 mm^2 ❒ **c.** 4 mm^2 ❒ **d.** 6 mm^2 ❒ **e.** 8 mm^2

8. Une chambre est rectangle ; cette chambre fait 4 m de largeur et 60 dm de longueur. Quel est son périmètre ?

❒ **a.** 7 m ❒ **b.** 14 m ❒ **c.** 20 m ❒ **d.** 24 m ❒ **e.** 34 m

9. Calculer la circonférence d'une piscine en forme de cercle, dont le diamètre mesure 14 m.

❒ **a.** 40,96 m ❒ **c.** 45,96 m ❒ **e.** 50,96 m

❒ **b.** 43,96 m ❒ **d.** 48,96 m

10. Combien faudrait-il de seaux de 12 litres pour vider un bassin parallélépipédique rempli aux trois quarts et dont les dimensions sont 1,2 m ; 80 cm et 60 cm ?

❒ **a.** 10 ❒ **b.** 36 ❒ **c.** 46 ❒ **d.** 56 ❒ **e.** 75

Corrigés

1. **e.** Périmètre rectangle = $2 \times L + 2 \times l$ avec $2\,l = L$ on a $P = 2L + L = 3L = 240$

$$L = 240/3 = 80 \text{ cm.}$$

2. **c.** $[AB]^2 + [AC]^2 = [BC]^2$

Triangle rectangle en A

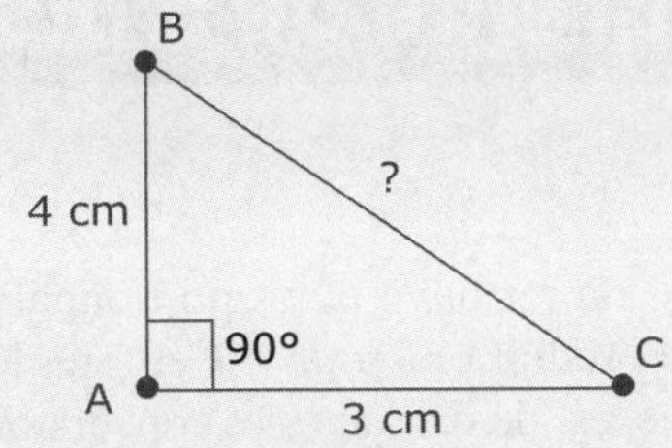

$$\rightarrow [BC] = \sqrt{[AB]^2 + [AC]^2} = \sqrt{4^2 + 3^2} = \sqrt{16 + 9} = \sqrt{25} = \sqrt{5^2} = 5 \text{ cm}$$

3. **e.** Périmètre $= 4c = 32 \rightarrow c = \dfrac{32}{4} = 8$ cm. Aire $= c \times c = 8 \times 8 = 64$ cm^2

4. **a.** Aire $= \pi \times r^2 = 3{,}14 \times 2^2 \approx 3 \times 4 \approx 12$ cm^2 → **a.** est la plus proche

Ou : $3{,}14 \times 2^2 = 3{,}14 \times 4 = (3 + 0{,}14) \times 4 = 3 \times 4 + 0{,}14 \times 4 = 12 + 0{,}56 = 12{,}56$ cm^2

5. **a.** Volume $= c \times c \times c = 20 \times 20 \times 20 = 8\,000$ cm^3 $= 8$ dm^3

6. **d.** Une surface $= c \times c = 2 \times 2 = 4$ cm^2. Un cube a 6 faces donc : $6 \times 4 = 24$ cm^2

7. **c.** Attention il faut tout mettre en mm pour avoir des mm^2 au final :

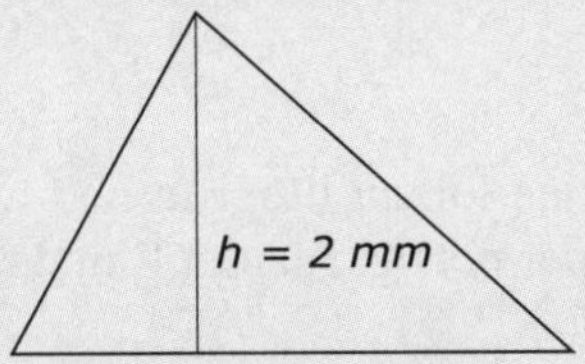

B = 0,4 cm

$$0{,}4 \text{ cm} = 4 \text{ mm}. \text{ Aire} = \left(\frac{\text{base} \times \text{hauteur}}{2}\right) = \frac{4 \times 2}{2} = 4 \text{ mm}^2$$

8. **c.** Attention il faut tout mettre en m : 60 dm = 6 m.

Périmètre $= 2 \times L + 2 \times l = 2 \times 6 + 2 \times 4 = 12 + 8 = 20$ m

9. **b.** Circonférence = périmètre $= \pi \times d = 3{,}14 \times 14 \approx 3 \times 14 = 42$ m

→ Légèrement au-dessus → 43,96 m.

Ou : $3{,}14 \times 14 = 3{,}14 \times (10 + 4) = 3{,}14 \times 10 + 3{,}14 \times 4 = 31{,}4 + (3 + 0{,}14) \times 4$

$31{,}4 + 3 \times 4 + 0{,}14 \times 4 = 31{,}4 + 12 + 0{,}56 = 43{,}96$ m

10. **b.** 1L = 1 dm^3

→ Il faut tout convertir en dm : 1,2 m = 12 dm ; 80 cm = 8 dm et 60 cm = 6 dm.

Volume bassin $= L \times l \times h = 12 \times 8 \times 6 = 576$ dm^3

Rempli au $\dfrac{3}{4} \rightarrow 576 \times \dfrac{3}{4} = 144 \times 3 = 432$ dm^3 $= 432$ l

Nombre de seaux : $\dfrac{432}{12} = 36$ seaux

19 Connaissances
Proportionnalité et règle de trois

Dans bon nombre de questions, on retrouve la proportionnalité ainsi qu'un calcul élémentaire : « la règle de trois » ou « produit en croix ». Cette règle permet de résoudre des problèmes de pourcentages, de vitesses, de distances et conversions d'unités.

1 La proportionnalité

Deux grandeurs sont proportionnelles lorsque les valeurs de l'une peuvent être obtenues en multipliant les valeurs de l'autre par un nombre fixe appelé **coefficient de proportionnalité.**

Exemple

Le salaire (si on est payé à l'heure) est proportionnel à la durée du travail : pour 9 € de l'heure, au bout de 20 heures, on gagnera 9 × 20 = 180 €. Le coefficient de proportionnalité est le taux horaire 9 €.

2 La règle de trois

La règle de trois ne s'applique que lorsqu'il existe une relation de proportionnalité entre deux grandeurs différentes. Elle permet de calculer l'un des quatre termes d'une proportion à partir des trois valeurs connues.

Si deux gradueurs sont constituées de deux valeurs, respectivement (a, b) et (c, d), et si elles sont proportionnelles alors :

$$\frac{a}{c} = \frac{b}{d} \text{ ou } \frac{c}{a} = \frac{d}{b}$$

En effectuant la règle de trois, on obtient une égalité équivalente : $\boldsymbol{a \times d = b \times c}$

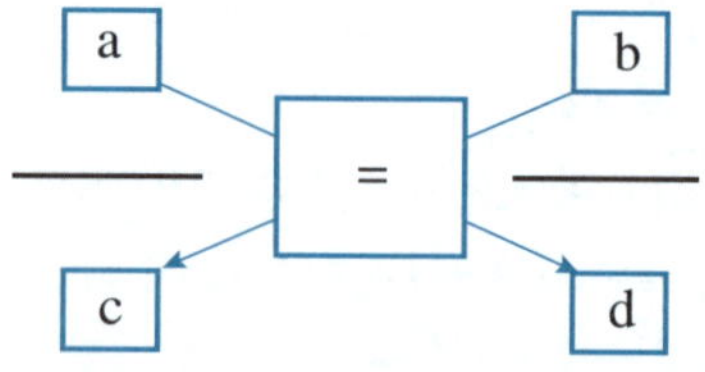

Si l'un des quatre termes de cette relation est manquant, on peut aisément le retrouver en utilisant les trois autres :

$$a = \frac{b \times c}{d}, b = \frac{a \times d}{c}, c = \frac{a \times d}{b} \text{ et } d = \frac{c \times b}{a}$$

Exemple

Une voiture consomme en moyenne 3 litres de carburant pour parcourir 100 km.

Combien de carburant consommera-t-elle pour un trajet de 240 km ?

Distance en km	Consommation en L
100	3
240	y

$$y = 3 \times \frac{240}{100} = 3 \times \frac{24}{10} = \frac{72}{10} = 7{,}2 \text{ Litres}$$

a. Les problèmes de pourcentage

Exemple

Une entreprise de 210 employés comporte 84 femmes. Quel est le pourcentage de femmes dans cette entreprise ?

Il faut savoir que l'effectif total représente les 100 %.

Nombre d'employés	210	100 %
Nombre de femmes	84	y

$$y = 84 \times \frac{100}{210} = 84 \times \frac{10}{21} = 4 \times 10 = 40\ \%$$

b. Les problèmes de vitesse et de distance

La vitesse exprime une relation de proportionnalité entre la distance d parcourue et la durée t du parcours.

La vitesse moyenne sur un parcours se calcule en divisant **la distance totale parcourue** par **la durée totale du trajet.**

$$\text{vitesse} = \frac{\text{distance}}{\text{temps}}$$

Exemple

Un piéton qui marche à vitesse constante parcourt 9000 m en 12 minutes
Combien de temps mettra-t-il pour parcourir 30 km ?

Distance en km	Temps en min
9	12
30	y

$$y = 12 \times \frac{30}{9} = 12 \times \frac{10}{3} = 4 \times 10 = 40 \text{ minutes}$$

c. Convertir les unités de temps

Exemple

Convertir 12 minutes en heures :

Heures	Minutes
1	60
y	12

$$y = 1 \times \frac{12}{60} = \frac{12}{60} = \frac{2}{10} = 0{,}2 \text{ heures}$$

Exercices

1. Le robinet d'un lavabo fuit. Il s'écoule 2,5 litres toutes les heures. Au bout de combien de temps se sera-t-il écoulé 1,5 litres ?

❒ **a.** 6 min ❒ **b.** 16 min ❒ **c.** 26 min ❒ **d.** 36 min ❒ **e.** 46 min

2. Une voiture roule sur l'autoroute à la vitesse moyenne de 120 km/h. Quelle distance fera-t-elle en 2 h 30 min ?

❒ **a.** 200 km ❒ **c.** 300 km ❒ **e.** 400 km

❒ **b.** 250 km ❒ **d.** 350 km

3. Une voiture consomme 5 litres d'essence pour parcourir 80 km.
Combien consommera-t-elle pour parcourir 100 km ?

❒ **a.** 6,25 L ❒ **b.** 7,25 L ❒ **c.** 8,25 L ❒ **d.** 9,25 L ❒ **e.** 10,25 L

4. Un peintre en bâtiment utilise 5 kg de peinture pour peindre un mur carré de 3 m de côté.
Quelle quantité de peinture faudra-t-il pour peindre un mur carré de 6 m de côté ?

❒ **a.** 10 kg ❒ **b.** 20 kg ❒ **c.** 30 kg ❒ **d.** 40 kg ❒ **e.** 50 kg

5. Pour obtenir 40 litres de vin, il faut presser environ 45 kg de raisin. Combien de litres de vin seront obtenus en pressant 180 kg de raisin ?

❒ **a.** 100 l ❒ **b.** 160 l ❒ **c.** 200 l ❒ **d.** 260 l ❒ **e.** 300 l

6. Un bâton de 1,50 m de hauteur projette une ombre de 1,30 m sur le sol.
Quelle est la hauteur d'un arbre dont l'ombre, à cet instant, mesure 10,40 m ?

❒ **a.** 2 m ❒ **b.** 4 m ❒ **c.** 6 m ❒ **d.** 10 m ❒ **e.** 12 m

7. Pour faire 15 crêpes, il faut utiliser 300 g de farine. Combien faudrait-il de farine pour 25 crêpes ?

❒ **a.** 400 g ❒ **b.** 500 g ❒ **c.** 600 g ❒ **d.** 700 g ❒ **e.** 800 g

8. Avec 4 mètres de tissu, on a fait 16 coussins. On veut faire 12 autres coussins.
Combien de mètres de tissu faut-il acheter ?

❒ **a.** 1 m ❒ **b.** 2 m ❒ **c.** 3 m ❒ **d.** 4 m ❒ **e.** 5 m

9. La semaine dernière, Jean a gagné 320 € pour 40 heures de travail. S'il travaille 45 heures cette semaine, combien d'argent gagnera-t-il ?

❒ **a.** 330 € ❒ **b.** 340 € ❒ **c.** 350 € ❒ **d.** 360 € ❒ **e.** 370 €

10. Convertir 45 secondes en minutes

❒ **a.** 0,25 s ❒ **b.** 0,55 s ❒ **c.** 0,65 s ❒ **d.** 0,75 s ❒ **e.** 0,85 s

Corrigés

1. d.

Capacité en Litres	Temps en min	
2,5	60	$y = \frac{1,5 \times 60}{2,5} = \frac{\frac{3}{2} 60}{5/2} = \frac{3}{2} \times 60 \times \frac{2}{5} = 3 \times 12 = 36\,\text{min}$
1,5	y	

2. c. 2 h 30 min = 2,5 h.

Temps en heures	Distance en km	
1	120	$y = \frac{2,5 \times 120}{1} = \frac{5}{2} \times 120 = 5 \times 60 = 300$ km
2,5	y	

Ou : $120 \times 2,5 = 120 \times 2 + \frac{120}{2} = 240 + 60 = 300\,\text{km}$

3. a.

Capacité en Litres	Distance en km	
5	80	$y = \frac{5 \times 100}{80} = \frac{5 \times 10}{8} = \frac{50}{8} = 6,25$ L
y	100	

4. b. Il faut travailler avec les surfaces !

3 m de côté → 3 × 3 = 9 m² de surface et 6 m de côté → 6 × 6 = 36 m² de surface

Poids en kg	Aire en m²	
5	9	$y = \frac{5 \times 36}{9} = 5 \times 4 = 20\ kg$
y	36	

5. b.

Capacité en Litres	Poids en kg	
40	45	$y = \frac{40 \times 180}{45} = 40 \times 4 = 160$ L
y	180	

Ou : 180 kg = 4 × 45 kg donc 4 fois plus de raisin ce qui donnera 4 fois plus de vin :

4 × 40 L = 160 L

6. e.

Hauteur en m	Ombre en m
1,5	1,3
y	10,4

$$y = \frac{1,5\times 10,4}{1,3} = \frac{1,5\times 8\times 1,3}{1,3} = 1,5\times 8 = 12 \text{ m}$$

7. b.

Nombre de crêpes	Poids en g
15	300
25	y

$$y = \frac{25\times 300}{15} = \frac{25\times 20\times 15}{15} = 25\times 20 = 500 \text{ g}$$

8. c.

Tissu en m	Nombre de coussins
4	16
y	12

$$y = \frac{4\times 12}{16} = \frac{12}{4} = 3 \text{ m}$$

9. d.

Heures	Euros
40	320
45	y

$$y = \frac{45\times 320}{40} = \frac{45\times 8\times 40}{40} = 45\times 8 = 360 \text{ €}$$

10. d.

Minutes	Secondes
1	60
y	45

$$y = \frac{45\times 1}{60} = \frac{3\times 15}{4\times 15} = \frac{3}{4} = 0,75 \text{ s}$$

20 Pourcentages

On utilise les pourcentages dans deux situations différentes :

- soit pour exprimer le rapport d'une partie à un tout ;
- soit pour exprimer une évolution (augmentation ou réduction).

1 Calculer le pourcentage d'une grandeur

On applique la règle de trois en se rapportant à 100 : voir fiche « règle de trois ».

On multiplie directement par le pourcentage considéré.

Exemples

- Un fromage de 150 g est constitué de 25 % de matière grasse (MG). Quel est le poids total de la matière grasse de ce fromage ?
$\text{MG} = 150 \times 25\ \% = 150 \times \frac{25}{100} = 150 \times \frac{1}{4} = \mathbf{37{,}5\ g}$
- Que vaut 15 % de 45 ?
$45 \times 15\ \% = 45 \times \frac{15}{100} = \frac{675}{100} = \mathbf{6{,}75}$

2 Calculer une évolution

Une évolution peut être positive avec une augmentation à la clé, mais elle peut aussi être négative, avec une diminution.

a. Calculer une augmentation

Pour augmenter une quantité de *t* %, il suffit de la multiplier par $\left(1 + \frac{t}{100}\right)$.

Exemple

Soit 20 € le prix initial (Pi) d'un CD. Quel sera son prix final (Pf) après une augmentation de 30 % ?

- $P_f = P_i + P_i \times \frac{30}{100} = P_i \times \left(1 + \frac{30}{100}\right) = 20 \times \frac{130}{100} = \frac{130}{5} = \mathbf{26}\ €$
- Ou plus simplement, une augmentation de 30 %, c'est multiplier par 1,30 :

$20 \times 1{,}3 = 20 \times (1 + 0{,}3) = 20 \times 1 + 20 \times 0{,}3 = 20 + 2 \times 10 \times \frac{3}{10} = 20 + 2 \times 3 = \mathbf{26}\ €$

b. Calculer la TVA

- Si la TVA est de 20 %, elle correspond à 20 % du prix Hors Taxes (HT).
- Prix TTC (Toutes Taxes Comprises) = Prix HT + TVA
- Pour trouver le prix TTC, il suffit de multiplier le prix HT par 1,2.

Exemples

- Quel est le montant de la TVA de 5,5 % sur un livre coûtant 10 € HT ?

  TVA = 5,5 % × Prix HT = $\left(\frac{5,5}{100}\right) \times 10 = \frac{5,5}{10}$ = **0,55 €**

- Quel est le prix TTC d'un article coûtant 15 € HT avec une TVA de 20 % ?

  Prix TTC = 1,2 × Prix HT = $1,2 \times 15 = 15 \times \frac{12}{10} = 15 \times \frac{6}{5} = 3 \times 6$ = **18 €**

- Quel est le prix HT d'un article coûtant 24 € TTC sachant que la TVA est à 20 % ?

  TTC = 1,2 × HT → $\text{HT} = \frac{\text{TTC}}{1,2} = \frac{24}{1,2} = \frac{24}{\left(\frac{12}{10}\right)} = 24 \times \frac{10}{12} = 2 \times 10$ = **20 €**

c. Calculer une réduction

Pour diminuer une quantité de t %, il suffit de la multiplier par $\left(1 - \frac{t}{100}\right)$.

Exemples

Soit 20 € le prix initial (Pi) d'un CD. Quel sera son prix final (Pf) après une baisse de 30 % ?

- $P_f = P_i - P_i \times \frac{30}{100} = P_i\left(1 - \frac{30}{100}\right) = 20 \times \frac{70}{100} = \frac{70}{5} = \mathbf{14}$ €
- Ou plus simplement, une baisse de 30 %, c'est multiplier par (1 – 0,3) = 0,7 :

$$20 \times 0,7 = \frac{20 \times 7}{10} = 2 \times 7 = \mathbf{14}\text{ €}$$

d. Calculer un taux d'évolution

Le nombre nous donne la valeur de l'évolution et le signe « + » nous indique une augmentation alors que le signe « – » nous indique une réduction ou une baisse.

Vi : Valeur initiale ; Vf : valeur finale ; $\mathbf{Taux} = \frac{\mathbf{V_f - V_i}}{\mathbf{V_i}}$

Exemples

- Un produit valait 160 €. Un an plus tard, il vaut 168 €.

  $$V_i = 160\text{ €}; V_f = 168\text{ €}$$

  $$\text{Taux} = \frac{168 - 160}{160} = \frac{8}{160} = \frac{8}{8 \times 20} = \frac{1}{20} = +0,05 \rightarrow 0,05 \times 100 = +5\ \%$$

  Il y a eu, en moyenne, une **augmentation de 5 %** de la valeur du produit en un an.

- Si un indice passe de 100 à 80, alors son taux d'évolution est :

  $$V_i = 100\text{ €} ; V_f = 80\text{ €}$$

  $$\text{Taux} = \frac{80 - 100}{100} = \frac{-20}{100} = -0,2 \rightarrow -0,2 \times 100 = -20\ \%$$

  Ce qui correspond à une **baisse de 20 %.**

Exercices

1. Calculer 25 % de 160

❒ **a.** 20 ❒ **b.** 30 ❒ **c.** 40 ❒ **d.** 50 ❒ **e.** 60

2. Lors de l'achat d'un caméscope VHS, vous avez obtenu une remise de 23,20 €, ce qui correspond à 8 % du prix affiché. Quel était le prix de ce caméscope ?

❒ **a.** 50 € ❒ **b.** 100 € ❒ **c.** 150 € ❒ **d.** 190 € ❒ **e.** 290 €

3. Une action cotée en bourse 35 € augmente de 3,50 €. Quel est le pourcentage d'augmentation ?

❒ **a.** 5 % ❒ **b.** 10 % ❒ **c.** 12 % ❒ **d.** 20 % ❒ **e.** 30 %

4. Le prix d'un article HT (hors taxe) est de 250 €. Calculer la TVA à 20 % de cet article

❒ **a.** 10 € ❒ **c.** 40 € ❒ **e.** 100 €

❒ **b.** 30 € ❒ **d.** 50 €

5. Le prix d'un article HT (hors taxes) est de 450 €. Calculer le prix TTC avec une TVA de 20 %

❒ **a.** 440 € ❒ **c.** 640 € ❒ **e.** 840 €

❒ **b.** 540 € ❒ **d.** 740 €

6. Combien coûte un article après une remise de 30 % sachant que son prix initial est de 125 €

❒ **a.** 50 € ❒ **c.** 87,50 € ❒ **e.** 100 €

❒ **b.** 70 € ❒ **d.** 97,50 €

7. Sur 750 personnes interrogées dans un sondage, 300 disent ne jamais acheter de quotidien. Quel est le pourcentage de personnes interrogées qui déclarent acheter un quotidien ?

❒ **a.** 20 % ❒ **b.** 30 % ❒ **c.** 40 % ❒ **d.** 50 % ❒ **e.** 60 %

8. Dans un sondage effectué auprès de 1 200 personnes, 0,75 % des personnes ne se sont pas prononcées. Quel est le nombre de personnes correspondant ?

❒ **a.** 9 ❒ **b.** 50 ❒ **c.** 200 ❒ **d.** 500 ❒ **e.** 900

9. La Sécurité Sociale me rembourse 19,50 €, ce qui correspond à 65 % de mes frais médicaux. Quel est le montant de mes frais médicaux ?

❒ **a.** 30 € ❒ **c.** 60 € ❒ **e.** 150 €

❒ **b.** 50 € ❒ **d.** 100 €

10. La fraction $\frac{3}{5}$ peut être exprimée en pourcentage. Quel est ce résultat ?

❒ **a.** 3,5 % ❒ **c.** 45 % ❒ **e.** 90 %

❒ **b.** 35 % ❒ **d.** 60 %

Corrigés

1. **c.** $160\times\frac{25}{100}=160\times\frac{1}{4}=\frac{160}{4}=40$

2. **e.** Remise = 8 % × Prix = 23,20 → Prix = $\frac{23,20}{\left(\frac{8}{100}\right)}=23,2\times\frac{100}{8}$

$= 2,9 \times 100 = 290$ €

Ou par approximation :

$23,2\times\frac{100}{8}\approx 24\times\frac{100}{8}\approx 8\times 3\times\frac{100}{8}\approx 3\times 100\approx 300 \rightarrow 290$ € est le plus proche

3. **b.** On remarque que 35 × 10 % = 3,5. **Vérifions** :

Taux $=\frac{38,5-35}{35}=\frac{3,5}{35}=\frac{\frac{35}{10}}{35}=\frac{35}{10}\times\frac{1}{35}=\frac{1}{10}=+\,0,1\rightarrow 0,1\times 100=+\,10\ \%$

4. **d.** TVA = 20 % × Prix HT = $\left(\frac{20}{100}\right)\times 250=\left(\frac{2}{10}\right)\times 250=\frac{500}{10}=50$ €

5. **b.** Prix TTC = 1,2 × Prix HT = 1,2 × 450 = 450 × $\frac{12}{10}$ = 45 × 12 = 45 × 10 + 45 × 2

= 450 + 90 = 540 €

Ou :

Prix TTC = 1,2 × Prix HT = 1,2 × 450 = 450 + 450 × 0,2 = 450 + 90 = 540 €

6. **c.** On calcule directement le prix final à payer :

Prix final = 125 × (1 – 0,3) = 125 × 0,7 = 125 × $\frac{7}{10}=\frac{875}{10}$ = 87,50 €

Ou : on calcule la remise pour l'enlever au prix initial :

$125\times\frac{30}{100}=125\times\frac{3}{10}=\frac{375}{10}=37,50$ €.

Donc : 125 − 37,5 = 87,50 €

7. **e.** Il faut chercher « qui déclarent acheter un quotidien » :

Donc 750 − 300 = 450. Avec la règle de trois

Nb de personnes	%
750	100 %
450	y

$y=\frac{450\times 100}{750}=\frac{3\times 150}{5\times 150}\times 100=\frac{300}{5}=60\ \%$

Ou : en utilisant ceux qui n'achètent pas de quotidien, puis on fait la différence à la fin

Nb de personnes	%	
750	100 %	$y = \frac{300 \times 100}{750} = \frac{2 \times 150}{5 \times 150} \times 100 = 0,4 \times 100 = 40\ \%$
300	y	$100\ \% - 40\ \% = 60\ \%$

8. **a.** $1\,200 \times \left(\frac{0,75}{100}\right) = 12 \times 0,75 = 12 \times \frac{75}{100} = \frac{900}{100} = 9$ personnes

9. **a.** On cherche les 100 %

Remboursement	Frais	
19,50 €	65 %	$y = \frac{19,5 \times 100}{65} = \frac{195 \times 10}{65} = \frac{65 \times 3 \times 10}{65} = 3 \times 10 = 30$ €
y	100 %	

10. **d.** $100 \times \frac{3}{5} = 3 \times \frac{100}{5} = 3 \times 20 = 60\ \%$

Épreuve de compréhension de textes

- Comprendre les textes
- Être efficace

L'épreuve de compréhension est généralement la première ou la deuxième passée par les candidats. Vous disposez de 40 minutes pour répondre à des questions de compréhension concernant 15 ou 16 textes courts (10 à 20 lignes chacun).

Au total, vous traitez 90 questions, toutes présentées sous forme de QCM avec 3 propositions (« Vrai », « Faux » et « On ne peut pas savoir » ou « Impossible à dire ») et une seule réponse attendue.

Remarque

Ne répondez pas au hasard ! Les réponses fausses sont susceptibles d'être sanctionnées par un barème négatif qui annule donc le bénéfice d'autres réponses correctes.

Les textes présentent des situations concrètes, rencontrées sur le terrain (accident, vol) ou des situations de la vie civile (courses au supermarché, entretien d'embauche).

Les deux difficultés propres à cet exercice sont :

- l'originalité et la diversité des textes à comprendre et des questions posées,
- la contrainte du temps (moins de 30 secondes par question).

Pour réussir, il faut bien comprendre les textes et être efficace.

40 minutes

21 Méthodologie & Conseils

Comprendre les textes

Chacun des textes proposés est présenté sur une page, et suivi des questions. Vous voyez donc les questions en même temps que le texte. Il est possible de regarder les questions avant de lire le texte, mais bien souvent il est plus efficace de procéder dans l'ordre et de repérer d'abord les éléments essentiels du texte pour les retrouver ensuite facilement lorsque vous avez pris connaissance des questions.

1 RÈGLE 1 : La lecture du texte

Lire le texte en totalité sans rien omettre.

La première lecture doit être complète et sans interruption. Par lecture complète, il faut comprendre que vous devez être attentif à tout ce qui entoure le texte, le paratexte (titre, intertitre, en-tête, notes, etc.). Bien souvent, 1 ou 2 questions portent sur les éléments qui entourent le texte.

Après une lecture efficace, vous devriez être en mesure de répondre à ces cinq questions essentielles :

- **Qui ?** → Quels sont les acteurs principaux ?
- **De quoi ?** → Quels sont les faits principaux ?
- **Quand ?** → À quel moment (année, mois, jour, heure) se situe l'action et quelle est sa chronologie ?
- **Où ?** → À quel endroit (pays, ville, rue, espace public, etc.) se situe l'action ?
- **Pourquoi ?** → Quel est le but, la finalité des faits ?

Si vous pouvez répondre mentalement à ces questions, cela signifie que vous avez orienté votre attention dans la bonne direction.

2 RÈGLE 2 : La lecture des questions

Lire chaque question avec précision et repérer immédiatement la partie du texte qui permettra de répondre.

Vous devez traiter chaque question individuellement pour éviter de vous disperser. L'important est avant tout de bien lire l'affirmation proposée sans omettre une négation ou déformer un mot à la lecture. Tout est important dans la question pour pouvoir indiquer qu'elle est vraie ou fausse et il ne faut pas trop interpréter.

Prenons un exemple pour mieux le comprendre.

Exemple d'extrait de texte

« Monsieur Bernard habite depuis 5 ans dans un bel appartement situé rue du Général de Gaulle et qu'il a entièrement réaménagé. »

Question : *Monsieur Bernard possède un appartement depuis 5 ans et il a fait de nombreux aménagements dedans.*

Cette affirmation est-elle :

a. Vraie **b.** Fausse **c.** Impossible à dire

Réponse : **c.**

On pourrait être tenté de répondre a., considérant qu'il doit être propriétaire puisqu'il a fait des aménagements. Mais cela n'est pas certain et ce n'est pas indiqué. Le contraire n'est pas non plus certain. Donc nous manquons d'informations.

Ensuite, il faut cibler le passage du texte (ou du paratexte) qui va vous permettre de vérifier votre réponse ou de la trouver. Normalement, votre lecture précédente doit vous permettre de retrouver rapidement le passage en question. Faites toujours l'effort de vérifier vos réponses à cause du risque de points négatifs.

22

Méthodologie & Conseils
Être efficace

Parmi les épreuves que vous allez affronter sur une demi-journée, l'épreuve de compréhension de textes est la plus exigeante du point de vue du temps imparti. Il faut donc à tout moment avoir une idée du temps restant et de sa vitesse de progression. Vous devez passer en moyenne entre 2 minutes 30 et 3 minutes par texte.

1 RÈGLE 1 : Être organisé

Il faut procéder avec ordre pour gagner en efficacité.

Au début de l'épreuve, vous n'avez pas le temps de regarder la longueur de chaque texte et de choisir dans quel ordre les traiter. Donnez-vous plutôt comme règle de prendre les textes et les questions dans l'ordre et de traiter un texte totalement avant de passer au suivant pour éviter les confusions entre les informations.

Pour autant, ne soyez pas entêté. Si au bout de quelques secondes aucune piste ne vient à propos d'une question, ou que vous restez dans l'incertitude complète entre deux réponses, sachez passer à la question suivante. Pensez bien que la plupart des candidats ne voient même pas tous les textes parce qu'ils ne sont pas assez préparés. Évitez de vous retrouver dans ce cas.

2 RÈGLE 2 : Gérer son temps et sa concentration

Vous devez avoir en tête votre progression et savoir être concentré aux bons moments.

Un lecteur moyen lit à une vitesse de 200 à 300 mots par minute. Or, la plupart des textes comportent environ 200 mots. Sachant que vous avez un peu plus de 2 minutes 30 par texte, il vous reste donc environ 1 minute 30 pour traiter les questions.

Le but de ce calcul n'est pas de vous stresser, mais d'abord de vous encourager à vous entraîner à lire vite et bien, et aussi de vous permettre d'avoir une idée assez juste d'une bonne vitesse de progression. Quand vous vous entraînez sur les premiers textes, ayez un chronomètre et notez le temps réalisé par texte. Donnez-vous seulement l'objectif de traiter un ou deux textes à la suite pour vous rendre compte de la vitesse à laquelle correspond le temps idéal.

Pensez également à utiliser l'entraînement pour savoir gérer vos relâchements de concentration. En 40 minutes, vous risquez de perdre en concentration au moins à un moment. Soyez conscient de ce moment-là (Quand arrive-t-il ?) pour faire en sorte qu'il intervienne à la fin d'un texte et non au milieu d'une série de questions.

Les tests psycho-techniques

- Les questionnaires de personnalité
- Les tests projectifs
- Conseils méthodologiques

L'épreuve de tests est proposée aux candidats bien souvent après celle de la compréhension de textes.

Cette épreuve est assez longue (généralement 150 questions) mais sans contrainte de temps.

Son but n'est pas de classer les candidats, mais d'identifier et d'éliminer des profils inadaptés à l'exercice professionnel dans la gendarmerie. Contrairement à ce que pourrait laisser penser l'intitulé de cette épreuve, il ne s'agit pas de tests de logique avec des séries, des intrus, etc. mais uniquement des tests à caractère psychologique.

Ces tests sont présentés en partie sous forme de questions à réponse unique (QRU) ou à réponses multiples (QRM) mais aussi sous forme de phrases à compléter. Les réponses doivent être fournies en toute franchise car les questions se recoupent (quadrillage psychologique) pour vérifier que le candidat ne se contredit pas. Si le psychologue s'aperçoit que vous n'êtes pas sincère, cela vous sera préjudiciable.

Les dimensions psychologiques évaluées principalement sont les suivantes : professionnalisme, ponctualité, sens de l'organisation, des responsabilités, esprit d'équipe, respect de l'autre, respect de la hiérarchie, stabilité émotionnelle, gestion des émotions et du stress, honnêteté, sens du devoir, discrétion.

Il n'est pas possible de vous proposer dans un ouvrage une évaluation psychologique pertinente par des questionnaires car les réponses que vous pouvez apporter sont trop variées, mais nous allons vous présenter les différents exercices et leurs objectifs accompagnés d'applications pour exemple.

23 Méthodologie & Conseils
Les questionnaires de personnalité

Une grande partie de l'épreuve de tests psychotechniques est présentée sous la forme d'un questionnaire. Le candidat a seulement à indiquer parmi des propositions celle qui lui correspond le mieux.

Trois formats de questionnaires vont vous être proposés :

1 Des questionnaires à réponses variées

Dans ce type de cas, une question vous est posée et 3 à 5 propositions vous sont faites parmi lesquelles il faut choisir celle qui vous semble la plus proche de votre attitude ou caractère.

Exemple : Un ami vous propose de consommer une substance illicite. Que faites-vous ?

a. J'accepte sans hésiter.

b. J'hésite et j'en consomme un peu.

c. Je refuse et je laisse mon ami en consommer.

d. Je refuse et j'empêche mon ami d'en consommer.

On pourrait être tenté de répondre d. immédiatement pour se conformer aux attentes de l'évaluateur. Mais il faut que l'autorité manifestée dans cette réponse (« j'empêche mon ami d'en consommer ») se retrouve dans les autres réponses.

Parfois la question demande de choisir dans un champ limité qui peut vous sembler trop étroit, soit parce que vous souhaiteriez relever plusieurs réponses (elles montrent vos qualités), soit parce que vous souhaiteriez n'en relever aucune (elles sont toutes défavorables ou inadaptées). Il faut cependant vous déterminer en cherchant à être le plus proche de la vérité.

Exemple : Quel adjectif vous caractérise le mieux ?

a. Bavard

b. Paresseux

c. Désordonné

d. Stressé

Chacune de ces propositions porte de façon indirecte sur des qualités essentielles du métier de gendarme : discrétion professionnelle (bavard), dynamisme (paresseux), sens de l'organisation (désordonné), gestion des émotions (stressé). Il n'y a donc pas de bon choix. Pourtant, il faut en faire un.

Remarque

Lors des questionnaires à réponses variées, il peut arriver que l'on vous demande de choisir les deux propositions qui vous correspondent le mieux. Mais cela est plus rare.

2 Des questionnaires de degré d'accord

Une affirmation (parfois une question) sera formulée et vous devrez déterminer votre degré d'accord ou d'adéquation avec celle-ci.

Exemple : Quelle affirmation vous correspond le mieux ?

a. Je suis toujours attentif aux autres, même quand je suis très occupé.

b. Je suis très attentif aux autres mais ce n'est pas toujours ma priorité.

c. J'essaye d'être attentif aux autres mais j'ai beaucoup d'autres priorités.

d. Je ne suis pas très attentif aux autres car j'ai d'autres priorités.

Là encore, méfiez-vous de la réponse a. qui est très idéaliste mais qui peut être en désaccord avec d'autres facettes de votre caractère.

Parfois, on vous propose une échelle d'accord avec l'affirmation. Plus vous relevez une note haute, plus vous être en accord.

Exemple : « Je prends le temps de réfléchir avant d'agir. »

a. 4 **b.** 3 **c.** 2 **d.** 1

Si vous notez la réponse d., c'est-à-dire « 1 », vous affirmez que vous ne prenez jamais le temps de réfléchir avant d'agir.

3 Des questionnaires « oui/non »

Ces questions sont les plus difficiles car elles vous empêchent de nuancer. Il faut choisir. Elles sont donc très instructives pour le psychologue car il voit en situation de contrainte où vont vos choix. Les deux propositions de réponses sont complétées par une troisième du type « sans opinion » ou « je ne sais pas ». Il est conseillé de ne pas trop se réfugier dans cette troisième réponse.

Exemple : Aimez-vous commander ?

a. oui **b.** non **c.** sans opinion

Répondez en fonction de votre tendance de comportement la plus fréquente. Si vous répondez « oui », cela ne signifie pas que vous êtes un potentiel dictateur et si vous répondez « non », cela n'indique pas que vous êtes faible.

Exercices

Questionnaires de personnalité 1

Répondez aux questions suivantes.

1. Votre supérieur hiérarchique vous demande d'effectuer un travail qui ne relève pas de votre compétence. Que faites-vous ?

❒ **a.** Vous obéissez sans hésiter car vous considérez qu'un supérieur sait ce qu'il fait.

❒ **b.** Vous cherchez à dissuader votre supérieur de faire appel à vous, par exemple en proposant quelqu'un d'autre pour ce travail.

❒ **c.** Vous demandez des précisions sur le travail à effectuer pour savoir si vous êtes en mesure de le faire convenablement puis vous acceptez dans ce cas.

❒ **d.** Vous refusez par respect pour les collègues qui ont cette compétence.

2. Un de vos collègues est régulièrement en retard au travail de quelques minutes. Lorsque vous faites équipe, comment réagissez-vous ?

❒ **a.** Vous ne lui faites pas de reproches car vous n'êtes pas son supérieur.

❒ **b.** Vous lui faites comprendre qu'il manque de professionnalisme.

❒ **c.** Vous le menacez d'informer les supérieurs de ses retards.

❒ **d.** Vous considérez que quelques minutes de retard ne perturbent pas le travail et donc vous ne faites rien.

3. Lors d'une formation interne, vous apprenez que vous allez devoir changer totalement une partie de votre méthodologie de travail. Que faites-vous ?

❒ **a.** Vous vous adaptez facilement car vous percevez cela comme une occasion de progrès.

❒ **b.** Vous vous adaptez progressivement car il n'est pas facile de changer une pratique que l'on maîtrisait.

❒ **c.** Vous êtes par principe hostile au changement car cela ralentit le travail.

❒ **d.** Vous suggérez de conserver certaines pratiques efficaces tout en modifiant les autres.

4. En recevant votre salaire, vous constatez qu'il est plus élevé que d'habitude. Que faites-vous ?

❒ **a.** Vous ne faites rien car il est probable que cette erreur soit rectifiée lors de la paie suivante.

❒ **b.** Vous allez vous informer auprès d'une personne responsable pour savoir s'il y a une erreur.

❒ **c.** Vous allez le signaler auprès d'une personne responsable pour rectification.

❒ **d.** Vous vous renseignez auprès de vos collègues avant de prévenir un responsable.

5. Dans votre équipe, un collègue vous adresse régulièrement des critiques concernant vos actions et décisions. Comment réagissez-vous ?

❒ **a.** Vous le laissez dire ; il finira par se lasser.

❒ **b.** Vous le prenez à part pour lui demander d'arrêter.

❒ **c.** Vous acceptez ses remarques car vous pensez que l'on peut toujours s'améliorer.

❒ **d.** Vous le dites à un supérieur pour que ses agissements cessent.

Questionnaires de personnalité 2

Répondez aux questions suivantes.

6. Vous recherchez la vie en société.

❒ **a.** oui ❒ **b.** non ❒ **c.** sans opinion

7. Vous aimez bien tout planifier.

❒ **a.** oui ❒ **b.** non ❒ **c.** sans opinion

8. Vous êtes soucieux du regard des autres.

❒ **a.** oui ❒ **b.** non ❒ **c.** sans opinion

9. Quand vous voyagez, vous préparez votre itinéraire.

❒ **a.** oui ❒ **b.** non ❒ **c.** sans opinion

10. Vous êtes une personne sur qui on peut compter.

❒ **a.** oui ❒ **b.** non ❒ **c.** sans opinion

11. Vous aimez la routine.

❒ **a.** oui ❒ **b.** non ❒ **c.** sans opinion

12. Vous aimez la solitude.

❒ **a.** oui ❒ **b.** non ❒ **c.** sans opinion

13. Vous reportez souvent au lendemain les choses importantes.

❒ **a.** oui ❒ **b.** non ❒ **c.** sans opinion

14. Vous n'êtes pas très bavard en groupe.

❒ **a.** oui ❒ **b.** non ❒ **c.** sans opinion

15. Vous aimez les situations qui donnent de l'adrénaline.

❒ **a.** oui ❒ **b.** non ❒ **c.** sans opinion

16. Vous aimez que chaque chose soit à sa place.

❒ **a.** oui ❒ **b.** non ❒ **c.** sans opinion

17. Vous tenez à respecter vos engagements.

❒ **a.** oui ❒ **b.** non ❒ **c.** sans opinion

Corrigés

Questionnaires de personnalité 1

Pensez, dans cet exercice, à vous représenter votre comportement en tant que professionnel. Ne soyez pas trop idéaliste, mais cherchez bien quel serait effectivement votre comportement dans les situations indiquées. Dans le corrigé qui suit, nous vous indiquons la dimension évaluée puis la réponse la plus pertinente.

1. Compétence : professionnalisme et disponibilité. La réponse **c.** est à privilégier. Évitez la **a.** et la **d.**
2. Compétence : ponctualité et esprit d'équipe. La réponse **b.** est à privilégier. Évitez la **c.** (la menace est l'arme des faibles) et la **d.** (révèle votre manque de ponctualité personnelle).
3. Compétence : adaptation au changement. La réponse **a.** est à privilégier. Évitez la **c.** (tendance au conservatisme).
4. Compétence : honnêteté. La réponse **b.** est à privilégier. Évitez la **a.** (passivité et malhonnêteté déguisée car il est probable que vous ne fassiez rien ensuite).
5. Compétence : gestion des émotions et conflits. La réponse **b.** est à privilégier. Évitez la **a.** et la **c.** (acceptation de l'humiliation).

Questionnaires de personnalité 2

Cet exemple de questionnaire oui/non vous montre le principe de quadrillage psychologique. Plusieurs questions testent une même dimension psychologique afin de vérifier votre sincérité et de mieux cerner votre personnalité.

Dans cet exercice, quatre dimensions psychologiques sont évaluées :

- la sociabilité : questions 1, 7, 9.
- l'organisation : questions 2, 4, 11.
- la stabilité émotionnelle : questions 3, 6, 10.
- la responsabilité : questions 5, 8, 12.

Voici quelques indications et commentaires des réponses présentés par thème.

Sociabilité : Il s'agit de votre tendance à chercher les contacts humains en société, les relations interpersonnelles. Il est difficile de répondre deux fois « oui » ou deux fois « non » aux questions 1 et 7. Si vous cherchez la vie en société, vous n'êtes pas un grand adepte de la solitude. La réponse à la question 9 doit être en accord avec celle de la question 7.

Organisation : Ce thème se concentre sur votre aptitude à prévoir, à faire preuve de méthode dans vos actions. Logiquement vous devez apporter la même réponse aux questions de ce thème. Si vous indiquez « non » aux trois questions, ce n'est pas vraiment à votre avantage.

Stabilité émotionnelle : Qualité importante pour un gendarme, c'est la faculté de s'adapter aux circonstances de l'existence, de rester égal en toutes circonstances. Le lien entre les trois questions du thème est moins explicite. Si vous avez répondu « oui » aux questions 3 et

6, vous cherchez le soutien, la sécurité, et vous avez dû répondre « non » à la question 10. Il est plus logique que vos réponses soient opposées entre les questions 3, 6 et la question 10.

Responsabilité : Ce thème correspond à votre aptitude à prendre des initiatives, à diriger, à assumer les conséquences de vos actes. Les questions 5 et 12 doivent logiquement avoir la même réponse (de préférence « oui »). En revanche, la question 8 amène à la réponse inverse car une personne responsable ne remet pas au lendemain ce qui est important.

Notez que cet exercice est assez court et qu'il est donc facile de ne pas se contredire. C'est plus délicat quand vous avez 80 ou 100 questions. C'est pour cela qu'il faut être sincère dans vos réponses.

24 Méthodologie & Conseils
Les tests projectifs

Les tests projectifs sont des outils d'évaluation psychologique qui permettent l'expression de votre inconscient par des réponses spontanées produites à partir de supports ou de situations présentant de multiples possibilités interprétatives.

Ces tests sont variés (test d'aperception thématique, test de Rorschach, test du village, etc.). Mais l'épreuve de tests psychotechniques du concours GAV vous propose deux types de tests projectifs : les phrases à compléter et les associations de mots.

1 Les phrases à compléter

Une série de phrases vous sont proposées. Il s'agit pour vous de les finir de façon assez spontanée. Ces phrases permettent d'aborder différents aspects de votre personnalité et certaines se recoupent (étudient le même aspect de votre personnalité par une autre phrase). Vous ne trouverez aucune proposition de réponse et les réponses seront donc très variées.

> **Exemple : Lorsque j'ai du temps libre, j'aime…**
>
> *Cette phrase vous invite à indiquer l'un de vos hobbies. Il n'y a pas de piège, mais il est préférable d'évoquer une activité positive, cohérente et tournée vers les autres.*

2 Les associations de mots

Selon le même principe que les phrases à compléter, un mot vous est donné et il faut noter le mot auquel vous l'associez spontanément.

> **Exemple : « JUSTICE »**
>
> *Ce mot peut être compris dans un sens abstrait (le sens de la justice) ou plus concret (les institutions judiciaires). Là encore, il n'y a pas de bonne ou de mauvaise réponse mais il est préférable de rester positif et cohérent. On pourra noter : égalité, équité, loi, sécurité, etc.*

Exercices

Complétez les phrases suivantes.

1. Ce que j'aime par-dessus tout c'est …
2. C'est bien la dernière fois que …
3. Parfois, il est difficile de …
4. Je me souviens que ma mère …

5. Demain, s'il pleut je …
6. J'admire surtout chez les autres …
7. Quand je pense à ceux qui n'ont jamais de problèmes, je me dis …
8. Plus tard, j'aimerais que l'on retienne de ma génération …
9. Le temps passe si vite que je n'arrive jamais …
10. Quelquefois, il est préférable …

Corrigés

L'important dans un tel exercice est de rester cohérent et positif et d'éviter de dire toujours la même chose (cela passerait pour de l'obsession). On pourra penser à valoriser plusieurs qualités de notre personnalité à travers les réponses et aller vers un registre plus « léger » quand les phrases nous amènent à être négatif. Plutôt qu'un corrigé, qui n'aurait pas beaucoup d'intérêt, nous vous indiquons les qualités ou défauts évalués par les questions.

1. Question sur votre hiérarchie de valeurs (ce que vous mettez avant tout).
2. Question sur vos défauts habituels (évitez de dévoiler un gros défaut).
3. Question sur ce qui représente des obstacles ou des difficultés pour vous.
4. Question sur votre tendance à la nostalgie, votre attachement à l'enfance (ne parlez pas de votre mère comme une défunte si ce n'est pas le cas).
5. Question de simple rationalité. Répondez « je prends mon parapluie » par exemple.
6. Question sur la qualité dont vous pensez manquer.
7. Question sur la jalousie.
8. Question sur la conscience collective, le sentiment d'appartenance générationnelle (esprit de corps). Une question souvent difficile quand on est encore jeune.
9. Question sur vos frustrations du quotidien, votre manque d'organisation.
10. Question sur vos défauts du quotidien.

25 Méthodologie & Conseils
Conseils méthodologiques

Le jour du concours, ayez ces quatre objectifs en tête : l'**attention**, la **cohérence et la sincérité** des réponses, la **spontanéité**, l'**esprit positif** des réponses.

- L'**attention** est requise pour identifier précisément ce qui vous est demandé et éviter les contresens. Méfiez-vous particulièrement des questions contenant des négations.

Exemple : Vous n'avez jamais consommé de la drogue.

a. oui **b.** non **c.** sans opinion

Si vous répondez « non », cela signifie que l'affirmation proposée est fausse vous concernant, donc que vous avez déjà consommé de la drogue.

- La **cohérence** et la **sincérité** sont nécessaires pour éviter de vous contredire. Les évaluateurs se méfient des candidats trop instables ou présentant des personnalités en contradiction avec l'éthique de la profession, mais ils se méfient aussi des profils trop parfaits qui ne peuvent pas correspondre à la réalité. Certaines questions sont d'ailleurs destinées à détecter les « menteurs ».

Exemple : Vous n'avez jamais désobéi.

a. oui **b.** non **c.** sans opinion

Si vous répondez « oui », vous affirmez quelque chose d'improbable. Quand vous étiez enfant, vous avez forcément désobéi plusieurs fois. Cette question ne teste pas votre respect des règles (bien qu'elle en prenne l'apparence) mais votre honnêteté.

- La **spontanéité** est importante pour éviter de tergiverser trop longtemps sur une question. Plus vous hésitez, plus le choix est difficile et cela finit par produire trop de réponses indécises qui ne sont pas forcément en votre faveur.
- L'**esprit positif** des réponses est important particulièrement quand les débuts de phrases ou les mots choisis vous amènent facilement à du négatif.

Exemple de phrase à compléter librement : Il est déçu à cause ...

Si vous complétez avec gravité, cela ne révèle pas un caractère très optimiste. On évitera donc « ... de son échec à l'examen » ou encore « ... de sa prestation désastreuse » et on préfèrera par exemple « ... du sable répandu sur sa glace à la vanille ».

La lettre de motivation

- Le plan de la lettre de motivation
- Le contenu de la lettre de motivation
- Exemple rédigé

Quoi de plus évident que de demander à un candidat une lettre pour exposer ses motivations ? Cela semble aller de soi.

Pourtant, il est moins habituel (même si cela se répand de plus en plus) de vous demander de rédiger cette lettre en temps limité et le jour du concours.

Au moment des tests psychotechniques (juste avant ou juste après) vous aurez 30 minutes pour rédiger votre lettre par laquelle vous ferez acte de candidature pour entrer dans la gendarmerie et mettrez en avant vos atouts.

Il est recommandé de préparer sa lettre (difficile de trouver la formulation juste en 30 minutes, difficile aussi de ne pas faire quelques fautes d'orthographe avec le stress) mais de ne pas copier une lettre-type trouvée sur Internet et qui ne correspondrait pas à votre profil et à vos motivations réelles.

Votre objectif lors de la préparation est d'aboutir à une lettre d'environ une page manuscrite (format A4) en tenant compte de la place occupée par l'en-tête et les formules d'une part et de présenter une lettre suffisamment aérée d'autre part. Il est évident que votre écriture doit être lisible et simple. Écrivez en noir de préférence ou en bleu foncé. Ne faites pas de ratures.

Dans les pages qui suivent, nous allons vous proposer dans un premier temps d'examiner le plan de la lettre et vous mettre en garde contre certains écueils. Dans un second temps, nous vous présenterons un modèle de lettre de motivation à adapter, bien entendu, à votre situation et à votre profil.

30 minutes

26

Méthodologie & Conseils

Le plan de la lettre de motivation

D'une façon générale, on admet qu'une lettre de motivation doit contenir :

- Un en-tête indiquant l'identité et l'adresse du candidat et du destinataire, le lieu et la date de rédaction, l'objet de la lettre.
- Un corps de lettre contenant la formule d'appel, suivi de trois paragraphes servant respectivement à présenter votre candidature (paragraphe 1), indiquer que vous connaissez la gendarmerie et ses attentes (paragraphe 2), donner vos motivations et qualités (paragraphe 3), faire une formule finale (paragraphe 4).
- Une fin de lettre contenant la formule de politesse et votre signature.

Pour se représenter matériellement la lettre voici un schéma de la lettre :

En-tête	Identité du candidat Adresse du candidat Identité du destinataire Adresse du destinataire Lieu, date
	Objet de la lettre
Corps de lettre	Formule d'appel, Présentation de votre candidature (moi) La gendarmerie (vous)
	Motivations, qualités (nous)
Fin de lettre	Formule finale Formule de politesse
	Signature

27 Méthodologie & Conseils
Le contenu de la lettre de motivation

1 L'en-tête

La lettre sera à rédiger sur une feuille de format A4 : 21 cm 29,7 cm.

Les identités de l'expéditeur (vous) et du destinataire ne doivent pas être notées trop haut. Laissez à peu près la même marge en haut que celle que vous laissez sur les côtés. Revenez à la ligne après le nom et pour l'adresse.

Concernant l'adresse du destinataire, il s'agit de celle du ministre de l'Intérieur ou éventuellement du ministère de la Défense, lequel demeure une tutelle de la gendarmerie. Notez l'une d'elles sauf si l'on vous en indique une autre. Vous noterez donc :

Exemple

Monsieur le ministre de l'Intérieur

Place Beauvau

75008 Paris

Remarque

Avant le concours, vérifiez que le ministre est un homme ou une femme pour adapter la formule. Regardez également son intitulé exact. Le ministre peut avoir plusieurs attributions. Ainsi en 2011, Claude Guéant était « Ministre de l'Intérieur, de l'Outre-mer, des Collectivités territoriales et de l'Immigration ». Notez la totalité de ses attributions (en revenant à la ligne si nécessaire) et placez une majuscule au début de chaque attribution.

Le lieu et la date doivent être ceux du lieu et jour du concours. Ne précisez pas l'adresse mais seulement la ville. Mettez le lieu en premier et une virgule entre le lieu et la date.

Exemple

Paris, le 3 février 2019

L'objet de la lettre doit être indiqué de manière claire et concise.

Exemple

Objet : Candidature au poste de Gendarme adjoint volontaire

2 Le corps de lettre

C'est la partie la plus importante de la lettre. Elle comporte quatre parties.

a. La formule d'appel

Étant donné le contexte de votre lettre, la formule est imposée. Vous vous adressez au ministre de l'Intérieur (en 2019, il s'agit de Christophe Castaner).

> **Exemple**
>
> Monsieur le Ministre de l'Intérieur,

La formule doit être terminée par une virgule car c'est le début d'une phrase. Elle doit être espacée de la suite du texte.

b. La présentation de votre candidature

Présentez-vous de manière simple, efficace et claire. Présentez en même temps votre situation actuelle (niveau d'études atteint, activité professionnelle exercée).

> **Exemple**
>
> Venant d'obtenir mon baccalauréat scientifique, je souhaite à présent intégrer le monde du travail en devenant Gendarme adjoint volontaire. Je suis âgé de 18 ans, et, malgré mon jeune âge, je suis résolu à m'investir pleinement dans cette institution.

c. La gendarmerie

Dans ce paragraphe, vous allez présenter votre vision de la gendarmerie. C'est d'abord une manière de flatter votre interlocuteur (vous voyez la gendarmerie de façon très positive, sinon vous ne souhaiteriez pas y entrer), mais aussi de montrer que vous connaissez l'environnement dans lequel vous voulez travailler. Ne récitez pas toute l'histoire de la gendarmerie, mais prenez un aspect précis du métier qui pourra ensuite être mis en adéquation avec votre profil, vos qualités.

> **Exemple**
>
> La gendarmerie a pour rôle essentiel d'assurer des missions de prévention, de faire respecter la loi et d'assurer l'ordre et la sécurité sur le territoire. Cette institution prône les valeurs militaires pour assurer son efficacité au service de la collectivité. Il me semble particulièrement essentiel de garantir la population contre tout acte de malveillance.
>
> *Cette formulation valorise le rôle du gendarme auprès de la collectivité (notion évoquée en dernier). Il est possible de valoriser la lutte contre la délinquance, les valeurs militaires, le sens du service public, la diversité du métier en fonction des points forts de votre profil que vous voulez indiquer ensuite.*

d. Les motivations et qualités

Ce paragraphe est le passage essentiel de la lettre. Prenez donc le temps de le préparer avant le concours pour qu'il vous corresponde le mieux et qu'il soit bien formulé. Faites-vous aider si nécessaire.

Dans ce paragraphe, vous allez mettre en relation les valeurs présentées précédemment sur la gendarmerie et votre profil. Ce sera une façon de montrer que vous êtes parfaitement adapté au métier auquel vous prétendez. Vous allez ainsi préciser vos qualités et vos compétences ou expériences en lien avec la gendarmerie.

> **Exemple**
>
> De par mon désir de rendre service à la collectivité et grâce à mon expérience acquise notamment lors de la formation à la Prévention et aux secours civiques (PSC1), je pense que le métier de Gendarme adjoint volontaire me correspond parfaitement. Je suis conscient que je dois apprendre beaucoup pour être opérationnel, mais je mettrai mon enthousiasme et mon respect de l'ordre et de la discipline au service de l'objectif que je me suis fixé.

e. La formule finale

Ce paragraphe est assez formel. Vous devez simplement y indiquer que vous espérez avoir retenu l'attention de votre lecteur et que vous vous tenez à sa disposition pour toute suite qu'il jugera utile.

> **Exemple**
>
> En espérant que ma candidature ait retenu votre attention, je me tiens à votre disposition pour vous renouveler mes motivations.

3 La fin de lettre

Vous rédigez une lettre à caractère administratif. Vous devez donc employer une formule adaptée à votre interlocuteur qui soit suivie de votre signature.

> **Exemple**
>
> Je vous prie d'agréer, Monsieur le Ministre, l'expression de ma très haute considération.

Exemple rédigé

Voici à présent la synthèse de la lettre que nous avons rédigée au fur et à mesure des exemples. En aucune façon vous ne devez la reprendre telle quelle. Nous avons souligné les passages que vous pouvez conserver intacts. Pour le reste, adaptez à votre profil et formulez de façon originale.

Monsieur François Dupont
1, avenue De-Gaulle
75 000 Paris

Monsieur le Ministre de l'Intérieur
Place Beauvau
75008 Paris

Paris, le 3 février 2019

Objet : Candidature au poste de Gendarme adjoint volontaire

Monsieur le Ministre de l'Intérieur,

Venant d'obtenir mon baccalauréat scientifique, je souhaite à présent intégrer le monde du travail en devenant Gendarme adjoint volontaire. Je suis âgé de 18 ans, et, malgré mon jeune âge, je suis résolu à m'investir pleinement dans cette institution.

La gendarmerie a pour rôle essentiel d'assurer des missions de prévention, de faire respecter la loi et d'assurer l'ordre et la sécurité sur le territoire. Cette institution prône les valeurs militaires pour assurer son efficacité au service de la collectivité. Il me semble particulièrement essentiel de garantir la population contre tout acte de malveillance.

De par mon désir de rendre service à la collectivité et grâce à mon expérience acquise notamment lors de la formation à la Prévention et aux secours civiques (PSC1), je pense que le métier de Gendarme adjoint volontaire me correspond parfaitement. Je suis conscient que je dois apprendre beaucoup pour être opérationnel, mais je mettrai mon enthousiasme et mon respect de l'ordre et de la discipline au service de l'objectif que je me suis fixé.

En espérant que ma candidature ait retenu votre attention, je me tiens à votre disposition pour vous renouveler mes motivations.

Je vous prie d'agréer, Monsieur le Ministre, l'expression de ma très haute considération.

Signature

L'entretien de recrutement

- L'entretien avec le Référent Recrutement
- Se préparer
- Adopter une attitude adaptée à la situation
- Gérer votre stress
- Soigner la forme du discours

20 à 30 minutes

Depuis 2014, la procédure de recrutement des volontaires dans les armées en service de gendarmerie a été rénovée comme l'avait été préalablement celle des sous-officiers de la gendarmerie. L'objectif était de la rendre plus efficiente tout en garantissant l'opérationnalité et l'adaptabilité des futurs volontaires. Cette procédure a été reprécisée dans une instruction du ministère de l'Intérieur du 10 avril 2017.

Elle prévoit notamment **un entretien avec un Référent Recrutement** lors d'une réunion sur le volontariat, sans que ce temps d'échanges ne constitue une épreuve de sélection du concours en tant que telle.

Pour les candidatures GAV EP, cet entretien peut être réalisé directement par le Responsable de Service de l'unité de gendarmerie qui cherche à pourvoir un emploi spécifique.

Les candidats GAV HN (musiciens/choristes et sportifs de haut niveau) font l'objet de procédures de recrutement dédiées.

Vous ne devez pas minimiser l'importance de cette étape de la sélection des volontaires. Plus qu'une formalité administrative, elle peut s'avérer décisive sur l'issue de votre candidature. En effet, le militaire qui vous reçoit, formule un avis sur votre aptitude à servir dans la gendarmerie qu'il transmet par la suite à la DGGN-BRCE (Direction générale de la gendarmerie nationale – Bureau du recrutement, des concours et des examens) et au Centre de sélection qui vous recevra pour les épreuves de sélection. Si son appréciation est défavorable, vous aurez peu de chances d'être recruté(e).

Réussir l'entretien de recrutement est autant une question de fond que de forme. À l'oral, vous êtes évalué(e) à la fois sur **le contenu** de vos propos, les connaissances que vous avez de la gendarmerie et de vos futures missions, mais aussi sur **la forme** de votre discours, la façon dont vous vous exprimez.

Nous vous conseillons de préparer l'entretien de recrutement avec sérieux en prenant en compte les informations et les conseils figurant dans les pages suivantes. En effet, vous devez convaincre votre interlocuteur d'une part, de l'adéquation de votre profil avec celui recherché par la gendarmerie pour exercer des missions de volontaire et d'autre part, de votre motivation à vouloir intégrer la gendarmerie.

Méthodologie & Conseils

29 L'entretien avec le Référent Recrutement

Après avoir renseigné et validé votre candidature sur le site www.lagendarmerierecrute.fr, vous recevrez par courriel un numéro d'enregistrement. Votre dossier sera immédiatement transféré au Référent Recrutement de la gendarmerie du département dans lequel se situe votre domicile.

Ce dernier va vous convoquer par courrier, moins d'un mois après le dépôt de votre candidature, à une réunion organisée en deux temps :

- une phase d'information destinée à vous éclairer sur votre choix d'orientation, avec la projection d'un DVD intitulé « le volontariat en gendarmerie » présentant les missions des volontaires, les conditions d'emploi, la formation... à l'issue de laquelle vous pourrez poser toutes les questions que vous souhaitez ;
- un entretien individuel avec le Référent Recrutement.

Vous devez vous présenter avec votre convocation ainsi que les pièces demandées, à savoir :

- votre carte nationale d'identité ou votre passeport en cours de validité ;
- votre certificat/attestation justifiant que vous êtes en règle au regard des obligations de service national ;
- les originaux de vos diplômes scolaires, universitaires ou professionnels ;
- vos permis de conduire civil et éventuellement militaire ;
- l'état signalétique des services pour les militaires en activité ou les ex-militaires ;
- l'autorisation de votre représentant légal si vous êtes mineur ;
- et, éventuellement, un C.V.

Le Référent Recrutement est chargé :

- d'examiner les originaux des pièces administratives que vous avez apportées ;
- de vérifier que vous remplissez bien les conditions de recrutement au regard de l'emploi auquel vous postulez ;
- de vérifier et compléter avec vous, le dossier de candidature que vous avez renseigné sur le site www.lagendarmerienationalerecrute.fr ;
- de vous faire passer un entretien de recrutement et de formuler un avis sur votre candidature saisi sur un formulaire spécifique.

L'entretien, entre le Référent Recrutement et chacun des candidats, dure en moyenne 20 à 30 minutes.

Il n'existe pas de document officiel définissant le contenu de cet échange. À partir des témoignages laissés sur les forums fréquentés par les candidats, on peut considérer que les questions porteront sur vos connaissances de la gendarmerie, vos motivations, votre parcours, votre projet professionnel, votre condition physique, votre entourage, votre vie… Le Référent Recrutement peut également vous poser des questions de culture générale ou d'actualité. Vous allez donc être interrogé(e), de manière assez soutenue. Quelques exemples de questions posées lors de l'entretien figurent ci-après :

a. La connaissance de la Gendarmerie

Exemples de questions posées :

- « Décrivez les missions d'un GAV EP ? »
- « Donnez le nom du Ministre de l'Intérieur ? »
- « Quelles sont les obligations du volontaire en gendarmerie ? »
- « Quelles sont les qualités recherchées chez un gendarme ? »
- « Avez-vous rencontré des gendarmes ? »

b. Les aptitudes personnelles et professionnelles attendues

Exemples de questions posées :

- « Faites-vous du sport ? »
- « Quelle est votre vision aux deux yeux ? »
- « Maîtrisez-vous l'informatique ? »
- « Quelle est votre principale faiblesse ? »
- « Êtes-vous organisé ? »

c. Les motivations et le projet professionnel du candidat

Exemples de questions posées :

- « Pourquoi voulez-vous devenir gendarme volontaire ? »
- « Quel est votre projet professionnel ? »
- « Pourquoi n'avez-vous pas tenté directement le concours de sous-officier en gendarmerie ? »
- « Êtes-vous mobile ? »
- « Que ferez-vous si vous ne réussissez pas ce concours ? »

d. Les parcours personnel et professionnel du candidat

Exemples de questions posées :

- « Quelles études avez-vous suivies ? »
- « Quelles sont vos expériences professionnelles ? »
- « Quelle est votre situation familiale ? »
- « Que pense votre entourage de votre orientation professionnelle ? »

e. Les mises en situation professionnelle

Exemples de questions posées :

- « Un membre de votre famille est interpellé pour vol. Quelle est votre réaction ? »
- « Les parents d'un jeune fugueur que vous avez localisé, vous offrent une bouteille de champagne. Que faites-vous ? »
- « Un contrevenant vous insulte. Comment réagissez-vous ? »

f. La personnalité du candidat

Exemples de questions posées :

- « Quels sont vos centres d'intérêt ? »
- « Quelles sont vos qualités ? Vos défauts ? »
- « Que disent vos proches de vous ? »
- « Quelle est la valeur la plus importante à vos yeux ? »
- « Comment gérez-vous la pression ? »
- « Aimez-vous prendre des risques ? ».

Ces listes de questions ne sont bien entendu pas exhaustives. Elles montrent néanmoins que le champ des questions posées par le Référent Recrutement balaie à la fois les connaissances, les aptitudes, les comportements et la personnalité des candidats.

À l'issue des échanges, ce dernier formule un avis écrit et motivé sur votre candidature qu'il saisit sur un formulaire spécifique. Outre une impression générale (présentation, qualité de l'expression, aptitudes intellectuelles…), il doit également noter les aspects favorables et défavorables de votre profil (motivations, comportements…).

Après cette première étape dans le processus de recrutement, vous déciderez de maintenir ou non votre candidature. Si vous confirmez votre choix de postuler, votre dossier est validé et transmis au centre de sélection de la région administrative dont vous dépendez.

Vous recevrez par la suite votre convocation aux tests de sélection qui se déroulent sur une demi-journée.

Les oraux sont des exercices difficiles qui nécessitent d'une part, de savoir ce que l'on attend de vous et d'autre part, de s'y préparer spécifiquement sur le fond et sur la forme.

30

Méthodologie & Conseils
Se préparer

Un entretien est un exercice difficile surtout pour de jeunes candidats qui ne sont pas familiarisés avec ce type d'épreuve. C'est une situation qui ne laisse aucune place à l'improvisation. La clé du succès est une solide préparation.

Pour vous donner les meilleures chances de réussite, nous vous recommandons de travailler sur votre présentation, vos motivations, votre projet professionnel, votre parcours (CV) et vos réponses aux questions incontournables de Référent chargé du recrutement.

1 Réussir sa présentation

Pour réussir l'entretien de sélection, il est indispensable pour les candidats de se préparer à l'exercice de la présentation. Ils doivent saisir cette opportunité pour mettre en avant leur candidature en donnant quelques informations qui peuvent faire la différence avec les autres postulants. L'objectif est de susciter l'intérêt chez son interlocuteur.

Le candidat dispose de 3 à 5 minutes en moyenne pour se présenter. Afin de faciliter la compréhension de l'examinateur et donner une bonne image de lui, il est recommandé d'opter pour un discours très structuré.

Pour vous aider, nous vous proposons ci-après un « canevas type » d'une présentation lors d'une épreuve orale. N'oubliez-pas que la plupart des candidats ont sensiblement le même profil. Cherchez à vous différencier positivement.

Étapes	Contenus
Saluez l'examinateur	Si vous n'avez pas eu l'opportunité de le faire au moment de votre entrée dans la salle d'examen, saluez votre interlocuteur : « *Bonjour Madame* ou *Monsieur,........* » Si vous maîtrisez les grades, vous pouvez saluer la personne en fonction de son grade.
Présentez-vous	« *Je m'appelle.......* (Prénom, Nom). *J'ai..... ans* (Age). *J'habite.......* (Ville).
Précisez votre situation actuelle	« *Je suis actuellement.......................(à préciser).*
Présentez vos centres d'intérêt ou/et un projet scolaire ou extrascolaire en lien avec votre orientation professionnelle	« *je suis passionné(e) de...* » /« *J'ai participé à un projet.....................* » / « *Je suis investi(e) dans une association/activité..............* » (Précisez et cherchez à vous distinguer positivement)
Exprimez brièvement votre motivation	« *Je souhaite devenir............ afin..........* ». « *En effet, j'ai le projet........................* » (Soyez précis et honnête)
Annoncez la fin de votre présentation	« *J'ai terminé ma présentation. Je suis prêt(e) à répondre à vos éventuelles questions* ».

La présentation doit être préparée tout d'abord à l'écrit. Le candidat doit éviter les formules trop communes du type « *Je veux devenir gendarme depuis que je suis tout petit* » qui auront tendance à agacer le Référent Recrutement. Elles traduisent une réflexion trop superficielle. L'argumentation doit être plus développée, plus construite pour retenir l'attention de l'examinateur.

Attention

Attention au choix des mots et des tournures de phrases. L'expression doit être simple sans être familière. Elle doit refléter une bonne maîtrise de la langue française.

La présentation est maîtrisée (pas d'hésitations) **sans être pour autant récitée**. Pour cela, le candidat devra s'entraîner seul ou devant des membres de son entourage jusqu'à ce qu'il soit en mesure de tenir un discours qui semble spontané et naturel.

Après un travail de préparation sérieux, le candidat sera à l'aise pour décliner sa présentation, prenant soin de marquer, à l'aide de la ponctuation et de l'intonation, les éléments susceptibles de retenir l'attention de l'officier.

De plus, vous sentir prêt(e) pour cet exercice vous aidera à maîtriser votre stress le jour J.

Après que le candidat ait terminé sa présentation, l'examinateur peut le questionner afin d'obtenir d'éventuelles précisions. Il est vraisemblable que les questions porteront sur les éléments qui vous différencient des autres postulants, donc aucune inquiétude. En effet, vous devrez développer des sujets que vous connaissez bien.

2 Exprimer ses motivations

Pour convaincre, il ne suffit pas de dire que l'on souhaite devenir volontaire en gendarmerie. Le Référent Recrutement attend une explication argumentée, précisant l'origine de votre projet professionnel, les étapes de votre réflexion et les moyens mis en œuvre pour conforter votre choix.

Il existe plusieurs leviers pour montrer son intérêt et sa détermination :

- La curiosité pour le métier et son environnement par des recherches, des lectures, des rencontres avec des professionnels.
- La connaissance du métier, à travers des réponses pertinentes aux questions posées, l'utilisation d'un vocabulaire professionnel.
- La connaissance de la formation.
- Une préparation sérieuse au concours qui transparaît aisément lors des échanges avec les personnes chargées du recrutement et du niveau de performance aux épreuves physiques.
- Une posture dynamique, afin de mettre la parole et l'attitude en cohérence.
- La capacité à se projeter en tant que futur professionnel.
- L'aisance à parler de soi, à faire le lien entre qui l'on est et ce que l'on veut faire.

Lors de votre phase de préparation au concours, vous devez prendre le temps de réfléchir à vos motivations. Faire le choix de devenir volontaire en gendarmerie est le résultat d'un long processus de réflexion vis-à-vis duquel vous pouvez avoir des difficultés à prendre du recul. Posez-vous les questions suivantes et répondez-y par écrit :

- Comment ai-je connu le volontariat en gendarmerie ?
- Pour quelles raisons ce métier m'a-t-il attiré ?
- Quels sont les aspects du métier qui me plaisent ?
- Quelles sont mes priorités/préférences en matière d'emploi ? Sont-elles compatibles avec l'exercice de volontaire en gendarmerie ?

En ayant répondu à ces premières questions, vous êtes maintenant capable d'exprimer l'origine de votre choix professionnel et vos sources de motivation. Ce travail vous permettra de rédiger votre lettre de motivation, exercice de plus en plus fréquemment demandé lors des tests de sélection.

N'en restez pas là, précisez les éléments qui vont confirmer que votre orientation professionnelle est mûrement réfléchie. Pour cela, évoquez les moyens que vous avez mis en œuvre pour développer votre connaissance de la gendarmerie d'une part, de l'emploi que vous convoitez d'autre part. Il est recommandé de pouvoir s'appuyer sur des lectures, des recherches documentaires, des échanges avec des professionnels…

Prenez le temps, pendant votre phase de préparation, de vous rendre dans un Centre d'Information et de Recrutements (CIR) de la Gendarmerie ou à une de leur permanence (lieux et horaires sur le site www.lagendarmerierecrute.fr). Posez vos questions et prenez de la documentation.

Participez aux journées de la sécurité ainsi qu'aux animations organisées pour le grand public, dans votre département, par la gendarmerie ou la police municipale.

Faites le tour de votre entourage (famille, amis, voisins…) pour identifier des professionnels que vous pourriez rencontrer. Préparez la liste des points que vous souhaitez aborder avec eux. Formulez par écrit les informations recueillies.

Ce sont autant d'expériences sur lesquelles vous pourrez vous appuyer pour donner du contenu à vos échanges lors de l'entretien de recrutement.

Par ailleurs, familiarisez-vous avec le contenu et les conditions de la formation des volontaires en gendarmerie.

Enfin, renseignez-vous sur l'école dans laquelle vous êtes susceptible de suivre votre formation et échangez avec des élèves sur des forums/chats de discussion.

Grâce à ce travail préparatoire très fouillé, vous serez à même de convaincre votre interlocuteur du sérieux de votre choix d'orientation ainsi que de votre vision réaliste de la formation et du quotidien des volontaires en gendarmerie.

3 Présenter son projet professionnel

Lors de l'entretien avec le Référent Recrutement, ce dernier attend de vous que vous soyez à même de présenter votre projet professionnel, autrement dit de vous projeter en tant que futur(e) volontaire.

Pas d'improvisation, tout comme pour vos motivations, répondez pendant votre phase de préparation aux questions suivantes :

- Comment imaginez-vous votre vie pendant la formation (transport, distance avec la famille…) ?
- Quelles sont vos priorités en matière d'affectation ?

- Êtes-vous attiré(e) par certaines missions des volontaires plus que d'autres ?
- Comment vous voyez-vous dans trois ou cinq ans ?

N'éludez aucune de ces questions. Votre interlocuteur attend que vous vous projetiez en qualité de futur(e) volontaire, en somme que vous ayez réfléchi à votre avenir.

4 Présenter son parcours

Pour présenter votre parcours, nous vous conseillons de vous appuyer sur le CV que vous aurez rédigé pendant votre préparation au concours. Il servira de support de la discussion. Pensez à l'apporter le jour des tests de sélection.

Un « bon » CV est concis, précis et attractif. Avant tout, réfléchissez aux éléments de votre parcours qui pourraient intéresser les représentants de la gendarmerie et éventuellement vous différencier des autres candidats. Ce sont ces informations que vous ferez figurer dans votre CV.

Votre CV est composé des rubriques suivantes :

L'état civil et les coordonnées

Nom et Prénom [éventuellement une photographie.

Âge

Adresse, coordonnées téléphoniques et éventuelle adresse e-mail

Situation familiale

L'expérience professionnelle et personnelle

Emplois occupés, durée, principales missions réalisées, compétences acquises.

Réalisations dans le cadre de stages, de travaux d'étude ou d'activités bénévoles.

Ces expériences peuvent être présentées de façon chronologique ou par thèmes.

Le parcours de formation

Diplômes obtenus, mentions éventuelles.

Stages de formation professionnelle, compétences acquises.

Maîtrise de certains outils (logiciels…), de langues étrangères…

Les autres informations

Centres d'intérêt, loisirs – Participation à des activités associatives, à des projets – Permis détenus – Autres informations utiles.

Soignez la forme pour obtenir un document très qualitatif qui donnera une bonne image de vous.

Entraînez-vous à présenter oralement votre CV, sans avoir besoin au final du support papier.

5 Répondre aux principales questions posées

Vous ne pouvez pas anticiper toutes les questions du chargé de recrutement. Mais, certaines sont quasi-incontournables.

Préparez vos réponses à celles présentées ci-après. Travaillez-les sans pour autant les apprendre par cœur.

a. Pourquoi devenir volontaire en gendarmerie ?

Faites preuve de maturité. Présentez les raisons de votre choix : l'opportunité de réaliser votre projet professionnel, le travail en équipe, le goût de l'action, le sens du service public, la possibilité de faire carrière en gendarmerie, la discipline…

Pour chacune des sources de motivation identifiées, assurez-vous que votre vision des choses est réaliste. En outre, expliquez pourquoi ce serait, pour vous, des motifs de satisfaction personnelle.

b. Que ferez-vous en cas d'échec au concours ?

Cette question sonde également votre motivation. Si vous répondez que vous envisageriez de faire autre chose alors que vous vous présentez pour la première fois au concours, le recruteur risque de vous trouver peu persévérant et donc peu motivé.

Il serait plus adapté de répondre que vous analyseriez les raisons de votre échec pour en tirer les enseignements nécessaires.

Il vous faut convaincre votre interlocuteur que la voie que vous avez choisie est la bonne. Vous allez donc affirmer que vous êtes déterminé(e) à retenter le concours en cas d'échec.

Dans tous les cas, soyez positif(ve) et déterminé(e).

c. Donnez trois de vos qualités et de vos défauts.

Le jury appréciera les candidats qui sont en mesure de parler d'eux avec simplicité et honnêteté.

Pour travailler sur cette question, identifiez tout d'abord les qualités attendues chez un gendarme volontaire et repérez celles que vous avez et que vous pourrez évoquer lors de l'entretien de recrutement.

Les qualités du gendarme volontaire	
Altruisme (sens du service aux autres) Bonnes conditions physique et psychologique Capacité de faire face à des situations difficiles Cohésion – esprit d'équipe Discipline Disponibilité Dynamisme	Honnêteté Réactivité Résistance au stress Savoir s'adapter Sens du contact Sens du devoir Sens de l'organisation Sens des Responsabilités

En partant de cette liste de qualités, réfléchissez et déterminez pour chacune d'entre elles, si vous la possédez et donnez quelques exemples de situation dans lesquelles vous les avez mises en œuvre.

Demandez à des membres de votre entourage de vous décrire avec les qualités qu'ils vous connaissent.

Vous obtiendrez ainsi votre profil et vous n'aurez au final pas de difficultés à parler de vos qualités et à les illustrer en faisant référence à des situations vécues.

Nous vous encourageons à identifier également vos principaux défauts. Pour éviter de vous mettre en posture difficile le jour de l'entretien, vous ne retiendrez que ceux qui restent compatibles avec l'exercice du volontariat en gendarmerie.

Exemples

- Réponse 1 : « *Je suis têtu(e)* ».
- Réponse 2 : « On me reproche souvent d'être un peu lent(e)».
- Réponse 3 : « Je suis très curieux(se), j'aime apprendre de nouvelles choses. Je suis hyperactif(ve). Je n'aime pas rester à ne rien faire ».

La première réponse est régulièrement entendue par les recruteurs. C'est ce que l'on appelle un défaut « bateau ». Il ne permet pas au candidat de sortir du lot. Préférez le mot « obstiné » à « têtu » trop familier.

La deuxième réponse met en avant un défaut qui sera rédhibitoire pour la gendarmerie. Le métier nécessite d'être réactif.

La troisième réponse est plus adaptée. La curiosité montre une ouverture d'esprit. L'hyperactivité est associée au dynamisme et à l'implication dans le travail.

Ne répondez surtout pas que vous n'avez pas de défauts ou que vous n'en savez rien. Le recruteur jugera que vous n'êtes pas capable de prendre du recul par rapport à votre propre personnalité voire que vous n'êtes pas sincère.

d. Quel est le fait d'actualité récent qui a retenu votre attention ?

Cette question permet d'explorer votre esprit d'ouverture sur le monde et aux problématiques de société.

Il ne suffit pas de citer le fait ou l'évènement. Vous devez le présenter de façon assez précise et dire pourquoi il a retenu votre attention.

Évitez les sujets que vous ne maîtrisez pas.

Exemple

« Ces dernières semaines ont été ponctuées par des affaires d'enseignants amateurs de photographies pédopornographiques sur le net et mis en cause dans des violences sexuelles à l'encontre de jeunes enfants. Ces évènements tragiques prêchent en faveur d'une surveillance renforcée sur ce qui se passe sur la toile. Il important de développer des outils informatiques pour sécuriser internet et traquer les individus qui téléchargent des contenus illégaux. On pourrait imaginer une forme de contrôle sur l'accès à internet réalisé par les fournisseurs d'accès ».

e. Avez-vous des questions à poser ?

En fin de discussion, l'examinateur peut vous demander si vous avez des questions. Nous vous recommandons de préparer une ou deux question(s) sur la formation, les perspectives d'évolution…

Cette attitude montrera votre intérêt et votre curiosité pour la profession envisagée.

À défaut, vous pouvez aussi vous renseigner sur la suite du processus de sélection. Pour autant, évitez les questions trop évidentes.

31 Méthodologie & Conseils
Adopter une attitude adaptée à la situation

Votre présentation physique et votre attitude lors des entretiens sont primordiales.

De plus, votre tenue vestimentaire, votre façon de vous exprimer, votre gestuelle… reflètent certains traits de votre personnalité.

1 Votre présentation

Votre apparence (tenue vestimentaire, bijoux, maquillage, coiffure…) doit être soignée, sans pour autant vous donner l'impression d'être déguisé(e). Le mot d'ordre est d'en faire ni trop ni trop peu.

Le candidat devra porter le plus grand soin à sa présentation :

- Les hommes porteront veste et cravate et seront rasés de près et coiffé court.
- Les femmes choisiront un tailleur strict, mettront peu de bijoux et de maquillage.

Les uns et les autres devront éviter tout signe de différenciation visible : tatouage, piercing…

En tout état de cause, évitez :

- Les vêtements sales, froissés et sombres.
- Les vêtements trop larges, qui notamment cacheraient en partie vos mains.
- Les tenues « débraillées » : chemises hors du pantalon, jeans déchirés.
- Les tenues trop suggestives : jupe très courte, grand décolleté, vêtements transparents…
- La référence trop visible à des marques.
- Des cheveux sales, mal peignés ou qui cachent en partie le visage.
- Des ongles sales.
- Un sac mal organisé dont le contenu déborde.
- Un porte-documents maculé de tâches, de dessins, d'écritures…
- Une convocation ou une pièce d'identité déchirée, souillée.
- Des chaussures sales…

2 Votre attitude générale

Votre motivation sera visible par votre sourire et votre dynamisme.

Sourire donne une image positive de soi et indique à son interlocuteur que l'on prend plaisir à le rencontrer et à échanger avec lui. Essayez de conserver ce sourire tout au long de l'épreuve.

Être « visuellement » dynamique, permet d'attirer l'attention du recruteur sur vous. Au contraire, se mettre en retrait sur sa chaise, être statique, manquer de répondant face aux questions posées, peuvent être interprétés comme des signes de faible motivation.

Entrez dans le bureau avec un pas vif, saluez votre interlocuteur avec enthousiasme, donnez une poignée de main ferme si vous êtes amené(e) à serrer la main du Référent Recruteur. Installez-vous confortablement et de manière à pouvoir accentuer vos propos avec des gestes de tête, de mains…

Développer une relation d'écoute et de respect avec le recruteur, vous permettra d'être ouvert et réceptif aux échanges avec lui. Soyez attentif aux consignes données, aux tons et expressions de votre interlocuteur afin d'adapter votre discours en conséquence. Si, par exemple, vous percevez une incompréhension de sa part, vous pourrez ainsi reformuler spontanément votre propos.

Faites reformuler une question si nécessaire avant de répondre si vous n'êtes pas certain(e) d'en avoir compris le sens.

Exemple

« Je vous prie de m'excuser. Je ne suis pas sûr(e) d'avoir compris le sens de votre question. Pouvez-vous, s'il vous plaît, la reformuler ? »

Votre téléphone portable doit être éteint pendant toute la durée de l'épreuve. S'il sonne pendant l'oral, cela sera considéré comme un manque de savoir-vivre. Votre interlocuteur ne vous le pardonnera pas.

Tout comme le téléphone portable, le chewing-gum est très mal perçu. **Mâcher ou manger une quelconque nourriture est un comportement irrespectueux**. Soyez conscient que cela peut anéantir la meilleure des candidatures.

Soyez vigilant à ne pas couper la parole du recruteur. Si vous commencez une phrase en même temps qu'il vous pose une question, excusez-vous et proposez de lui laisser la parole.

Soyez poli. Dites « *bonjour* », « *au revoir* » et pensez à remercier votre interlocuteur à la fin de votre prestation.

Exemple

« Je vous remercie de l'attention portée à ma candidature et je vous souhaite une bonne fin de journée »

Écoutez le recruteur. Attendez qu'il ait fini de poser sa question, avant de commencer à répondre. Ne cherchez pas aller trop vite.

3 Votre posture

Prenez le temps de retirer votre veste, écharpe… afin de ne pas être « coincé(e) » dans vos vêtements ou de ne pas avoir trop chaud pendant l'entretien.

Assis face au recruteur, tenez-vous droit, légèrement penché(e) en avant et les avant-bras posés sur la table.

Attention, penché ne veut pas dire « avachi ». Avancez votre chaise de façon à ne pas être assis au bord. Ne baissez pas les épaules.

Évitez de croiser vos bras sous peine de donner l'impression d'être dans une position de défense, replié sur vous-même. Les mains doivent être visibles, posées sur la table, et libres de s'exprimer pour donner du dynamisme à vos propos.

4 Votre gestuelle

Certains gestes sont positifs, d'autres négatifs. Ils améliorent ou restreignent votre capacité de communication.

Les gestes devraient servir à accompagner les idées, à donner de la conviction au discours, à refléter une attitude d'ouverture, d'écoute… Ce sont des mouvements spontanés de mains, de doigts, de la tête, de sourcils ou de posture.

Malheureusement, certains gestes manifestent votre stress ou vos émotions :

- Évitez tout geste de contact (se gratter l'oreille, le cou…), froncer les sourcils, tout « jeu » avec un crayon ou tout autre objet. Ne « gesticulez » pas sur votre chaise. Ne balancez pas nerveusement vos jambes. Ces gestes parasites sont des signes de nervosité qui traduisent votre difficulté à maîtriser votre trac.
- Se frotter les mains, lissez une mèche de cheveux… montre un besoin de se rassurer.
- Se gratter la main ou le bras peut signifier de l'impatience ou de l'exaspération.
- Le croisement des jambes et surtout des bras, la mèche de cheveux devant les yeux, sont à proscrire. Ils traduisent un refus du dialogue ou une envie de repli sur soi.
- Enfin, le regard fuyant reflète un manque de confiance en soi.

Si vous êtes timide ou émotif, multipliez avant l'épreuve, les occasions de prise de parole en public et les simulations d'entretien avec différentes personnes de votre entourage. Soyez convaincu(e) de vos atouts pour réussir et prenez du recul par rapport aux attentes du recruteur. Leur objectif n'est pas de vous mettre en difficulté mais bien de savoir si vous avez le profil recherché pour devenir volontaire en gendarmerie.

Si vous n'avez pas idée de l'image que vous donnez à vos interlocuteurs, demandez à vos amis ou des membres de votre famille de vous filmer. Visionnez ensemble l'enregistrement et échanger sur vos impressions respectives. Cette technique vous fera progresser.

Penché en arrière, bras droit pendant, regard en l'air.

Mauvaise posture : trop « décontracté ».

Assis sur le bout de la chaise, tête baissée vers la table.

Mauvaise posture : mal à l'aise, vous êtes prêt à quitter l'entretien.

Accoudé sur la table, la tête reposant sur la main.

Mauvaise posture : « Mais qu'est-ce que je fais là ? »

Assis, bras croisés, remuant les pieds.

Mauvaise posture : attitude défensive, « vous vous débattez pour survivre ».

Assis sur le bout de la chaise, tête baissée, bras croisés, jambes croisées.

Mauvaise posture : vous n'êtes pas réceptif.

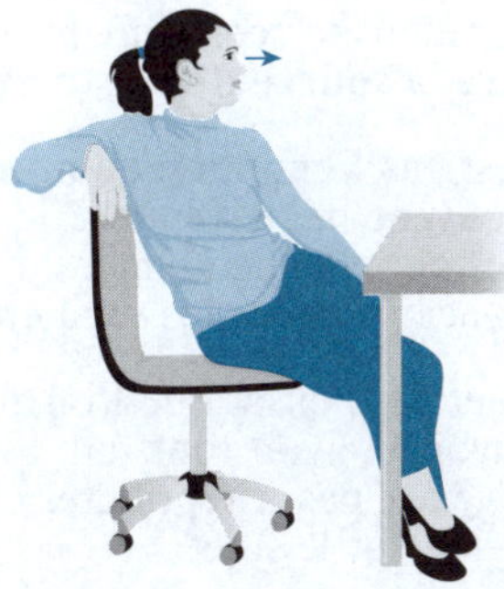

Assis sur une fesse, légèrement de côté, le coude droit sur le dos de la chaise, jambes croisées.

Mauvaise posture : une posture de rigolo.

Dos presque vertical, tête redressée, regard droit, mains posées sur la table sans être statique.

Bonne posture.

Gérer votre stress

Bien des candidats, pensant pourtant être bien préparés, perdent leurs moyens lors de l'entretien parce qu'ils sont envahis par le trac.

Le trac est une appréhension ressentie quand on doit prendre la parole devant une ou des personnes que l'on ne connaît pas. Cette anxiété est naturelle compte tenu de l'enjeu de l'épreuve et du niveau d'exigence de la gendarmerie.

Les symptômes sont variés : bouche sèche, douleur abdominale, tremblements, rougissements, transpiration, bredouillements, palpitations, crispations musculaires, pertes de mémoire…

Le candidat vit la situation comme **une perte de contrôle particulièrement gênante** et accentuée par le sentiment de donner une piètre image de lui-même.

Un entretien de recrutement est une situation stressante. Il convient avant tout de **comprendre la source de ce stress.**

Ce n'est pas l'entretien en lui-même qui génère le trac. Il trouve son origine dans les pensées souvent négatives que le candidat développe à cette occasion. En effet, penser que d'autres ont plus de chances d'être retenus que soi ou que l'on est trop jeune par exemple, ne le place pas dans les meilleures conditions pour réussir.

Il ne faut pas penser que l'on attend de vous que vous répondiez à tout. Vous ne pouvez pas tout savoir et avoir tout fait. Si votre interlocuteur vous pose une question à laquelle vous ne parvenez pas à répondre, dis-le avec simplicité et manifestez votre intention de vous renseigner sur le sujet.

Ayez confiance en vous et partez gagnant(e).

Ceci étant dit, il est toujours possible de canaliser son stress. Voici quelques conseils pour y parvenir.

1 Préparez-vous

Appréhender par avance le déroulement de l'entretien de recrutement et les attentes du recruteur, maîtriser la présentation de son parcours, connaître la formation, avoir écrit au préalable ses motivations et son projet professionnel, avoir identifié les atouts de sa candidature (qualités, aptitudes, expériences, etc.)… sont autant d'éléments de votre préparation qui seront la clé de votre réussite. Avoir l'impression d'être prêt(e) lève près de la moitié du trac.

Ne négligez rien, et surtout pas les détails. Par exemple, prenez le temps de finaliser votre discours de présentation sans donner pour autant l'impression de le réciter le jour J.

Préparez votre réponse à un maximum de questions possibles sur votre parcours, le volontariat, vous-même, votre projet…

Entraînez-vous dans les conditions réelles des entretiens.

Vous pouvez parler devant quelqu'un, éventuellement une personne préparant le même concours que vous en jouant alternativement le rôle du candidat et celui de l'examinateur. Au fur et à mesure des séances, vous gagnerez en performance et confiance en vous.

2 Anticipez

Évitez de vous mettre dans des conditions de concours défavorables. Pour cela, organisez-vous pour arriver avec suffisamment d'avance, faites-vous une « check-list » afin de ne rien oublier.

Accordez-vous une bonne nuit de sommeil, la nuit qui précède le jour des oraux. Vous ne pouvez pas vous permettre d'être fatigué(e).

Portez une tenue adaptée à la situation.

Prenez le temps de vous installer avant de débuter votre entretien afin d'éviter toute posture inconfortable.

3 Relativisez

Rappelez-vous que le Référent Recrutement n'est pas là pour juger votre personne mais bien pour évaluer vos capacités à devenir volontaire. Ce n'est pas parce que vous bloquez sur une question, que tout est perdu. Et dites-vous que plus il vous questionne, plus il est susceptible d'être intéressé par votre candidature.

4 Décontractez-vous

Si vous êtes sujet au trac, contrôlez votre respiration. Pendant la phase d'attente, inspirez profondément par le nez et soufflez tout doucement en contrôlant votre débit. Recommencez cet exercice plusieurs fois jusqu'à ce que vous ayez retrouvé votre calme.

Souriez. Le sourire aide à combattre le stress en donnant une image agréable de vous à vos interlocuteurs.

5 Concentrez-vous

Pendant toute la durée de l'entretien, entre le moment où vous entrez dans la salle et celui où vous en sortez, restez concentré(e) et à l'écoute de votre interlocuteur. Ne cherchez à monopoliser la parole. Prenez quelques secondes de réflexion avant de répondre aux questions posées, ce qui donnera de vous, l'image d'une personne calme et réfléchie.

6 Positivez

L'autosuggestion est très efficace. Les jours qui précèdent l'entretien, forcez-vous à penser à vos réussites sous toutes ses formes (permis de conduire, votre vie de couple, un diplôme...). Valorisez ces succès pour vous placer dans un état d'esprit positif et gagnant.

Rappelez-vous qu'il est plus facile de réussir si l'on est convaincu de sa capacité à obtenir ce que l'on veut. Il est nécessaire de cultiver sa confiance en soi.

Vous n'avez rien à perdre à vous présenter aux entretiens, bien au contraire. Vous allez pouvoir dire à un recruteur combien vous êtes motivé(e) et prêt(e) à exercer les missions des volontaires en gendarmerie.

33 Méthodologie & Conseils
Soigner la forme du discours

La personne chargée du recrutement sera sensible à la manière dont vous vous exprimez.

1 Le rythme

Faites attention à ne pas parler trop vite, cela vous donnera également le temps d'organiser votre raisonnement. N'ayez pas peur d'aménager de courtes pauses afin de souligner les points importants de votre discours et de faire les transitions (mots de liaison) d'une étape à une autre de votre argumentation.

Pour faciliter la compréhension du jury, prenez soin de bien articuler. Les propos seront plus audibles et compréhensibles.

Par ailleurs, rappelez-vous que les recruteurs n'apprécient pas les candidats trop préparés qui donnent des réponses de façon quasi-automatisée.

2 La voix

La voix doit être claire et posée. Parlez fort même si le recruteur se trouve à quelques mètres de vous afin d'être parfaitement audible.

Variez les intonations de manière à donner de la vie à votre discours. Un ton monocorde est lassant.

3 Le respect de la langue française

Vous devez bien vous exprimer, c'est-à-dire tenir un discours clair avec un vocabulaire précis et adapté. Il est préférable de faire des phrases courtes et bien structurées.

Évitez les abréviations, les sigles ainsi que les mots trop familiers (« cool », « super »…).

Les mots parasites répétés deviennent vite agaçants pour un recruteur, qui finit par ne plus entendre que cela au détriment du contenu de vos propos. Il s'agit d'interjections (« euh… ») et de tics verbaux (« alors », « bon », « un peu », « en général »…).

Exemple

Le candidat dit : « Euh je m'appelle Sophie Legrand. En fait, j'ai 25 ans. Je suis originaire de Bretagne, euh plus exactement du Morbihan. En fait, j'ai suivi toute ma scolarité à………… ».

Ces mots parasites servent généralement à combler des « blancs » qui paniquent le candidat. Pour les éviter, ralentissez le débit de votre discours.

Faites également attention à ne pas être trop répétitif.

Si vous ne parvenez pas à évaluer vos difficultés, enregistrez-vous lors d'une séance d'entraînement sur votre présentation. En vous écoutant, vous n'aurez aucune difficulté à repérer vos faiblesses..

Sujets blancs

- Sujet 1 de connaissances générales
- Sujet 2 de connaissances générales
- Sujet 3 de connaissances générales
- Sujet 4 de connaissances générales
- Sujet 5 de compréhension de textes
- Sujet 6 de compréhension de textes
- Sujet 7 de compréhension de textes
- Sujet 8 de compréhension de textes

30 ou 40 minutes

Sujet 1

Connaissances générales

30 minutes

Identifiez pour chaque question la lettre qui correspond à la proposition correcte.

Culture générale

1. En juillet 2019, qui succède à Theresa May au poste de Premier ministre du Royaume-Uni ?

❒ **a.** Boris Johnson ❒ **b.** David Cameron ❒ **c.** Nicola Sturgeon

2. Où ont lieu les Jeux olympiques d'été 2020 ?

❒ **a.** En France ❒ **b.** En Russie ❒ ❒ **c.** Au Japon

3. Quel est le résultat de 2 036 × 2,1 ?

❒ **a.** 4 075,6 ❒ **b.** 4 275,6 ❒ **c.** 4 073

4. Quel est le point culminant des Alpes ?

❒ **a.** Le mont Blanc ❒ **b.** Le mont Rose ❒ **c.** Le mont Maudit

5. Quelle est la capitale de l'Allemagne ?

❒ **a.** Copenhague ❒ **b.** Berlin ❒ **c.** Berne

6. Qui surnommait-on « le Père de la Victoire » ?

❒ **a.** Georges Clemenceau

❒ **b.** Raymond Poincaré

❒ **c.** Charles de Gaulle

7. Quel pays n'est pas fondateur de la Communauté économique européenne en 1957 ?

❒ **a.** Belgique ❒ **b.** Autriche ❒ **c.** France

8. Quel ministère Emmanuel Macron dirigeait-il sous la présidence de François Hollande ?

❒ **a.** Économie ❒ **b.** Affaires étrangères ❒ **c.** Travail

9. Qui préside le Brésil depuis 2019 ?

❒ **a.** Michel Temer ❒ **b.** Lula ❒ **c.** Jair Bolsonaro

10. Parmi ces films, lequel n'est pas d'Alfred Hitchcock ?

❒ **a.** *Ascenseur pour l'échafaud*

❒ **b.** *Les oiseaux*

❒ **c.** *Fenêtre sur cour*

11. Quelle est la durée du mandat d'un député en France ?

❐ **a.** 4 ans ❐ **b.** 5 ans ❐ **c.** 6 ans

12. Qui a écrit *L'Éducation sentimentale* ?

❐ **a.** Stendhal
❐ **b.** Victor Hugo
❐ **c.** Gustave Flaubert

13. Quel est le titre de l'épisode IX de la saga Star Wars ?

❐ **a.** *Le Réveil de la Force*
❐ **b.** *Les Derniers Jedi*
❐ **c.** *L'Ascension de Skywalker*

14. Un article à 120 € est soldé à 15 %. Quel est son prix soldé ?

❐ **a.** 110 € ❐ **b.** 106 € ❐ **c.** 102 €

15. Comment nomme-t-on les habitants de Tours ?

❐ **a.** Les Tourains ❐ **b.** Les Tourangeaux ❐ **c.** Les Touristiers.

16. Quelles sont les couleurs présentes sur le drapeau de l'Autriche ?

❐ **a.** rouge et blanc
❐ **b.** vert et blanc
❐ **c.** jaune, noir et rouge

17. Quel est le plus haut niveau d'alerte du plan Vigipirate ?

❐ **a.** Urgence attentat ❐ **b.** État d'urgence ❐ **c.** Niveau écarlate

18. À quelle température l'eau devient-elle solide ?

❐ **a.** 10 C ❐ **b.** –10 C ❐ **c.** 0 C

19. Quel animal brait ?

❐ **a.** La vache ❐ **b.** La chèvre ❐ **c.** L'âne

20. Quel fleuve traverse Rouen ?

❐ **a.** La Loire ❐ **b.** La Seine ❐ **c.** La Garonne

21. Qui a immédiatement précédé Barack Obama à la présidence des États-Unis ?

❐ **a.** Bill Clinton ❐ **b.** George W. Bush ❐ **c.** Donald Trump

22. Parmi ces instruments de musique, lequel est un instrument à vent ?

❐ **a.** La contrebasse ❐ **b.** La clarinette ❐ **c.** Le piano

23. Laquelle de ces plantes potagères n'est pas une racine comestible ?

❐ **a.** L'avocat ❐ **b.** Le radis ❐ **c.** Lacarotte

24. Que vaut le double du double de 14 ?

❐ **a.** 42 ❐ **b.** 56 ❐ **c.** 52

25. Combien de syllabes comporte un décasyllabe ?

❒ **a.** 8 ❒ **b.** 10 ❒ **c.** 12

26. Combien y a-t-il de mètres carrés dans un are ?

❒ **a.** 100 m^2 ❒ **b.** 1 m^2 ❒ **c.** 1 000 m^2

27. Qui est le créateur du personnage de bande dessinée Le Grand Duduche ?

❒ **a.** Cabu ❒ **b.** Peyo ❒ **c.** Roba

28. Qui a peint *Les Nymphéas* ?

❒ **a.** Claude Monet ❒ **b.** Francisco Goya ❒ **c.** Camille Pissarro

29. En France, qui nomme les préfets ?

❒ **a.** Le président de la République
❒ **b.** Le Premier ministre
❒ **c.** L'Assemblée nationale

30. Quelle invention doit-on à Nicolas-Jacques Conté ?

❒ **a.** L'automobile ❒ **b.** La photographie ❒ **c.** Le crayon

31. Quelle est la monnaie de la Russie ?

❒ **a.** L'euro ❒ **b.** Le lev ❒ **c.** Le rouble

32. $172 \times 171 = ?$

❒ **a.** 29 412 ❒ **b.** 27 412 ❒ **c.** 25 412

33. De quel sport Martin Fourcade est-il spécialiste ?

❒ **a.** Le biathlon
❒ **b.** Le triathlon
❒ **c.** Le saut à la perche

34. Dans une recette de cuisine pour 4 personnes, il faut 180 grammes de sucre. Combien faudrait-il de sucre dans cette même recette réalisée pour 5 personnes ?

❒ **a.** 210 grammes ❒ **b.** 225 grammes ❒ **c.** 250 grammes

35. En quelle année la semaine de travail est-elle passée à 40 heures en France ?

❒ **a.** 1936 ❒ **b.** 1968 ❒ **c.** 1982

36. Parmi ces nombres, lequel est un nombre premier ?

❒ **a.** 35 ❒ **b.** 73 ❒ **c.** 33

37. Qui a remporté le Tournoi des Six Nations en 2019 ?

❒ **a.** Le Pays de Galles ❒ **b.** L'Écosse ❒ **c.** L'Angleterre

38. Quelle est la peine maximale de prison encourue pour un délit ?

❒ **a.** 1 an ❒ **b.** 5 ans ❒ **c.** 10 ans

39. Parmi ces monuments, lequel n'est pas inscrit au patrimoine mondial de l'UNESCO ?
- ❐ **a.** Notre-Dame de Paris
- ❐ **b.** Le Mont-Saint-Michel
- ❐ **c.** Le Panthéon de Paris

40. Lequel de ces nombres n'est pas un multiple de 3 ?
❐ **a.** 181 ❐ **b.** 381 ❐ **c.** 681

41. De quelle ville est originaire le calisson ?
❐ **a.** Nice ❐ **b.** Marseille ❐ **c.** Aix-en-Provence

42. Parmi ces animaux, lequel ne pond pas d'œufs ?
❐ **a.** La tortue ❐ **b.** Le lapin ❐ **c.** La libellule

43. Qu'est-ce que la JDC ?
- ❐ **a.** Journée défense et citoyenneté
- ❐ **b.** Journée de défense citoyenne
- ❐ **c.** Journée défense du citoyen

44. Qui chante *Comme d'habitude* ?
❐ **a.** France Gall ❐ **b.** Claude François ❐ **c.** Michel Sardou

45. Dans quel pays trouve-t-on le Taj Mahal ?
❐ **a.** En Inde ❐ **b.** Au Pakistan ❐ **c.** En Birmanie

46. Quel est le volume d'un pavé qui mesure 10 cm de long, 6 cm de large et 4 cm de haut ?
❐ **a.** 200 cm^3 ❐ **b.** 180 cm^3 ❐ **c.** 240 cm^3

47. Qui a composé *La Traviata* ?
❐ **a.** Berlioz ❐ **b.** Verdi ❐ **c.** Donizetti

48. Ma voiture consomme 4 litres pour 100 km. Combien de litres vais-je consommer pour une distance de 220 km ?
❐ **a.** 8,8 litres ❐ **b.** 7,6 litres ❐ **c.** 8,4 litres

49. Quel homme politique a succédé à Nicolas Hulot au poste de ministre de la Transition écologique en 2018 ?
- ❐ **a.** Élisabeth Borne
- ❐ **b.** François de Rugy
- ❐ **c.** Yannick Jadot

50. Quel ouvrage doit-on à Albert Camus ?
- ❐ **a.** *Les Mots*
- ❐ **b.** *Sous le soleil de Satan*
- ❐ **c.** *L'Étranger*

Français

1. Quelle est l'orthographe correcte du mot suivant ?
   - ❒ **a.** Flaccidité
   - ❒ **b.** Flacidité
   - ❒ **c.** Phlaccidité
2. Complétez correctement la phrase suivante : « Tu … après des illusions ».
   - ❒ **a.** courts
   - ❒ **b.** cours
   - ❒ **c.** courres
3. Quel est l'antonyme de l'adjectif pauvre ?
   - ❒ **a.** Opulent
   - ❒ **b.** Expansif
   - ❒ **c.** Illustre
4. Quel est le pluriel de bal ?
   - ❒ **a.** Des baux
   - ❒ **b.** Des bales
   - ❒ **c.** Des bals
5. Complétez correctement la phrase suivante : « … vous disiez, on vous écoute ».
   - ❒ **a.** Quoi que
   - ❒ **b.** Quoique
   - ❒ **c.** Quoiques
6. Les mots *mer* et *maire* sont :
   - ❒ **a.** homonymes
   - ❒ **b.** antonymes
   - ❒ **c.** paronymes
7. Quelle est la proposition mal orthographiée ?
   - ❒ **a.** Les pulls rouges
   - ❒ **b.** Les pulls violets
   - ❒ **c.** Les pulls kakis
8. Quel est le participe passé du verbe acquérir au masculin singulier ?
   - ❒ **a.** Acquis
   - ❒ **b.** Acquéris
   - ❒ **c.** Acqui
9. Quelle est la forme incorrecte ?
   - ❒ **a.** Y a-t-il un médecin ?
   - ❒ **b.** Y-a-t-il un médecin ?
   - ❒ **c.** Y a t il un médecin ?
10. Quelle phrase comporte une faute ?
    - ❒ **a.** Votre facture est prête.
    - ❒ **b.** La votre l'est également.
    - ❒ **c.** Cette responsabilité est vôtre.
11. Complétez correctement la phrase suivante : « Cette … de chaussettes est trouée ».
    - ❒ **a.** père
    - ❒ **b.** paire
    - ❒ **c.** pair
12. Quel est l'antonyme de coupable ?
    - ❒ **a.** Sanctionné
    - ❒ **b.** Incrédule
    - ❒ **c.** Innocent
13. Quel est le mot mal orthographié ?
    - ❒ **a.** Le verglas
    - ❒ **b.** Le nids
    - ❒ **c.** Le relais
14. Trouvez l'intrus.
    - ❒ **a.** Travail
    - ❒ **b.** Portail
    - ❒ **c.** Éventail
15. Quelle est la forme correcte au passé simple de l'indicatif ?
    - ❒ **a.** Ils virent
    - ❒ **b.** Ils voyèrent
    - ❒ **c.** Ils voirent

16. Complétez l'expression suivante : « Qui trop embrasse… ».

❒ **a.** ne fait rien ❒ **b.** mal étreint ❒ **c.** contraint

17. Quelle est la bonne orthographe ?

❒ **a.** Des coffres-forts

❒ **b.** Des coffre-forts

❒ **c.** Des coffres-fort

18. « Vous n'êtes pas … savoir cela ».

❒ **a.** sensé ❒ **b.** sensée ❒ **c.** censé

19. Quel temps n'existe pas ?

❒ **a.** Le passé postérieur

❒ **b.** Le futur simple

❒ **c.** Le passé surcomposé

20. Doit-on dire :

❒ **a.** Je pallie ce problème.

❒ **b.** Je pallie de ce problème.

❒ **c.** Je pallie à ce problème.

21. Quel est le féminin de vétéran ?

❒ **a.** Vétérante

❒ **b.** Vétérane

❒ **c.** Il n'a pas de féminin

22. Qu'est-ce qu'une baliverne ?

❒ **a.** Une illusion d'optique

❒ **b.** Un insecte

❒ **c.** Un propos frivole

23. Comment nomme-t-on les habitants de Madagascar ?

❒ **a.** Les Malgaches ❒ **b.** Les Madagascais ❒ **c.** Les Malgaciens

24. Quel mot est mal orthographié ?

❒ **a.** Accoustique ❒ **b.** Accréditation ❒ **c.** Accolade

25. Que signifie l'expression : « Avaler la pilule » ?

❒ **a.** Manger une chose avariée

❒ **b.** Faire une chose par contrainte

❒ **c.** Changer subitement d'avis

26. Quelle est la bonne orthographe ?

❒ **a.** Psycotique

❒ **b.** Psichotique

❒ **c.** Psychotique

27. Quelle phrase est correcte ?

❒ **a.** La mer, je l'ai vu.

❒ **b.** La mer, je l'ai vue.

❒ **c.** La mer, je l'ai vus.

28. Parmi ces mots, lequel est de genre masculin ?

❒ **a.** Obole ❒ **b.** Autoroute ❒ **c.** Iris

29. Complétez correctement la phrase : « Mon cousin … distrait avec un jeu de cartes ».

❒ **a.** ceux ❒ **b.** se ❒ **c.** ce

30. Complétez correctement la phrase suivante : « Durant le transport, les vivres ont subi une … ».

❒ **a.** avanie ❒ **b.** avariée ❒ **c.** avarie

31. Quelle est la bonne orthographe ?

❒ **a.** Qui conque ❒ **b.** Quiquonque ❒ **c.** Quiconque

32. Quelle est la nature du mot « bien » ?

❒ **a.** Conjonction de subordination

❒ **b.** Adverbe

❒ **c.** Adjectif

33. Quel adjectif correspond au nom *jour* ?

❒ **a.** Nocturne ❒ **b.** Diurne ❒ **c.** Journalier

34. Quel est le meilleur synonyme de l'adjectif *intempestif* ?

❒ **a.** Importun ❒ **b.** Opportun ❒ **c.** Excessif

35. Complétez correctement la phrase suivante : « Il arrive que je … ses mensonges ».

❒ **a.** crois ❒ **b.** croies ❒ **c.** croie

36. Quel mot est mal orthographié ?

❒ **a.** Pissenlis ❒ **b.** Salsifis ❒ **c.** Myosotis

37. Quelle est la bonne forme verbale ?

❒ **a.** Nous enverrons ❒ **b.** Nous envoyerons ❒ **c.** Nous envoirons

38. Quel mot n'existe pas ?

❒ **a.** Moriner ❒ **b.** Marauder ❒ **c.** Morigéner

39. Qu'est-ce qu'une planche de salut ?

❒ **a.** Un dernier espoir

❒ **b.** Un rempart protecteur

❒ **c.** Un dispositif d'accueil

40. Quel nom n'a pas de singulier ?

❒ **a.** Fiefs ❒ **b.** Lunettes ❒ **c.** Annales

41. Relevez la forme qui n'appartient pas au même mode verbal.

❒ **a.** Elles furent ❒ **b.** Elles seraient ❒ **c.** Elles seront

42. Quelle phrase est incorrecte ?

❒ **a.** Je peut entendre.

❒ **b.** Je souhaite en discuter.

❒ **c.** Je vaux la peine d'être connu.

43. Quelle est la bonne orthographe du mot proposé ?

❒ **a.** Épatemment ❒ **b.** Épatamment ❒ **c.** Épatament

44. Parmi les phrases suivantes, laquelle est à la tournure passive ?

❒ **a.** Je suis descendu déjeuner dès midi.

❒ **b.** Nous sommes allés au marché.

❒ **c.** Il est consterné.

45. Que signifie l'expression « la quadrature du cercle » ?

❒ **a.** La formule secrète

❒ **b.** La solution évidente

❒ **c.** Le problème insoluble

46. Quel nom a un féminin en –trice ?

❒ **a.** Inventeur ❒ **b.** Enchanteur ❒ **c.** Prêteur

47. Qu'est-ce qu'une hyperbole ?

❒ **a.** L'emploi d'un mot dans son sens contraire

❒ **b.** L'expression d'une idée de façon exagérée

❒ **c.** L'emploi figuré du sens d'un mot

48. Quelle est la bonne orthographe du nombre 3 000 ?

❒ **a.** Trois mille ❒ **b.** Trois miles ❒ **c.** Trois milles

49. Qu'est-ce que le mitan ?

❒ **a.** Le travail à temps partiel

❒ **b.** Le contraire du titan

❒ **c.** Le milieu

50. Quel est l'antonyme de savoureux ?

❒ **a.** Fade ❒ **b.** Dégoûtant ❒ **c.** Salé

Corrigés

Culture générale

1. a. Il lui succède le 24 juillet 2019. Cameron était le prédécesseur de May. Sturgeon est la femme Premier ministre d'Écosse depuis 2014.

2. c. Ils ont lieu à Tokyo. Ceux de 2024 seront à Paris.

3. b. $2\,036 \times 2{,}1 = 2\,036 \times 2 + 2\,036 \times 0{,}1 = 4\,072 + 203{,}6 = 4\,275{,}6$.

4. a. Le mont Blanc culmine à 4 809 m. C'est le point culminant de l'Europe de l'Ouest. Le mont Rose et le mont Maudit appartiennent à la chaîne des Alpes. Le mont Rose est le point culminant de la Suisse avec 4 634 m.

5. b. Copenhague est la capitale du Danemark et Berne est la capitale de la Suisse.

6. a. Clemenceau fut président du Conseil (Premier ministre) de 1917 à 1920. Il était également surnommé « le Tigre ».

7. b. Les autres membres fondateurs sont la RFA, l'Italie, le Luxembourg, les Pays-Bas.

8. a. Il détient de 2014 à 2016 le portefeuille de l'Économie, de l'Industrie et du Numérique.

9. c. Temer est son prédécesseur immédiat et Lula l'a présidé de 2003 à 2011.

10. a. Film réalisé par Louis Malle.

11. b. C'est la même durée que celle de président de la République et les élections se suivent.

12. c. Ouvrage de 1869.

13. c. La proposition **a.** correspond au titre de l'épisode VII et la **b.** au titre de l'épisode VIII.

14. c. $120 \times 15/100 = 18$; $120 - 18 = 102$ €.

15. b. Ce terme peut également désigner les habitants de la Touraine.

16. a.

17. a. Depuis 2016, ce plan comporte trois niveaux : Vigilance, Sécurité renforcée – risque attentat, Urgence attentat.

18. c. Elle devient de la glace.

19. a. La vache meugle ou mugit et la chèvre bêle ou béguète.

20. b. La Seine baigne également Paris.

21. b. Obama est président de 2009 à 2017 et Bush de 2001 à 2009.

22. b. La contrebasse et le piano sont des instruments à cordes.

23. a. L'avocat est un fruit.

24. b. $14 \times 2 \times 2 = 56$.

25. b. Un vers à 8 syllabes est un octosyllabe, et à 12 syllabes c'est un alexandrin.

26. a. En mesure des surfaces, un are correspond à un décamètre carré.

27. a. Jean Cabut, dit Cabu est l'une des victimes des attentats à *Charlie Hebdo* en 2015.

28. a. Série d'environ 250 toiles représentant le bassin de nénuphars de Monet à Giverny.

29. a. Il le fait sur proposition du Premier ministre.

30. c. La marque issue de son nom existe encore aujourd'hui. L'automobile est une invention de Joseph Cugnot en 1770 et la photographie de Nicéphore Niepce en 1825.

31. c. La Russie ne fait pas partie de la zone euro, ni de l'Union européenne. Le lev est la monnaie de la Bulgarie.

32. a.

33. a. Il est considéré comme l'un des plus grands biathlètes de l'histoire. Il a remporté 5 titres olympiques et 11 titres de champion du monde.

34. b. Faisons un tableau de proportionnalité.

Nombre de personnes	4	5
Nombre de grammes de sucre	180	*X*

$$X = \frac{180\ 5}{4} = 225 \text{ grammes.}$$

35. a. Il s'agit de la période du Front populaire, sous le gouvernement Léon Blum.

36. b. Un nombre premier est un nombre qui n'est divisible que par 1 ou par lui-même.

37. a. En 2018, c'est l'Irlande qui l'avait emporté.

38. c. Une période de prison supérieure à 10 ans ne peut s'appliquer qu'en cas de crime.

39. c. Notre-Dame de Paris est inscrite au patrimoine mondial de l'UNESCO avec l'ensemble des rives de la Seine.

40. a. Un nombre est multiple de 3 si la somme de ses chiffres est un multiple de 3. Ainsi dans 181, $1 + 8 + 1 = 10$ et 10 n'est pas sur la table de 3. En revanche $3 + 8 + 1 = 12$ et 12 est sur la table de 3. De même pour 681, $6 + 8 + 1 = 15$ et 15 est sur la table de 3.

41. c. Cette spécialité à base de melon confit et d'amandes date du XVe siècle.

42. b. Le lapin est vivipare : les petits se développent dans le ventre de leur mère et non dans un œuf expulsé par la mère.

43. a. Cette journée permet d'informer les jeunes de 16 à 25 ans sur leurs droits et devoirs en tant que citoyens ainsi que sur le fonctionnement des institutions. Elle doit être accomplie après le recensement militaire (ou « recensement citoyen »).

44. b. Cette chanson parle de la rupture du chanteur avec France Gall. Elle sera reprise de nombreuses fois, notamment en anglais par Frank Sinatra.

45. a. Ce mausolée de marbre blanc est au patrimoine mondial de l'UNESCO depuis 1983.

46. c. Il s'agit du volume d'un parallélépipède. Il faut calculer $10 \times 6 \times 4 = 240$ cm^3.

47. b. L'histoire s'inspire du roman d'Alexandre Dumas fils, *La Dame aux camélias*.

48. a. Faisons un tableau de proportionnalité.

Nombre de kilomètres	100	220
Nombre de litres d'essence	4	X

$$X = \frac{4 \times 220}{100} = 8{,}8 \text{ litres.}$$

49. b. François de Rugy a dû démissionner en juillet 2019 pour des soupçons d'utilisation de fonds publics à des fins personnelles.

50. c. *Les Mots* est un ouvrage de Sartre et *Sous le soleil de Satan* est un ouvrage de Bernanos.

Français

1. a. La flaccidité désigne l'état de ce qui est flasque.

2. b. Forme du verbe courir.

3. a. *Opulent* signifie *riche*.

4. c. *Baux* est le pluriel de *bail*.

5. a. *Quoi que* s'emploie devant un verbe au subjonctif (ici, *disiez*).

6. a. Ils ont la même prononciation.

7. c. *Kaki* est un adjectif de couleur issu d'un nom ; il est donc invariable.

8. a. Son féminin est *acquise* d'où la présence du –*s* final au singulier.

9. a. Les traits d'union permettent de relier le verbe au sujet inversé.

10. b. Il manque un accent circonflexe à *vôtre*.

11. b. *Père* désigne le papa et *pair* se dit d'un nombre divisible par deux.

12. c. Un antonyme est un mot de sens contraire.

13. b. Pas de *–s* final à *nid* au singulier.

14. a. Seul mot ayant un pluriel en *–aux*.

15. a. Forme du verbe *voir*.

16. b. Expression qui signifie qu'en faisant trop de choses, on ne fait rien de bien.

17. a. Lorsqu'un mot est composé d'un nom et d'un adjectif, les deux éléments s'accordent.

18. c. *Censé* signifie *supposé*.

19. a. Le passé surcomposé est le temps composé du passé composé (ex. : Il a eu fini).

20. a. Le verbe pallier est transitif direct, il n'est donc jamais suivi d'une préposition.

21. c. Tous les noms n'ont pas de féminin.

22. c. Ce mot désigne aussi des idées ou croyances sans fondement.

23. a.

24. a. Les mots en *ac-* dérivés d'*acoustique* prennent un seul *c*.

25. b.

26. c. Même orthographe pour psychose, psychanalyse, psychologue…

27. b. Accord avec le COD *l'* mis pour *la mer* et placé avant.

28. c. Une obole, une autoroute, un iris.

29. b. On emploie *se* pour construire un verbe pronominal.

30. c. Les vivres ont perdu leur fraîcheur. Une avanie est un affront.

31. c. *Quiconque* ne peut s'employer au pluriel.

32. b. Un adverbe désigne une manière d'être et il n'a pas de féminin, ce qui est le cas de *bien*.

33. b. L'adjectif nocturne correspond à la nuit.

34. a. *Intempestif* désigne ce qui gêne, qui importune. *Opportun* est un antonyme.

35. c. Verbe croire au subjonctif présent.

36. a. Un pissenlit, des pissenlits.

37. a. Il s'agit du verbe *envoyer*, verbe irrégulier.

38. a. Le verbe marauder signifie voler, et morigéner signifie réprimander.

39. a. C'est ce qui sauve, une dernière ressource.

40. c. Il faut dire *des annales* et jamais « une annale ». En revanche on peut dire *une lunette astronomique*.

41. b. *Elles seraient* est une forme du conditionnel présent ; les autres formes appartiennent à l'indicatif.

42. a. Il faut écrire *je peux*.

43. b. Adverbe correspondant à l'adjectif *épatant*.

44. c. Ce n'est pas lui qui consterne.

45. c.

46. a. Il ne faut pas dire « inventeuse ». Concernant les autres noms, il faut dire *un enchanteur, une enchanteresse, un prêteur, une prêteuse*.

47. b. C'est une figure de rhétorique.

48. a. Rappelons que mille est invariable.

49. c. Le travail la moitié du temps est *un mi-temps*.

50. a. Dégoûtant ne veut pas dire qui n'a pas de goût mais qui a mauvais goût.

Sujet 2
Sujet de connaissances générales

30 minutes

Identifiez pour chaque question la lettre qui correspond à la proposition correcte.

Culture générale

1. Quel pays n'est pas frontalier de l'Allemagne ?

❒ **a.** L'Autriche ❒ **b.** La Pologne ❒ **c.** La Hongrie

2. Qui a succédé à Charles de Gaulle après sa démission de la présidence de la République ?

❒ **a.** Valéry Giscard d'Estaing

❒ **b.** Jacques Chirac

❒ **c.** Georges Pompidou

3. Quel roman n'a pas été écrit pas Gustave Flaubert ?

❒ **a.** *Au Bonheur des Dames*

❒ **b.** *Madame Bovary*

❒ **c.** *L'Éducation sentimentale*

4. Parmi ces personnalités, laquelle n'a pas été maire de Paris ?

❒ **a.** Jean Tiberi ❒ **b.** Nicolas Sarkozy ❒ **c.** Jacques Chirac

5. Quelle était la nationalité de Mozart ?

❒ **a.** autrichienne ❒ **b.** allemande ❒ **c.** polonaise

6. Quelle conférence a unifié l'action des Alliés en février 1945 ?

❒ **a.** La conférence de Bandung

❒ **b.** La conférence de Yalta

❒ **c.** La conférence de Munich

7. Combien l'Union européenne compte-t-elle d'eurodéputés ?

❒ **a.** 577 **b.** 751 ❒ **c.** 873

8. Où peut-on admirer le tableau de Léonard de Vinci, *La Joconde* ?

❒ **a.** Au Louvre

❒ **b.** Au British Museum

❒ **c.** Au musée d'Orsay

9. Qui a écrit *La Condition humaine ?*

❒ **a.** Émile Zola ❒ **b.** Blaise Pascal ❒ **c.** André Malraux

10. 2 262 ÷ 58 = ?

❐ **a.** 39 ❐ **b.** 47 ❐ **c.** 36

11. Que vaut le quart du tiers de 24 ?

❐ **a.** 18 ❐ **b.** 2 ❐ **c.** 4

12. Yves Coppens a participé à la découverte de l'australopithèque…

❐ **a.** Lili ❐ **b.** Ève ❐ **c.** Lucy

13. Quelle est la capitale de la Pologne ?

❐ **a.** Minsk ❐ **b.** Bakou ❐ **c.** Varsovie

14. Qui est l'auteur de la trilogie romanesque *Le Seigneur des anneaux ?*

❐ **a.** Tolkien ❐ **b.** Hubbard ❐ **c.** Peter Jackson

15. Dans quel océan trouve-t-on l'île de La Réunion ?

❐ **a.** Pacifique ❐ **b.** Atlantique ❐ **c.** Indien

16. Quel est le pouvoir exercé par le gouvernement en France ?

❐ **a.** Législatif ❐ **b.** Exécutif ❐ **c.** Judiciaire

17. Parmi ces pièces de théâtre, laquelle n'est pas de Pierre Corneille ?

❐ **a.** *L'Illusion comique* ❐ **b.** *Le Cid* ❐ **c.** *Œdipe roi*

18. Quel grand personnage socialiste a été assassiné à la veille de la première guerre mondiale ?

❐ **a.** Jules Ferry ❐ **b.** Léon Blum ❐ **c.** Jean Jaurès

19. Dans quel pays se trouve le canal de Suez ?

❐ **a.** en Turquie ❐ **b.** en Grèce ❐ **c.** en Égypte

20. Quelle proposition est vraie concernant la thermodynamique ?

❐ **a.** Elle étudie le rapport entre les phénomènes calorifiques et mécaniques

❐ **b.** Le président de la République Sadi Carnot a jeté les bases de cette branche de la physique

❐ **c.** C'est James Joule qui a introduit le principe d'entropie

21. Qu'est-ce que la domotique ?

❐ **a.** L'ensemble des actions visant à rendre une maison salubre

❐ **b.** L'ensemble des techniques permettant d'automatiser un habitat

❐ **c.** L'ensemble des procédés permettant de restaurer une maison

22. Parmi ces pays, lequel ne fait pas partie de l'OPEP ?

❐ **a.** Libye ❐ **b.** Venezuela ❐ **c.** États-Unis

23. En quelle année l'URSS a-t-elle été dissoute ?

❐ **a.** 1989 ❐ **b.** 1991 ❐ **c.** 2001

24. Parmi ces sports, lequel ne fait pas partie des disciplines officielles des Jeux olympiques ?

❒ **a.** Football ❒ **b.** Tir à l'arc ❒ **c.** Rugby à XV

25. Parmi ces fonctions, laquelle est élective en France ?

❒ **a.** Préfet de région
❒ **b.** Conseiller départemental
❒ **c.** Ministre

26. Qui préside actuellement l'État palestinien ?

❒ **a.** Mahmoud Abbas
❒ **b.** Shimon Peres
❒ **c.** Mahmoud Ahmadinejad

27. Depuis son mariage avec le prince William, Catherine Middleton est :

❒ **a.** Duchesse de Cornouailles
❒ **b.** Princesse de Galles
❒ **c.** Duchesse de Cambridge

28. La petite madeleine de Proust se réfère ?

❒ **a.** À une amitié d'enfance
❒ **b.** À la résurgence des souvenirs
❒ **c.** À la paresse

29. Quel titre portait l'article de Zola dans *L'Aurore* du 13 janvier 1898 ?

❒ **a.** « J'accuse »
❒ **b.** « Dreyfus innocent »
❒ **c.** « Non coupable »

30. $9\,999 \div 99 = ?$

❒ **a.** 99 ❒ **b.** 100 ❒ **c.** 101

31. Qui est Olympe de Gouges ?

❒ **a.** Une féministe ayant vécu pendant la Révolution française
❒ **b.** Une sportive accusée d'avoir menti sur son identité sexuelle
❒ **c.** Une héroïne médiévale française

32. Qui est Secrétaire général de la CGT depuis 2015 ?

❒ **a.** Philippe Martinez
❒ **b.** Laurent Berger
❒ **c.** Pierre Gattaz

33. Aux échecs, qu'est-ce qu'un roque ?

❒ **a.** L'autorisation de replacer les pièces sur le plateau
❒ **b.** La contrainte de jouer beaucoup de coups en peu de temps
❒ **c.** Le déplacement du roi de deux cases vers une tour et de la tour sur la dernière case traversée par le roi

34. Qui a écrit *Bonjour tristesse* ?

❒ **a.** Simone de Beauvoir

❒ **b.** Françoise Sagan

❒ **c.** Nathalie Sarraute

35. Dans la mythologie grecque, quelle est la déesse de la chasse ?

❒ **a.** Artémis ❒ **b.** Aphrodite ❒ **c.** Héra

36. Combien de cellules comporte une amibe ?

❒ **a.** 1 ❒ **b.** 2 ❒ **c.** 1 000

37. Que signifie le sigle IDH ?

❒ **a.** Instance dirigeante humanitaire

❒ **b.** Indice de développement humain

❒ **c.** Indicateur de dérogation humaine

38. Pierre a eu 4 notes ce trimestre en Anglais : 12/20, 9/20, 8/20, 10/20.
Quelle note doit-il avoir à son dernier devoir pour obtenir la moyenne de 10/20 ?

❒ **a.** 11/20 ❒ **b.** 12/20 ❒ **c.** 13/20

39. Où se situe le siège de l'ONU ?

❒ **a.** À Genève ❒ **b.** À Londres ❒ **c.** À New York

40. Quand a été créé le FMI ?

❒ **a.** en juillet 1955 ❒ **b.** en juillet 1969 ❒ **c.** en juillet 1944

41. Quelle œuvre musicale n'est pas de Mozart ?

❒ **a.** *Cosi fan tutti*

❒ **b.** *Le Barbier de Venise*

❒ **c.** *L'enlèvement au sérail*

42. Parmi ces peintres, lequel n'est pas impressionniste ?

❒ **a.** Théodore Géricault

❒ **b.** Claude Monet

❒ **c.** Alfred Sisley

43. Trouvez l'intrus.

❒ **a.** François II ❒ **b.** Henri VI ❒ **c.** Louis XIII

44. Qui est le Secrétaire général de l'ONU en 2016 ?

❒ **a.** Mario Monti ❒ **b.** Barak Obama ❒ **c.** Ban Ki-moon

45. Quelle est la capitale du Mali ?

❒ **a.** N'Djamena ❒ **b.** Bamako ❒ **c.** Islamabad

46. Quel est le nom du roi d'Espagne ?

❒ **a.** Juan Carlos II ❒ **b.** Felipe VI ❒ **c.** Franco II

47. Si on augmente un produit de 20 % puis qu'on le baisse ensuite de 30 %, quelle est le pourcentage de baisse finale ?

❒ **a.** 16 % ❒ **b.** 15 % ❒ **c.** 12 %

48. Parmi ces pays, lequel n'autorise pas le mariage aux couples de même sexe ?

❒ **a.** L'Espagne ❒ **b.** La Grèce ❒ **c.** La Belgique

49. Où était Martin Luther King lorsqu'il a prononcé en 1963 son célèbre discours « I have a dream » ?

❒ **a.** À la Maison blanche

❒ **b.** Devant le Lincoln Memorial

❒ **c.** Au Capitole des États-Unis

50. Quel est le prénom du capitaine Haddock dans la bande dessinée *Les aventures de Tintin* ?

❒ **a.** Tryphon ❒ **b.** Hector ❒ **c.** Archibald

Français

1. Comment écrit-on en toutes lettres le nombre 2 000 900 ?

❒ **a.** Deux-millions-neuf-cents

❒ **b.** Deux millions neuf cent

❒ **c.** Deux millions neuf cents

2. La baguette que l'on place au bas d'un mur est une…

❒ **a.** Plainte ❒ **b.** Pleinte ❒ **c.** Plinthe

3. Dans quelle phrase le verbe est-il bien conjugué au présent de l'indicatif ?

❒ **a.** Vous maudites la terre entière.

❒ **b.** Vous maudissez la terre entière.

❒ **c.** Vous maudîtes la terre entière.

4. Dans quelle phrase le participe passé est-il bien accordé ?

❒ **a.** Elle a appréciée cette bonne nouvelle.

❒ **b.** Marie a joué cette mélodie.

❒ **c.** Je lui ai dite cette vérité.

5. L'adverbe qui correspond à l'adjectif *intelligent* est…

❒ **a.** Intelligemment ❒ **b.** Intelligeament ❒ **c.** Intelligeamment

6. Parmi ces mots, lequel n'est pas synonyme de *riche* ?

❒ **a.** Fortuné ❒ **b.** Indigent ❒ **c.** Opulent

7. Trouvez l'intrus :

❒ **a.** Servir ❒ **b.** Bleuir ❒ **c.** Roussir

Sujets blancs

8. Quelle phrase est correcte ?
   ❒ **a.** Marie et Pierre sont parti.
   ❒ **b.** Marie et Pierre sont partits.
   ❒ **c.** Marie et Pierre sont partis.

9. Parmi ces temps, lequel n'existe pas ?
   ❒ **a.** L'indicatif futur antérieur
   ❒ **b.** Le subjonctif plus-que-parfait
   ❒ **c.** L'indicatif présent composé

10. Quelle est la correspondance masculin/féminin incorrecte ?
   ❒ **a.** Fluet/fluète
   ❒ **b.** Discret/discrète
   ❒ **c.** Désuet/désuète

11. Quelle phrase est incorrecte ?
   ❒ **a.** Tu portes sa chemise.
   ❒ **b.** Ça n'a rien à voir.
   ❒ **c.** Il pense que çà n'est pas le problème.

12. Dans quelle proposition y a-t-il un mot mal orthographié ?
   ❒ **a.** Colon / côlon
   ❒ **b.** Jeune / jeûne
   ❒ **c.** Mite / mîte

13. Dans quelle proposition le genre du nom est-il correct ?
   ❒ **a.** Un paire ❒ **b.** Un globule ❒ **c.** Un acné

14. Qu'est-ce qu'un paronyme ?
   ❒ **a.** Un mot qui a une prononciation proche d'un autre mot
   ❒ **b.** Un mot qui désigne un nom de famille
   ❒ **c.** Un mot dont le sens est inclus dans celui d'un autre terme plus général

15. Parmi les associations suivantes, laquelle est incorrecte ?
   ❒ **a.** Fiévreux / fiévreuse
   ❒ **b.** Vieux / vieuse
   ❒ **c.** Mielleux / mielleuse

16. L'expression latine *carpe diem* signifie :
   ❒ **a.** « Cueille le jour »
   ❒ **b.** « À chaque jour sa peine »
   ❒ **c.** « Profite, comme la carpe, du jour »

17. Qu'est-ce qu'un *maelström* ?

❒ **a.** Une recette de cuisine

❒ **b.** Un mouvement d'agitation intense

❒ **c.** Une succession de hasards

18. Un vers de douze syllabes peut être un alexandrin mais aussi :

❒ **a.** Un octosyllabe

❒ **b.** Un décasyllabe

❒ **c.** Un dodécasyllabe

19. Parmi ces propositions de conjugaison du verbe craindre, laquelle est incorrecte ?

❒ **a.** Je crainds

❒ **b.** Nous craignions

❒ **c.** Il craignit

20. Parmi les propositions suivantes, laquelle est incorrecte ?

❒ **a.** Les voitures que j'ai vu brûler.

❒ **b.** Les histoires que j'ai entendu raconter.

❒ **c.** L'attitude que j'ai préférée prendre.

21. Il faut dire (une seule réponse correcte) :

❒ **a.** Rappelle-moi-le

❒ **b.** Rappelle-moi-s'en

❒ **c.** Rappelle-le-moi

22. Complétez correctement l'expression suivante : « Qui trop embrasse… »

❒ **a.** s'use les lèvres

❒ **b.** mal étreint

❒ **c.** trahit souvent

23. Parmi les verbes suivants, lequel n'est pas correctement conjugué ?

❒ **a.** J'enverrai

❒ **b.** Je conclurai

❒ **c.** Je mourirai

24. Quelle inversion verbe / sujet est incorrecte ?

❒ **a.** Où suis-je ?

❒ **b.** Où vais-je ?

❒ **c.** Où mange-je ?

25. Complétez le mot suivant : redin…

❒ **a.** …gote ❒ **b.** …gautte ❒ **c.** …gotte

26. Parmi ces mots, lequel ne peut être synonyme de l'adjectif *brave* ?

❒ **a.** Courageux ❒ **b.** Gentil ❒ **c.** Pleutre

27. « Pour qui sont ces serpents qui sifflent sur nos têtes » : cette célèbre phrase de Racine est une :

❒ **a.** Onomatopée ❒ **b.** Assonance ❒ **c.** Allitération

28. Parmi ces mots, lequel est mal orthographié ?

❒ **a.** Des petits-enfants
❒ **b.** Des petits-déjeûners
❒ **c.** Des petits-fours

29. Que signifie l'expression « Être mis au pilori » ?

❒ **a.** Être exposé à la critique publique
❒ **b.** Être isolé dans son propre camp
❒ **c.** Être interdit dans un lieu public

30. Parmi ces couples d'antonymes, trouvez l'intrus :

❒ **a.** Robuste / fragile
❒ **b.** Vice / vertu
❒ **c.** Innocence / candeur

31. Quelle est la seule correspondance singulier / pluriel correcte ?

❒ **a.** Un amiral / des amirals
❒ **b.** Un éditorial / des éditorials
❒ **c.** Un mistral / des mistrals

32. Quel mot est incorrect ?

❒ **a.** Le plexiglass ❒ **b.** Le mess ❒ **c.** Le fitness

33. Il faut dire :

❒ **a.** C'est toi et moi qui sont invités.
❒ **b.** C'est toi et moi qui êtes invités.
❒ **c.** C'est toi et moi qui sommes invités.

34. Parmi ces propositions, laquelle est incorrecte ?

❒ **a.** La cours est assez grande
❒ **b.** Le puits est très profond
❒ **c.** Notre corps est sensible au froid

35. Parmi les phrases suivantes, laquelle a un sens négatif ?

❒ **a.** Si jamais vous venez, prévenez-moi.
❒ **b.** D'aucuns pensent qu'il a tort.
❒ **c.** Je pense qu'il ne s'en soucie guère.

36. « La famille dont je suis issu. » Quel est l'infinitif du verbe *issu* ?

❒ **a.** Issoir ❒ **b.** Issir ❒ **c.** Issur

37. Complétez correctement la phrase suivante : « Depuis peu, il est… par la réussite à ses examens ».

❒ **a.** Omnubilé ❒ **b.** Obnibulé ❒ **c.** Obnubilé

38. Quelle est la forme correcte du verbe *créer* ?

❒ **a.** Elles ont été créées

❒ **b.** Elles ont été crée

❒ **c.** Elles ont été créés

39. Quelle est la forme correcte du verbe *traire* au subjonctif présent, 1re personne du singulier ?

❒ **a.** Que je traie ❒ **b.** Que je trais ❒ **c.** Que je trait

40. Quelle phrase n'est pas correctement orthographiée ?

❒ **a.** Les étaux sont utilisés pour maintenir serrés les outils.

❒ **b.** Les landaux contiennent de jolis poupons.

❒ **c.** L'homme subira toujours les fléaux de la nature.

41. Quelle phrase n'est pas à la voix passive ?

❒ **a.** Il est tombé du pommier.

❒ **b.** Ils sont tous réunis autour de leur père.

❒ **c.** Il a été remercié pour son dévouement.

42. Dans la phrase : « Sa mère le surveille de peur qu'il ne s'éloigne », quel rapport logique unit les deux propositions ?

❒ **a.** La conséquence ❒ **b.** La concession ❒ **c.** La manière

43. Le cachet officiel dont l'empreinte est marquée sur de la cire pour donner un caractère authentique à un acte est un…

❒ **a.** Saut ❒ **b.** Sceau ❒ **c.** Sot

44. Quel adverbe signifie *en connaissance de cause* ?

❒ **a.** Sciemment

❒ **b.** Informativement

❒ **c.** Causalement

45. Quelle phrase est grammaticalement correcte ?

❒ **a.** Voici la situation dont je m'en rappelle.

❒ **b.** Ce n'est pas ce que je me souviens.

❒ **c.** C'est le beau manoir que j'ai hérité.

46. Quelle proposition est incorrecte ?

❒ **a.** Quatre-vingt-trois ❒ **b.** Cent onze ❒ **c.** Trente deux

47. Lequel de ces homonymes n'existe pas ?

❒ **a.** Thym ❒ **b.** Tein ❒ **c.** Teint

48. Quel est l'adverbe qui correspond à l'adjectif gentil ?

❒ **a.** Gentiment

❒ **b.** Gentillement

❒ **c.** Il n'y en a pas

49. Quelle est la phrase correcte ?

❒ **a.** Le chaos de la route provoqua les chaos du véhicule.

❒ **b.** Le cahot de la route provoqua les chaos de véhicule.

❒ **c.** Le chaos de la route provoqua les cahots du véhicule.

50. Complétez cette expression : « Prendre le mors... »

❒ **a.** … par la queue

❒ **b.** … et rompre les liens

❒ **c.** … aux dents

Corrigés

Culture générale

1. **c.** Les autres pays frontaliers de l'Allemagne sont la France, le Luxembourg, la Belgique, les Pays-Bas, le Danemark, la République tchèque, la Suisse.

2. **c.** De Gaulle a démissionné en 1969 et il est décédé en 1970.

3. **a.** C'est un ouvrage d'Émile Zola.

4. **b.** Chirac l'a été de 1977 à 1995 et Tiberi de 1995 à 2001.

5. **a.** Il est né à Salzbourg en 1756.

6. **b.** Elle eut lieu en Crimée, réunissant notamment Churchill, Staline et Roosevelt, les dirigeants des pays vainqueurs.

7. **b.**

8. **a.** Le personnage de la Joconde est Mona Lisa.

9. **c.** C'est un roman paru en 1933.

10. **a.**

11. **b.** Il suffit de poser $\frac{1}{4} \times \frac{1}{3} \times 24 = \frac{24}{12} = 2$

12. **c.** Vieille de plus de 2 millions d'années, elle est découverte en Éthiopie en 1974.

13. **c.** Minsk est la capitale de la Biélorussie, et Bakou est celle de l'Azerbaïdjan.

14. **a.** John Ronald Reuel Tolkien (1892-1973) les a fait publier en 1954 et 1955.

15. **c.**

16. b. Il est plus précisément exercé par le couple exécutif composé du président de la République et du Premier ministre. Les autres ministres les aident à mener à bien la ligne d'action choisie.

17. c. *Œdipe roi* est une œuvre du tragédien grec Sophocle.

18. c. Cet homme politique pacifiste est assassiné le 31 juillet 1914 au Café du Croissant rue Montmartre par Raoul Villain.

19. c. Il est l'œuvre de l'entrepreneur français Ferdinand de Lesseps.

20. a. La thermodynamique est fondée par les travaux de Sadi Carnot, un physicien et ingénieur français qui est l'oncle du président Sadi Carnot. Dans son ouvrage *Réflexions sur la puissance motrice du feu* (en 1824).

21. b. La domotique consiste à automatiser le chauffage, la communication, la sécurité d'un habitat.

22. c. L'organisation des pays exportateurs de pétrole a été créée en 1960 pour négocier avec les sociétés pétrolières dans les domaines de la production, des prix, des droits de concession. Elle rassemble initialement cinq pays : l'Arabie saoudite, l'Iran, l'Irak, le Koweït et le Venezuela. Aujourd'hui, elle est constituée de 12 pays.

23. b. Formée en 1922 à l'issue de la guerre civile russe, l'Union des républiques socialistes soviétiques est dissoute le 26 décembre 1991 à l'issue du mandat de Mikhaïl Gorbatchev.

24. c. Sport officiel jusqu'en 1924, il a depuis disparu.

25. b. Les Conseillers départementaux sont élus au suffrage universel direct binominal à deux tours, à raison de deux conseillers par canton. Le mandat est de six ans.

26. a. Il a succédé à Yasser Arafat en 2005. Shimon Peres est le président de l'État d'Israël, Mahmoud Ahmadinejad a été président de la République islamique d'Iran de 2005 à 2013 (successeur : Hassan Rohani).

27. c. D'origine roturière, elle a obtenu ce titre par son mariage en 2011.

28. b. Cette expression est issue de l'ouvrage *À la recherche du temps perdu* de Marcel Proust et particulièrement de son premier volume intitulé *Combray*.

29. a. Émile Zola est né en 1840 et mort en 1902. Il est notamment resté célèbre pour avoir défendu le capitaine Dreyfus dans le journal *L'Aurore* en 1898. Pour cet article, Zola sera condamné en diffamation, et devra s'exiler en Angleterre pendant près d'un an.

30. c. $9999 \div 99 = 9900 \div 99 + 99 \div 99 = 100 + 1 = 101$

31. a. Femme de lettres et féministe, elle est l'auteur de la *Déclaration des droits de la femme et de la citoyenne*. Partisane des Girondins, elle fut condamnée à mort et exécutée en 1793.

32. a. Laurent Berger est le Secrétaire général de la CFDT (Confédération française démocratique du travail) depuis le 2012. Pierre Gattaz est le président du MEDEF (Mouvement des entreprises de France).

33. c. On parle de petit roque quand l'inversion se fait du côté du roi et de grand roque s'il se fait du côté de la dame.

34. b. Ce premier roman de Françoise Sagan paraît en 1954.

35. a. Artémis correspond à la Diane des Romains. Aphrodite est la déesse de l'amour, Héra est la déesse du mariage.

36. a. C'est un être unicellulaire.

37. b. L'IDH est un indice des Nations unies qui permet d'évaluer le niveau de développement d'un pays selon trois critères majeurs : le niveau de vie, le niveau d'éducation et l'espérance de vie à la naissance. Il se situe entre 0 et 1 et atteint 0,9 pour les pays les plus développés.

38. a. Pour obtenir 10/20 avec 5 notes, il faut 50 points. Or Pierre a déjà obtenu 12 + 9 + 8 + 10 = 39. Il lui faut donc 50 - 39 = 11.

39. c. Cette organisation internationale a son siège à Manhattan.

40. c. Le Fonds monétaire international a été créé pour promouvoir la coopération monétaire internationale, garantir la stabilité financière, faciliter les échanges internationaux, contribuer à un niveau élevé d'emploi, à la stabilité économique et faire reculer la pauvreté.

41. b. Il a composé *Les noces de Figaro* à partir de l'ouvrage de Beaumarchais intitulé *Le Barbier de Séville*.

42. a. Théodore Géricault est un peintre issu du courant romantique.

43. b. Henri VI n'est pas le nom d'un roi de France.

44. c. Il est à ce poste depuis 2017. Il a succédé à Ban Ki-moon.

45. b. N'Djamena est la capitale du Tchad. Islamabad est celle du Pakistan.

46. b. Il a succédé à son père Juan Carlos Ier, après son abdication, le 19 juin 2014. Juan Carlos Ier avait lui-même succédé à Franco en 1975.

47. a. Pour 100 €, l'augmentation va amener au prix de 120 € et la baisse au prix de 84 € :

$120 \times (1 - \frac{30}{100}) = 120 \times 0,7 = 84$ €.

En passant de 100 € à 84 €, la baisse est de 16 %.

48. b. Le mariage homosexuel est légal en Espagne depuis 2005, en Belgique depuis 2006 et en France depuis 2013. La Grèce autorise l'union civile uniquement.

49. b. Il était donc à Washington lors de ce célèbre discours le 28 août 1963, prononcé dans le cadre du Mouvement des droits civiques.

50. c. Tryphon est le prénom du professeur Tournesol.

Français

1. c. *Million* s'accorde au pluriel, *cent* et *vingt* s'accordent s'ils sont multipliés (trois cents, quatre-vingts) et qu'ils finissent le nombre. Les traits d'union se placent entre les éléments inférieurs à cent.

2. c. À ne pas confondre avec la plainte, fait de se plaindre.

3. b. *Maudire* ne se conjugue pas comme dire à la 1re et à la 2e personne du pluriel du présent de l'indicatif. La proposition c. correspond au passé simple.

4. b. Le participe passé employé avec l'auxiliaire avoir s'accorde si celui-ci précède. Dans les autres cas, il faut laisser invariable.

5. a. Les adverbes issus d'adjectifs en *–ent* s'écrivent *–emment* prononcé *–amment.*

6. b.

7. a. Seul verbe qui n'est pas du 2e groupe ; tous les autres prennent *–iss* à certaines formes (ex. : nous bleuissons, nous roussissons).

8. c. Quand deux sujets au singulier sont coordonnés, ils forment un pluriel. Quant au genre, le masculin l'emporte sur le féminin.

9. c. Il existe l'indicatif présent et l'indicatif passé composé.

10. a. Les noms et adjectifs en –et ont un féminin en –ette sauf *préfet, (in)complet, concret, désuet, (in)discret, inquiet, replet* et *secret.*

11. c. « Il pense que ça n'est pas le problème ». Dans cette phrase, *ça* peut être remplacé par *cela.*

12. c. *Mîte* n'existe pas.

13. b. Tous les autres mots sont de genre féminin.

14. a. Un mot qui désigne un nom de famille est un patronyme, un mot dont le sens est inclus dans celui d'un autre terme plus général est un hyponyme (ex. : *mammifère* est l'hyponyme d'*animal*).

15. b. Le nom *vieux* a pour féminin *vieille.*

16. a. Cette expression d'Horace signifie qu'il faut savoir profiter de l'instant présent sans angoisse de l'avenir.

17. b. Un *maelström* ou *malstrom* est un tourbillon formé dans la mer ; au sens figuré c'est un mouvement d'agitation qui entraîne tout sur son passage.

18. c. Un octosyllabe compte 8 syllabes, un décasyllabe en compte 10.

19. a. Il faut écrire je crains à l'indicatif présent car les verbes en *–indre* et *–soudre* ne conservent le *–d* dans leur conjugaison que s'il est suivi d'un *–r.*

20. c. Lorsqu'un participe passé est suivi d'un infinitif, ce participe s'accorde avec le COD si celui-ci est placé avant et qu'il fait l'action exprimée par l'infinitif. Ici, *l'attitude* ne fait pas l'action de *prendre.*

21. c. Dans les inversions verbe/pronom complément, le COD doit toujours être le plus proche complément du verbe. Ici, il s'agit de *le*, *moi* étant un COI.

22. b. Cela signifie que celui qui fait trop de choses les fait mal.

23. c. Ils sont tous conjugués au futur simple, 1re personne du singulier. Pour *mourir*, la bonne forme est *je mourrai.*

24. c. Pour l'inversion des verbes du 1er groupe, il faut ajouter un accent aigu (mangé-je).

25. a. Il faut écrire *redingote* avec un seul *–t.*

26. c. *Pleutre* signifie *lâche, sans courage* ; c'est un antonyme (mot de sens contraire) de *brave*. *Gentil* est synonyme dans le sens de *brave homme*.

27. c. Phrase prononcée par Oreste dans l'*Andromaque* de Racine, acte V, scène 5.

28. b. *Petit-déjeuner* ne prend pas d'accent circonflexe.

29. a.

30. c. *Innocence* et *candeur* sont des synonymes.

31. c. Il faut dire *des amiraux, des éditoriaux*.

32. a. C'est le seul qui ne finit pas par *–ss* (*plexiglas*). Un *mess* est un lieu de repas des officiers.

33. c. L'accord du verbe *inviter* se fait avec le sujet *qui* dont l'antécédent est *toi et moi*, c'est-à-dire *nous*.

34. a. Le nom *cour* prend pas de *–s* au singulier dans ce sens.

35. c. La 1re phrase signifie : « Si vous venez un jour, prévenez-moi ». La 2e phrase signifie : « Certains pensent qu'il a tort ».

36. b. Le verbe *issir* est du 3e groupe et signifie *sortir*. Il n'est employé qu'au participe passé.

37. c.

38. a. Quand le participe passé est employé avec deux auxiliaires, seul le second compte pour l'accord ; ici c'est *être*, donc il faut accorder avec le sujet, donc au féminin pluriel. Pour *créer*, nous avons le radical *cré–* + *–ées* (terminaison).

39. a. À l'indicatif présent : *je trais*.

40. b. *Landau* et *sarrau* ont un pluriel en *–s* à la différence des autres mots en *–au* qui prennent *–x*.

41. a. Dans la 1re phrase, le sujet fait bien l'action exprimée par le verbe (tomber) ; dans les autres phrases ce n'est pas le cas.

42. b. On parle de lien de concession ou d'opposition pour la locution *de peur que*.

43. b. *Sceau* est de la même famille que *sceller*.

44. a. *Informativement* n'existe pas.

45. c. Il s'agissait de problèmes de construction des verbes avec ou sans prépositions (verbes intransitifs ou transitifs). Il faut dire *se rappeler quelque chose, se souvenir de quelque chose*. Il est possible de dire *hériter quelque chose* ou *hériter de quelque chose*.

46. c. On met un trait d'union entre les nombres inférieurs à cent, sauf s'il y a *et* (ex. : *vingt et un*).

47. b.

48. a.

49. c. *Chaos* : désordre total. *Cahot* : saut d'un véhicule provoqué par les ornières de la route.

50. c. Cette expression signifie « ne plus obéir » ou « montrer subitement de l'énergie ».

Sujet 3
Sujet de connaissances générales

30 minutes

Identifiez pour chaque question la lettre qui correspond à la proposition correcte.

Culture générale

1. Quel est le prénom du plus petit des frères Dalton dans la bande dessinée *Lucky Luke* ?

❒ **a.** Joe ❒ **b.** Averell ❒ **c.** Jack

2. Lequel de ces nombres est divisible par 2, 3, 4 et 5 ?

❒ **a.** 150 ❒ **b.** 155 ❒ **c.** 180

3. En chiffres romains, comment écrit-on 857 ?

❒ **a.** CCCLVII ❒ **b.** CCMLIIV ❒ **c.** DCCCLVII

4. Quel pays a pour capitale Zagreb ?

❒ **a.** La Roumanie ❒ **b.** La Croatie ❒ **c.** La Bulgarie

5. Quelle ville n'est pas traversée par la Garonne ?

❒ **a.** Bordeaux ❒ **b.** Agen ❒ **c.** Albi

6. Parmi ces départements, lequel ne fait pas partie de la région Auvergne-Rhône-Alpes ?

❒ **a.** Ain ❒ **b.** Haute-Savoie ❒ **c.** Lozère

7. Parmi ces fleuves, lequel ne coule pas uniquement en France ?

❒ **a.** La Loire ❒ **b.** La Garonne ❒ **c.** La Meuse

8. Quel ingrédient ne fait pas partie de la salade niçoise ?

❒ **a.** Le poivron ❒ **b.** Le riz ❒ **c.** La tomate

9. Dans quel sport a excellé Jackie Stewart ?

❒ **a.** Le cyclisme

❒ **b.** Le football

❒ **c.** Le pilotage automobile

10. Qui est Edward Snowden ?

❒ **a.** Un informaticien qui a révélé une surveillance de masse de la NSA

❒ **b.** Le fondateur de WikiLeaks, un diffuseur d'informations

❒ **c.** Un investisseur suédois qui a racheté ALSTOM

11. Lors de la coupe du monde de la FIFA (football) de 2014, quelle équipe a éliminé celle de la France ?

❒ **a.** Le Brésil ❒ **b.** L'Argentine ❒ **c.** L'Allemagne

12. Quel roi de France a succédé à François Ier ?

❒ **a.** Louis XIII ❒ **b.** Henri IV ❒ **c.** Henri II

13. Qui dirige le groupe PSA Peugeot Citroën ?

❒ **a.** Carlos Tavares ❒ **b.** Henri Proglio ❒ **c.** Carlos Ghosn

14. En quelle année est apparu Twitter ?

❒ **a.** 1998 ❒ **b.** 2006 ❒ **c.** 2010

15. Que signifie le sigle IFOP ?

❒ **a.** Institut français de l'organisation publique

❒ **b.** Institut français d'opinion publique

❒ **c.** Institut français d'opérations publiques

16. Parmi ces batailles napoléoniennes, laquelle est une défaite ?

❒ **a.** Bataille de Waterloo

❒ **b.** Bataille d'Austerlitz

❒ **c.** Bataille de Wagram

17. Concernant le film *La Vie d'Adèle - Chapitres 1 & 2*, laquelle de ces propositions est incorrecte ?

❒ **a.** Son réalisateur est Abdellatif Kechiche

❒ **b.** Les actrices principales sont Léa Seydoux et Adèle Exarchopoulos

❒ **c.** Les deux actrices principales ont obtenu ensemble l'Oscar de la meilleure actrice à titre exceptionnel

18. Parmi ces titres de films, lequel n'est pas de Walt Disney ?

❒ **a.** *Alice au Pays des Merveilles*

❒ **b.** *Mary Poppins*

❒ **c.** *La Mélodie du bonheur*

19. Parmi ces titres d'ouvrages, lequel n'est pas d'Agatha Christie ?

❒ **a.** *Peur sur la ville*

❒ **b.** *Le Crime de l'Orient-Express*

❒ **c.** *Les Vacances d'Hercule Poirot*

20. De quel pays Nelson Mandela est-il une des grandes figures de la lutte contre la ségrégation raciale ?

❒ **a.** Le Royaume-Uni ❒ **b.** L'Algérie ❒ **c.** L'Afrique du Sud

21. Outre la création du célèbre prix qui porte son nom, quelle invention doit-on à Alfred Nobel ?

❒ **a.** La dynamo ❒ **b.** L'ampoule électrique ❒ **c.** La dynamite

22. À quel pays appartient la ville de Maastricht ?

❒ **a.** La Belgique ❒ **b.** Les Pays-Bas ❒ **c.** La France

23. Dans l'Union européenne, que désignent les critères de convergence ?

❒ **a.** Des critères économiques et budgétaires qui doivent être respectés par les membres de la zone euro

❒ **b.** Des critères politiques et institutionnels d'alignement progressif des règlementations en vigueur dans chaque pays membre

❒ **c.** Des critères d'entente politique pour aller vers un fédéralisme européen

24. Où se déroule chaque année le Forum économique mondial ?

❒ **a.** New York ❒ **b.** Paris ❒ **c.** Davos

25. 70 % des électeurs sont allés voter ce dimanche pour les élections municipales, soit 1 260 personnes. Combien y a-t-il d'électeurs en tout ?

❒ **a.** 1 550 ❒ **b.** 1 620 ❒ **c.** 1 800

26. Parmi ces fables, laquelle n'est pas de Jean de La Fontaine ?

❒ **a.** *Le Chêne et le roseau*

❒ **b.** *Le Héron*

❒ **c.** *L'Amour du Lion*

27. Dans la mythologie grecque, qui a vaincu Cronos ?

❒ **a.** Aphrodite ❒ **b.** Zeus ❒ **c.** Hercule

28. En France, jusqu'à quel âge l'école est-elle gratuite, laïque et obligatoire ?

❒ **a.** 11 ans ❒ **b.** 16 ans ❒ **c.** 18 ans

29. 45 = ?

❒ **a.** 1925 ❒ **b.** 2015 ❒ **c.** 2025

30. En quelle année le colonel Mouammar Kadhafi a-t-il accédé au pouvoir en Libye ?

❒ **a.** 2011 ❒ **b.** 1989 ❒ **c.** 1969

31. Quel pays n'est pas frontalier du Niger ?

❒ **a.** le Gabon ❒ **b.** le Tchad ❒ **c.** le Mali

32. De quel peintre est l'œuvre *Le Radeau de la Méduse* ?

❒ **a.** Jacques-Louis David

❒ **b.** Théodore Géricault

❒ **c.** Nicolas Poussin

33. Quel écrivain a créé le personnage de James Bond ?

❒ **a.** Michael Connelly

❒ **b.** Ian Fleming

❒ **c.** Gaston Leroux

34. De quelle ville Roméo et Juliette sont-ils des amants ?

❒ **a.** Florence ❒ **b.** Rome ❒ **c.** Vérone

35. Au football, à quelle distance du but se tire un penalty ?

❒ **a.** 6 mètres ❒ **b.** 11 mètres ❒ **c.** 18 mètres

36. Dans quel pays se trouve le siège de la chaîne de télévision Al-Jazira ?

❒ **a.** Qatar ❒ **b.** Maroc ❒ **c.** France

37. Qui est l'actuel président de la Fédération de Russie ?

❒ **a.** Mikhaïl Gorbatchev ❒ **b.** Dmitri Medvedev ❒ **c.** Vladimir Poutine

38. Où trouve-t-on la montagne Pelée ?

❒ **a.** En Italie ❒ **b.** En Guyane ❒ **c.** À la Martinique

39. Comment se nomme le Parlement russe ?

❒ **a.** La Douma ❒ **b.** La Knesset ❒ **c.** Le Sénat

40. Dans une recette de cuisine prévue pour 6 personnes, il faut 390 g de farine. Vous souhaitez réaliser cette recette pour 7 personnes. Combien faut-il de farine ?

❒ **a.** 455 g ❒ **b.** 435 g ❒ **c.** 440 g

41. Quel nom donne-t-on à la révolution tunisienne de 2011 ?

❒ **a.** La Révolution des Œillets

❒ **b.** La Révolution de Jasmin

❒ **c.** La Révolution de Velours

42. Quel est le dernier Français a avoir obtenu le prix Nobel d'économie ?

❒ **a.** Maurice Allais ❒ **b.** Jean Tirole ❒ **c.** Alain Minc

43. Où ont eu lieu les Jeux olympiques d'été de 2016 ?

❒ **a.** Paris ❒ **b.** Copenhague ❒ **c.** Rio de Janeiro

44. Quand le protestantisme est-il apparu ?

❒ **a.** Troisième siècle

❒ **b.** Seizième siècle

❒ **c.** Dix-neuvième siècle

45. À quel mouvement artistique se rattache Claude Monet ?

❒ **a.** Le dadaïsme

❒ **b.** L'impressionnisme

❒ **c.** Le romantisme

46. Le mile est une unité de mesure anglaise. Combien vaut un mile dans le système métrique ?

❒ **a.** 0,3 km ❒ **b.** 1 km ❒ **c.** 1,6 km

47. Dans quel recueil sont publiées les lois une fois promulguées ?

❒ **a.** Au Bulletin

❒ **b.** Au recueil Lebon

❒ **c.** Au Journal officiel

48. Qui a chanté *Rolling in the deep* ?

❒ **a.** Adele

❒ **b.** Britney Spears

❒ **c.** Jennifer Lopez

49. Trois chats mettent 3 minutes pour manger 3 souris.
Combien de temps mettront 6 chats pour manger 6 souris ?

❒ **a.** 3 minutes ❒ **b.** 6 minutes ❒ **c.** 2 minutes

50. De qui Madame de Pompadour était-elle la favorite ?

❒ **a.** Henri IV ❒ **b.** Louis XV ❒ **c.** Louis XX

Français

1. Dans quelle phrase le participe passé est-il bien accordé ?

❒ **a.** Cette marguerite, je l'avais cueillie.

❒ **b.** J'avais prévenue Marie.

❒ **c.** Assise sur son canapé, Jeanne et Pierre discutaient.

2. Qu'est-ce qu'un discours *laconique* ?

❒ **a.** Obscur **b.** Concis ❒ **c.** Injuste

3. « Cette attitude ne laisse pas d'être ambiguë. » Cette phrase signifie :

❒ **a.** Cette attitude est confuse

❒ **b.** Cette attitude est injuste

❒ **c.** Cette attitude est claire

4. Quelle forme du verbe *peindre* correspond à la 3e personne du pluriel du passé simple de l'indicatif ?

❒ **a.** Ils peignirent ❒ **b.** Ils peignèrent ❒ **c.** Ils peindirent

5. Quelle phrase est correctement orthographiée ?

❒ **a.** Quels que soient nos erreurs, nous les regrettons.

❒ **b.** Quelques soient nos erreurs, nous les regrettons.

❒ **c.** Quelles que soient nos erreurs, nous les regrettons.

6. Quel animal s'est trompé de cri ?

❒ **a.** La pie jacasse

❒ **b.** Le loup hurle

❒ **c.** L'éléphant brame

7. Trouvez l'intrus.

❒ **a.** Dans ❒ **b.** Mais ❒ **c.** Et

8. Que signifie le verbe *ravauder* ?

❒ **a.** Raccommoder ❒ **b.** Râper ❒ **c.** Escroquer

9. Un mulet est obtenu par accouplement :

❒ **a.** D'un mulet et d'une ânesse

❒ **b.** D'un étalon et d'une ânesse

❒ **c.** D'un âne et d'une jument

10. Quelle phrase est correcte ?

❒ **a.** Cet intervalle laissa voir quelque chose de surprenante.

❒ **b.** Cette intervalle laissa voir quelque chose de surprenant.

❒ **c.** Cet intervalle laissa voir quelque chose de surprenant.

11. Celui qui ne respecte pas une loi commet une…

❒ **a.** Effraction ❒ **b.** Infraction ❒ **c.** Détraction

12. Parmi ces phrases, laquelle ne contient pas de pléonasme ?

❒ **a.** Dans cette famille, les deux jumeaux se ressemblent vraiment.

❒ **b.** Nous avons tout vu de nos propres yeux.

❒ **c.** Je me suis lavé scrupuleusement chaque partie du corps.

13. Dans quelle phrase tous les mots sont-ils bien accentués ?

❒ **a.** Il n'est pas nécessaire d'être drôle pour faire rire.

❒ **b.** Le barême de cet exercice est exigeant.

❒ **c.** On compte environ neuf illéttrés pour cent habitants en France.

14. Dans quelle phrase l'accord du verbe est-il incorrect ?

❒ **a.** Beaucoup pensent comme moi.

❒ **b.** Nombreux pensent comme moi.

❒ **c.** La majorité pensent comme moi.

15. Identifier le couple masculin / féminin incorrect.

❒ **a.** Artisan / artisane

❒ **b.** Paysan / paysane

❒ **c.** Anglican / anglicane

16. Qu'est-ce qu'un solécisme ?

❒ **a.** Une faute de syntaxe

❒ **b.** Une faute de langage

❒ **c.** Un groupe de mots isolés dans la phrase

17. Quel mot ne peut être synonyme de *maladif* ?

❒ **a.** Souffreteux ❒ **b.** Aphasique ❒ **c.** Malingre

18. Quelle phrase contient un superlatif absolu ?

❒ **a.** Je suis très content.

❒ **b.** Je suis le plus content.

❒ **c.** Je suis moins content que toi.

19. Suggestion et sujétion sont des…

❒ **a.** Antonymes ❒ **b.** Paronymes ❒ **c.** Homonymes

20. Complétez l'expression suivante : « Travailler pour le roi… »

❒ **a.** … des Goths ❒ **b.** … de Rome ❒ **c.** … de Prusse

21. Quelle est la forme correcte du verbe *coudre* au futur simple de l'indicatif, 1re personne du singulier ?

❒ **a.** Couderais ❒ **b.** Couserai ❒ **c.** Coudrai

22. Quelle phrase n'est pas correctement orthographiée ?

❒ **a.** Une douleur aiguë le reprit alors.

❒ **c.** Cette jeune métise est très belle.

❒ **b.** Cette attitude franche me plaît.

23. Quelle phrase est correctement orthographiée ?

❒ **a.** Elles se sont mariées le même jour.

❒ **b.** Elles se sont parlées avec sincérité.

❒ **c.** Elles se sont salué avec gentillesse.

24. Comment appelle-t-on un polygone à six côtés ?

❒ **a.** Un hexagone ❒ **b.** Un pentagone ❒ **c.** Un heptagone

25. Quelle proposition est incorrecte ?

❒ **a.** Il a parlé à mon père

❒ **b.** Il y a loin de la coupe aux lèvres

❒ **c.** Ce petit enfant à de la chance d'avoir une grande chambre

26. Quelle proposition est incorrecte ?

❒ **a.** J'achète de la viande

❒ **b.** Je pèle des carottes

❒ **c.** J'appèle un ami

27. Laquelle de ces propositions n'est pas à la voix passive ?

❒ **a.** J'ai été surpris par l'orage

❒ **b.** Je suis allée regarder par la fenêtre

❒ **c.** La famille est réunie au grand complet

28. Quel terme désigne un résidu de fruits pressés ?

❒ **a.** Mare ❒ **b.** Marc ❒ **c.** Marre

29. Quelle phrase est correctement orthographiée ?

❒ **a.** Au fond de la pièce, ils font une vente pour récolter des fonds.

❒ **b.** Au font de la pièce, ils font une vente pour récolter des fonts.

❒ **c.** Au fond de la pièce, ils font une vente pour récolter des fonts.

30. Quel adverbe signifie *d'une manière nue* ?

❒ **a.** Nûment ❒ **b.** Nuitamment ❒ **c.** Nudement

31. Quel participe passé existe ?

❒ **a.** Acquéris ❒ **b.** Vivé ❒ **c.** Lui

32. Quelle est la forme correcte du verbe *tenir* au passé simple de l'indicatif, 1re personne du pluriel ?

❒ **a.** Nous tenîmes ❒ **b.** Nous tînmes ❒ **c.** Nous tîmes

33. De quel verbe la forme *oignant* est-elle le participe présent ?

❒ **a.** Oindre ❒ **b.** Ouïr ❒ **c.** Onier

34. Quelle phrase est correctement orthographiée ?

❒ **a.** Quoique tu dises, il y a quelquefois des malentendus.

❒ **b.** Quoi que tu dises, il y a quelles que fois des malentendus.

❒ **c.** Quoi que tu dises, il y a quelquefois des malentendus.

35. Lequel de ces homonymes n'existe pas en français ?

❒ **a.** Maire ❒ **b.** Mère ❒ **c.** Mair

36. Quelle est l'écriture alphabétique de *1884* ?

❒ **a.** Mille-huit-cent quatre vingt quatre

❒ **b.** Mille huit cents quatre-vingts-quatre

❒ **c.** Mille huit cent quatre-vingt-quatre

37. Lequel des mots suivants n'est pas un antonyme d'*impatient* ?

❒ **a.** Persévérant ❒ **b.** Hardi ❒ **c.** Flegmatique

38. Quelle est la signification de la locution *a posteriori* ?

❒ **a.** À plus forte raison

❒ **b.** Avant toute expérience

❒ **c.** Après toute expérience

39. Que désigne le mot *sabir* ?

❒ **a.** Jargon formé d'un mélange de langues diverses

❒ **b.** Habitant du Sahara

❒ **c.** Homme de main

40. Une femme habitant la Grèce est une :

❒ **a.** Greque ❒ **b.** Grècque ❒ **c.** Grecque

41. Un de ces cinq mots est mal orthographié. Lequel ?

❒ **a.** Une assiettée ❒ **b.** Une montée ❒ **c.** La sincéritée

42. Quel est l'intrus ?

❒ **a.** Aussitôt ❒ **b.** Malgré ❒ **c.** Ensuite

43. Dans la phrase : « Ma mère est venue me voir afin que je lui raconte ma journée », quel rapport logique unit les deux propositions ?

❒ **a.** La cause ❒ **b.** L'opposition ❒ **c.** Le but

44. Une phrase contient un pluriel incorrect. Laquelle ?

❒ **a.** Les derniers points à étudier ne sont que des détails.

❒ **b.** Les soupirails de ces caves sont bouchés.

❒ **c.** Les émaux de Palissy sont parmi les plus célèbres.

45. Quelle phrase est correcte ?

❒ **a.** Y-a-t-il encore de la place ? Qu'en sais-je ?

❒ **b.** Ya-t-il encore de la place ? Quand sais-je ?

❒ **c.** Y a-t-il encore de la place ? Qu'en sais-je ?

46. Quelle est la bonne orthographe ?

❒ **a.** Pirhana ❒ **b.** Piranha ❒ **c.** Piranah

47. Quel est le synonyme de confirmer ?

❒ **a.** Corroborer ❒ **b.** Conférer ❒ **c.** Coïncider

48. Lequel de ces noms n'est pas de genre féminin ?

❒ **a.** Autoroute ❒ **b.** Atmosphère ❒ **c.** Tentacule

49. Quelle est la signification de l'expression « en perdre son latin » ?

❒ **a.** Perdre ses repères

❒ **b.** Ne rien comprendre

❒ **c.** Oublier ses origines

50. Dans la phrase : « Il faut que vous deviniez qui est derrière vous », à quel temps est conjugué le verbe *deviniez* ?

❒ **a.** Indicatif présent

❒ **b.** Indicatif imparfait

❒ **c.** Subjonctif présent

Sujets blancs

Corrigés

Culture générale

1. a. Les Dalton sont (du plus petit au plus grand) Joe, William, Jack et Averell. Ces personnages créés par le dessinateur belge Morris et le scénariste René Goscinny sont inspirés de hors-la-loi qui ont réellement existé.

2. c. Ils sont tous divisibles par 5. Mais ils ne sont pas tous divisibles par 2 car 155 n'est pas pair.

150 et 180 sont divisibles par 3 car 1 + 5 + 0 = 6 (6 est sur la table de 3) et 1 + 8 + 0 = 9 (9 est sur la table de 3).

150 n'est pas divisible par 4 car 50 n'est pas divisible par 4. 180 est divisible par 4.

3. c.

4. b. La capitale de la Roumanie est Bucarest, celle de la Bulgarie est Sofia.

5. c. La ville d'Albi est traversée par le Tarn, affluent de la Garonne.

6. c. La Lozère fait partie de l'Occitanie.

7. c. La Meuse traverse également la Belgique et les Pays-Bas et elle se jette dans la mer du Nord.

8. b. Cette salade est essentiellement composée de crudités et de poisson. Les légumes cuits et les céréales n'en font pas partie.

9. c. Cet ancien pilote écossais a été trois fois champion du monde de Formule 1, en 1969, 1971 et 1973.

10. a. Snowden est un informaticien américain qui a révélé à partir de juin 2013 les détails de plusieurs programmes de mise en écoute massive à travers le monde organisée par les États-Unis et le Royaume-Uni. À la suite de ces révélations, il a été inculpé par le gouvernement américain pour espionnage et vol et il s'est exilé en Russie. Le fondateur de WikiLeaks est Julian Assange.

11. c. Les Allemands ont éliminé la France en quart de finale sur le score de 1 à 0. Ils ont ensuite gagné la coupe du monde en battant l'Argentine en finale.

12. c. Henri II est le deuxième fils de François Ier (l'aîné étant mort avant son père). Il règne de 1547 à 1559.

13. a. Henri Proglio est l'ancien président d'EDF, Carlos Ghosn a dirigé l'alliance Renault-Nissan ; son successeur est Jean-Dominique Senard .

14. b. Twitter est un outil permettant d'envoyer de brefs messages (140 caractères) sur Internet. Il a été créé en mars 2006 par Jack Dorsey, Evan Williams, Biz Stone et Noah Glass. Le nom Twitter fait référence au mot anglais *tweets* qui signifie gazouillis ; le logo de l'entreprise est d'ailleurs un oiseau bleu.

15. b. L'IFOP est un institut de sondage d'opinion fondé en 1938 par le sociologue Jean Stoetzel. Il a pour but de donner une image de l'opinion française à travers de grandes questions de société.

16. a. La défaite de Waterloo (en Belgique) en juin 1815 mit fin à la période des Cent-Jours et précipita l'abdication de Napoléon Ier et son exil à Sainte-Hélène.

17. c. Le film n'a pas obtenu d'Oscar, mais les deux actrices principales ont été associées au réalisateur pour la Palme d'or, à titre exceptionnel.

18. c. *La Mélodie du bonheur* est un film réalisé par Stuart Heisler en 1946.

19. a. *Peur sur la ville* est le titre d'un film d'Henri Verneuil, sorti en 1975. Le rôle principal est tenu par Jean-Paul Belmondo.

20. c. Nelson Mandela (1918-2013) est un homme politique sud-africain qui a lutté contre l'apartheid avant de devenir président de la République d'Afrique du Sud de 1994 à 1999 à la suite des premières élections nationales non raciales de l'histoire du pays.

21. c. Alfred Nobel est un chimiste et industriel suédois. Fabricant d'armes, il inventa la dynmite en 1866. L'inventeur de la dynamo est Zénobe Gramme. L'inventeur de l'ampoule électrique est Irving Langmuir.

22. b. Située à l'extrême sud des Pays-Bas, cette ville est connue pour être le lieu de la signature du traité de Maastricht en 1992 qui donna naissance en 1993 à l'Union européenne.

23. a. Ces critères de convergence sont définis par l'article 121 du traité instituant la Communauté européenne. Au nombre de quatre, ils imposent la stabilité des prix, excluent la dévaluation (ce qui ne peut avoir lieu dans les pays de la zone euro), exigent une harmonisation des taux d'intérêt à long terme et interdisent un déficit public supérieur à 3 % du PIB et une dette publique supérieure à 60 % du PIB.

24. c. Chaque année depuis 1971 la station suisse de Davos accueille les représentants des plus grandes puissances économiques mondiales. Porto Alegre, au Brésil, est le lieu d'un contre-sommet, le Forum social mondial (FSM), organisé par les altermondialistes depuis 2001.

25. c. $\frac{1\,260}{70/100} = 1\,800$ électeurs.

26. c. Le titre est inexact ; La Fontaine (1621-1695) a écrit *Le Lion amoureux*. La Fontaine a écrit au total 243 fables entre 1668 et 1694.

27. b. Cronos est le roi des Titans et le père de la première génération des dieux olympiens. Marié à sa sœur Rhéa, il va engloutir chacun des enfants qu'ils auront ensemble par crainte que l'un d'eux ne lui prenne le pouvoir. Mais Rhéa va soustraire Zeus à la voracité de son père en remplaçant le nouveau-né par une pierre que Cronos va engloutir. Devenu grand, Zeus va forcer son père à recracher ses frères et sœurs et le jeter dans le Tartare puis prendre sa place comme chef des dieux.

28. b. L'école est obligatoire, laïque et gratuite depuis les lois Jules Ferry de 1881 et 1882.

29. c.

30. c. Il accède au pouvoir le 1er septembre 1969, suite à un coup d'État qui renverse le régime monarchique de la dynastie al-Sanussi. Il reste au pouvoir plus de 41 ans et est renversé lors des révolutions arabes en août 2011.

31. a. Le Gabon se situe plus au sud du continent africain, au niveau du golfe de Guinée.

32. b. L'année 1816 est marquée par le naufrage de la frégate française Méduse ; 149 passagers vont improviser un radeau pour survivre, mais seuls 15 seront encore vivants lorsque l'Argus, bateau anglais, va les retrouver 12 jours plus tard. Cette histoire inspirera le peintre Théodore Géricault, qui en 1819 peindra *Le radeau de la Méduse*, œuvre à grand succès.

33. b. Ce personnage de fiction est créé en 1953 par Ian Fleming, lequel est un ancien espion britannique.

34. c. La ville de Vérone est située dans la plaine du Pô. La pièce *Roméo et Juliette* de William Shakespeare, parue en 1597, situe son action dans cette ville.

35. b. Le point de pénalty se situe à 11 mètres de la ligne de but. Il ne faut pas le confondre avec le renvoi aux 6 mètres, coup de pied de dégagement.

36. a. La chaîne Al Jazeera ou Al-Jazira (en retranscrit) est une chaîne qatarie de langue arabe, créée en 1996.

37. c. Vladimir Poutine a été président de la Fédération de Russie de 1999 à 2008, puis Dmitri Medvedev lui a succédé et il a été son président de gouvernement (Premier ministre) avant de retrouver la présidence de la Fédération de Russie depuis 2012.

38. c. La montagne Pelée est un volcan actif situé au nord de la Martinique. Sa dernière éruption date des années 1930.

39. a. La Douma est la Chambre basse du parlement de Russie. La Knesset est le parlement d'Israël.

40. a. Il faut faire un tableau de proportionnalité.

Nombre de personnes	6	7
Quantité de farine (en g.)	390	x

La valeur manquante est obtenue en faisant : $\frac{390 \times 7}{6} = 455$ g.

41. b. Ce nom vient du fait que le jasmin est le symbole de la Tunisie. La *Révolution des Œillets* est le nom des événements qui ont entraîné la chute de Salazar au Portugal en 1974, et la Révolution de Velours est celle qui a eu lieu en 1989 en Tchécoslovaquie contre la république socialiste.

42. b. Il l'obtient en 2014. Avant lui Maurice Allais l'avait reçu en 1988. Ce Nobel n'a pas été créé par Alfred Nobel mais plus tard en 1969.

43. c. Après Londres en 2012, Rio de Janeiro accueille les J.O. d'été en 2016. Les Jeux olympiques d'été suivants auront lieu à Tokyo.

44. b. Le protestantisme apparaît sous l'impulsion de théologiens comme Martin Luther et Jean Calvin principalement. Luther (1483-1546) écrit et publie 95 thèses en 1517 qui visent à une rectification des erreurs de l'Église. Excommunié en 1521, il développe cependant sa doctrine qui fait de lui un des pères du protestantisme.

45. b. Claude Monet est un peintre français né en 1840 et mort en 1926. Il est l'un des fondateurs de l'impressionnisme. Ses peintures les plus célèbres sont *Impression soleil levant* (tableau qui donne son nom à l'impressionnisme) et les *Nymphéas*.

46. c. Pour être précis, le mile anglais équivaut à 1 609 mètres.

47. c. C'est plus précisément le Journal officiel de la République française.

48. a. Ce titre fait partie du 2e album de la chanteuse britannique Adèle Adkins, intitulé « *21* ».

49. a. Si 3 chats mettent 3 minutes pour manger 3 souris, cela signifie que chaque chat mange une souris dans cet intervalle de 3 minutes. Tant qu'il y a autant de chats que de souris, ils mettent toujours 3 minutes.

50. b. Jeanne-Antoinette Poisson, marquise de Pompadour, a été la principale favorite du roi Louis XV.

Français

1. a. Le participe passé employé avec l'auxiliaire *avoir* s'accorde avec le COD si celui-ci est placé avant. Quand le participe passé est employé sans auxiliaire il s'accorde avec le ou les mots auxquels il se rapporte.

2. b. Un discours laconique est un discours avec peu de mots, bref.

3. a. L'expression *ne laisse pas* signifie *ne cesse pas*. *Sibyllin* signifie *obscur*.

4. a. La 2e proposition correspond au verbe *peigner*.

5. c. Suivi du verbe *être* au subjonctif, *quel que* s'écrit en deux mots dans lesquels *quel* s'accorde avec le(s) mot(s) qui sui(ven)t le verbe *être*.

6. c. L'éléphant barri ou barète.

7. a. *Dans* est une préposition et non une conjonction de coordination.

8. a. *Ravauder* signifie *raccommoder grossièrement*. Ne pas confondre avec *marivauder* qui signifie *flirter*.

9. c. Le bardot est le petit d'un étalon et d'une ânesse.

10. c. *Intervalle* est masculin et dans *quelque chose*, *chose* est masculin.

11. b. Une infraction est la violation d'une loi alors qu'une effraction est la fracture d'une porte pour voler chez quelqu'un.

12. c. Un pléonasme est la répétition d'une même idée ou information. Dans la 3e proposition, il n'est pas évident que celui qui se lave exerce cette action sur tout son corps.

13. a. Les mots mal accentués sont : barème (2e proposition), illettrés (3e proposition).

14. c. Avec les pronoms indéfinis comme *la plupart* ou *beaucoup*, l'accord du verbe est toujours au pluriel ; en revanche après le nom *majorité*, il est normal de mettre au singulier s'il est employé seul.

15. b. Tous les mots en *–an* ont un féminin en *–ane* sauf *paysan* (*paysanne*).

16. a. Une faute de langage est un barbarisme.

17. b. *Aphasique* qualifie une personne qui perd la faculté de parler ou la compréhension du langage.

18. a. Le degré absolu signifie qu'il n'y a pas de comparaison ; le superlatif indique qu'il s'agit du plus haut degré. *Le plus content* est un superlatif relatif de supériorité, *assez content* est un degré moyen, *plus content que Pierre* est un comparatif de supériorité et *moins content que moi* est un comparatif d'infériorité.

19. b. Des paronymes sont des mots dont la prononciation est proche mais qui n'ont pas la même signification. Des antonymes sont des mots de sens contraires, des homonymes sont des mots de prononciation identique mais de sens différent, des hyponymes sont des mots dont le sens est inclus dans celui d'un autre terme plus général.

20. c. Cette expression signifie *travailler sans être payé*.

21. c. La terminaison du futur simple, 1re personne du singulier ne prend pas de *–s* final, à la différence du conditionnel présent (*coudrais*).

22. c. Le féminin de *métis* est *métisse*.

23. a. *Se parler* est un verbe pronominal intransitif (pas de COD possible) ; son participe passé est invariable et *se saluer* est transitif donc variable.

24. a. C'est d'ailleurs ainsi que l'on désigne parfois la France. Un pentagone a cinq côtés, un heptagone a sept côtés.

25. c. Il fallait écrire : *Ce petit enfant a de la chance*. Il s'agit du verbe *avoir* et non de la préposition *à*.

26. c. Le verbe *appeler* prend *–ll* dans sa conjugaison quand ces *–ll* sont suivis d'un *–e* muet (*j'appelle, tu appelles, nous appelons, vous appelez*).

27. b. Le sujet *je* fait bien l'action d'*aller regarder*.

28. b.

29. a. *Fond* : extrémité. *Font* : verbe faire à la 3e personne du pluriel. *Fonds* : somme d'argent. Il existe également les *fonts* pour désigner le bassin pour le baptême.

30. a. Peut aussi s'écrire *nuement*. Cet adverbe signifie *de manière nue, sans artifice*.

31. c. C'est le participe du verbe *luire*. Le verbe *acquérir* a pour participe *acquis*, le verbe *vivre* a pour participe *vécu*.

32. b.

33. a. *Oindre* signifie *enduire d'une substance grasse*.

34. c. *Quoique* s'écrit en un seul mot quand il peut être remplacé par *bien que* et en deux mots dans le cas contraire.

35. c.

36. c. Dans un nombre, on accorde uniquement *vingt* et *cent* s'ils sont multipliés et s'ils finissent le nombre et on met un trait d'union entre les éléments inférieurs à *cent*.

37. b. L'adjectif *hardi* signifie *courageux*.

38. c. C'est le contraire d'*a priori* qui signifie avant toute expérience. À plus forte raison correspond à la locution *a fortiori*.

39. a. À ne pas confondre avec *un sbire* (homme de main).

40. c. C'est un féminin irrégulier et unique.

41. c. Les mots féminins en *–té* ne prennent pas *–ée* sauf s'ils dérivent d'un nom en *–ette*, d'un nom en *–t* ou d'un verbe.

42. b. C'est le seul qui n'est pas un adverbe mais une préposition.

43. c. La locution conjonctive *afin que* peut être remplacée par *dans le but que*.

44. b. Le nom *soupirail* a pour pluriel *soupiraux*.

45. c. *Y a-t-il* est la forme inversé de *il y a* ; le *t* est ajouté pour faire le lien phonétique entre *a* et *il*.

46. b.

47. a. *Corroborer* : ajouter de la force à une idée, une opinion.

48. c. *Tentacule* est masculin.

49. b.

50. c. Après *il faut que*, le verbe est toujours au subjonctif présent.

Sujet 4
Sujet de connaissances générales

30 minutes

Identifiez pour chaque question la lettre qui correspond à la proposition correcte.

Culture générale

1. Parmi ces auteurs, lequel a obtenu le prix Goncourt ?
   - ❒ **a.** Michel Houellebecq
   - ❒ **b.** Louis-Ferdinand Céline
   - ❒ **c.** Amélie Nothomb

2. Quel est l'auteur de la statue de la Liberté, située à New York ?
   - ❒ **a.** Frédéric Auguste Bartholdi
   - ❒ **b.** Auguste Rodin
   - ❒ **c.** Paul Claudel

3. Combien y a-t-il de jurés dans une cour d'assises ?
   ❒ **a.** 6 ❒ **b.** 9 ❒ **c.** 20

4. Lequel de ces États n'a pas accès à la mer ?
   ❒ **a.** Bolivie ❒ **b.** Italie ❒ **c.** Albanie

5. Comment est assuré le financement du régime de la Sécurité sociale en France ?
   - ❒ **a.** Par la TVA
   - ❒ **b.** Par les impôts sur le revenu
   - ❒ **c.** Par les cotisations sociales

6. La brebis Dolly, premier clone de l'histoire est née en :
   ❒ **a.** Juillet 1976 ❒ **b.** Juillet 1996 ❒ **c.** Décembre 2000

7. Quelle organisation lance l'offensive contre la Serbie durant la guerre du Kosovo ?
   ❒ **a.** L'ONU ❒ **b.** L'OTAN ❒ **c.** L'Union européenne

8. Quel est le plus grand océan de la planète ?
   ❒ **a.** L'océan Atlantique ❒ **b.** L'océan Pacifique ❒ **c.** L'océan Indien

9. Qui était saint Louis ?
   ❒ **a.** Louis V ❒ **b.** Louis IX ❒ **c.** Louis XIII

10. Quel est le numéro du département des Deux-Sèvres ?
    ❒ **a.** 72 ❒ **b.** 76 ❒ **c.** 79

11. Combien de travaux Hercule a-t-il dû effectuer ?
    ❒ **a.** 12 ❒ **b.** 11 ❒ **c.** 10

12. Que signifie le sigle CQFD ?

❐ **a.** Ce qu'il fallait démontrer

❐ **b.** Ce qu'il faut discuter

❐ **c.** Ce que favorise la démocratie

13. Qui a reçu le prix Nobel de littérature en 2016 ?

❐ **a.** Bob Dylan ❐ **b.** Mario Vargas Llosa ❐ **c.** Patrick Modiano

14. Quel dieu grec est le Neptune romain ?

❐ **a.** Hadès ❐ **b.** Poséidon ❐ **c.** Apollon

15. Qui a découvert les rayons X ?

❐ **a.** Henri Poincaré ❐ **b.** Wilhelm Röntgen ❐ **c.** Henri Becquerel

16. Quel est le titre du premier texte en langue française ?

❐ **a.** *Le Roman de la rose*

❐ **b.** *Le Serment de Strasbourg*

❐ **c.** *La Chanson de Roland*

17. Qui a écrit *En attendant Godot* ?

❐ **a.** Albert Camus ❐ **b.** Jean-Paul Sartre ❐ **c.** Samuel Beckett

18. Qui est l'auteur de la célèbre photographie *Le Baiser de l'Hôtel de Ville* ?

❐ **a.** Henri Cartier-Bresson

❐ **b.** Robert Doisneau

❐ **c.** Willy Ronis

19. L'une des œuvres picturales qui a le plus inspiré Salvador Dali est :

❐ **a.** *L'Atelier du peintre* de Courbet

❐ **b.** *Le Radeau de la Méduse* de Géricault

❐ **c.** *L'Angélus* de Millet

20. Quel fleuve traverse Bagdad, la capitale de l'Irak ?

❐ **a.** Le Tibre ❐ **b.** Le Tigre ❐ **c.** Le Tage

21. Quelle est la signification du mot *perestroïka* ?

❐ **a.** Transparence

❐ **b.** Nouvelle révolution

❐ **c.** Restructuration

22. Quel explosif fut inventé par Alfred Nobel en 1867 ?

❐ **a.** La nitroglycérine ❐ **b.** La tolite (TNT) ❐ **c.** La dynamite

23. Que signifie le sigle ATP ?

❐ **a.** Acide temporaire pérenne

❐ **b.** Aponévrose tripartite

❐ **c.** Adénosine triphosphate

24. Quel Premier ministre du Royaume-Uni a mis en place le référendum sur la sortie de l'Union européenne ?

❒ **a.** David Cameron ❒ **b.** Gordon Brown ❒ **c.** Tony Blair

25. Qui est le président du jury du festival de Cannes 2018 ?

❒ **a.** Pierre Lescure ❒ **b.** Steven Spielberg ❒ **c.** Cate Blanchett

26. Quelle est la somme de 345 + 265 + 689 ?

❒ **a.** 1389 ❒ **b.** 1289 ❒ **c.** 1299

27. Quelle est la durée d'un mandat de député du Parlement européen ?

❒ **a.** 4 ans ❒ **b.** 5 ans ❒ **c.** 6 ans

28. De quel président de la République Raymond Barre a-t-il été le Premier ministre ?

❒ **a.** Georges Pompidou

❒ **b.** Charles de Gaulle

❒ **c.** Valéry Giscard d'Estaing

29. Qui préside actuellement le FMI ?

❒ **a.** José Manuel Barroso

❒ **b.** Christine Lagarde

❒ **c.** Nicolas Sarkozy

30. Où se trouvait le Général de Gaulle lorsqu'il a prononcé le célèbre : « Je vous ai compris » ?

❒ **a.** Alger ❒ **b.** Paris ❒ **c.** Oran

31. Quelle est la capitale de la Norvège ?

❒ **a.** Amsterdam ❒ **b.** Oslo ❒ **c.** Helsinki

32. Parmi ces personnages célèbres, lequel n'est pas mort en 1914 ?

❒ **a.** Charles Péguy

❒ **b.** Jean Jaurès

❒ **c.** Guillaume Apollinaire

33. Combien de pays compte la zone euro ?

❒ **a.** 28 ❒ **b.** 15 ❒ **c.** 19

34. Qui était le premier président des États-Unis ?

❒ **a.** John Adams ❒ **b.** Thomas Jefferson ❒ **c.** George Washington

35. Qui est ministre français de l'Économie en 2018 ?

❒ **a.** Emmanuel Macron ❒ **b.** Bruno Le Maire ❒ **c.** Gérald Darmanin

36. Quel est le nom de la comète sur laquelle le robot Philae a pu atterrir en novembre 2014 ?

❒ **a.** La comète Persée ❒ **b.** La comète Tchouri ❒ **c.** La comète Xynthia

37. Quel journal satirique a été victime d'un attentat le 7 janvier 2015 ?

❒ **a.** *Le Canard enchaîné* ❒ **b.** *Charlie Hebdo* ❒ **c.** *Fakir*

38. Quel est le cube de 16 ?

❒ a. 4 096 ❒ b. 48 ❒ c. 1 536

39. Quel savant a découvert le principe de l'oxydation ?

❒ a. Georges Cuvier ❒ b. Charles Darwin ❒ c. Antoine Lavoisier

40. Quel est le pourcentage de patrimoine génétique commun entre l'homme et le chimpanzé ?

❒ a. 60 % ❒ b. 90 % ❒ c. 98 %

41. Le panda appartient-il à la classe…

❒ a. Des paresseux ❒ b. Des ours ❒ c. Des marsupiaux

42. Quel humoriste français s'est porté candidat aux élections présidentielles de 1981 ?

❒ a. Thierry Le Luron ❒ b. Coluche ❒ c. Pierre Desproges

43. À qui attribue-t-on cette citation : « L'important, c'est de participer » ?

❒ a. Pierre de Coubertin

❒ b. Raymond Poulidor

❒ c. Raymond Domenech

44. Je pense à un nombre. Je le double, j'ajoute 7 et je le divise par 3 J'obtiens 13 au final. Quel est ce nombre ?

❒ a. 23 ❒ b. 16 ❒ c. 18

45. Parmi ces niveaux d'alerte du plan Vigipirate, lequel n'existe pas ?

❒ a. Vigilance

❒ b. Alerte attentat

❒ c. Alerte enlèvement

46. À qui Manuel Valls a-t-il succédé au poste de Premier ministre ?

❒ a. Jean-Marc Ayrault ❒ b. Laurent Fabius ❒ c. François Fillon

47. Quel pays est baigné par la mer Caspienne ?

❒ a. La Russie ❒ b. L'Irak ❒ c. La Pologne

48. Le Saint-nectaire est un fromage :

❒ a. Du Poitou ❒ b. De l'Auvergne ❒ c. De Normandie

49. Quelle est la planète la plus proche du Soleil ?

❒ a. Mars ❒ b. Vénus ❒ c. Mercure

50. De quel pays Rabat est-elle la capitale ?

❒ a. Libye ❒ b. Maroc ❒ c. Mauritanie

Français

1. Parmi ces formes du verbe *chanter*, laquelle n'existe pas ?

❒ **a.** Je chantai ❒ **b.** Nous chantîmes ❒ **c.** Chantée

2. Quelle proposition est correcte ?

❒ **a.** Tu as vu Marie jonglé

❒ **b.** Tu as vu Marie jonglez

❒ **c.** Tu as vu Marie jongler

3. Quel verbe est mal conjugué ?

❒ **a.** Ils balayent ❒ **b.** Ils essuyent ❒ **c.** Elles croient

4. Que signifie l'adjectif *somatique* ?

❒ **a.** Ironique ❒ **b.** Organique ❒ **c.** Accumulatif

5. Dans quelle phrase compte-t-on le plus d'adjectifs qualificatifs ?

❒ **a.** Un pantin, froid mais souriant, nous scrutait à travers la lumineuse vitrine.

❒ **b.** De nombreux clients rendent, agacés, la médiocre perceuse.

❒ **c.** Un drapeau bleu, blanc, rouge dominait la vaste école communale.

6. Quel est le pluriel correct du nom *ail* ?

❒ **a.** Des aulx ❒ **b.** Des aïes ❒ **c.** Des ailles

7. Que signifie l'expression « Dire pis que pendre de quelqu'un » ?

❒ **a.** Dire beaucoup de mal

❒ **b.** Dire ses quatre vérités

❒ **c.** Dire des mensonges

8. Cela m'étonnerait qu'ils… eu autant de chance.

❒ **a.** Est ❒ **b.** Ait ❒ **c.** Aient

9. Quelle est la forme verbale au subjonctif présent ?

❒ **a.** Il vient ❒ **b.** Il vienne ❒ **c.** Il vint

10. C'est un sujet très… ?

❒ **a.** Intéressant ❒ **b.** Interressant ❒ **c.** Intéresant

11. Si j'… de l'argent, j'achèterais ce tableau.

❒ **a.** aurais ❒ **b.** avais ❒ **c.** avais eu

12. Quelle est la bonne orthographe ?

❒ **a.** Un remord ❒ **b.** Un remords ❒ **c.** Un remaurd

13. Vous portez des chaussures…

❒ **a.** bleues marines ❒ **b.** bleu marine ❒ **c.** bleues marine

14. Virginie et Pierre ont été… à cette célébration.

❒ **a.** invitée ❒ **b.** invité ❒ **c.** invités

15. 500 € s'orthographie :

❒ **a.** Cinq cent euros ❒ **b.** Cinq cents euros ❒ **c.** Cinqs cents euros

16. Quelle est la bonne orthographe ?

❒ **a.** Des chou-fleurs ❒ **b.** Des choux-fleurs ❒ **c.** Des chou-fleurs

17. Laquelle de ces formes est la bonne ?

❒ **a.** Des gazs hilarants ❒ **b.** Des gaz hilarants ❒ **c.** Des gaz hilarant

18. Des cris ont…

❒ **a.** retentis ❒ **b.** retentit ❒ **c.** retenti

19. J'écoute aux portes et j'… tout ce qu'on veut me cacher.

❒ **a.** entend ❒ **b.** entens ❒ **c.** entends

20. Les enfants que j'ai… grandir.

❒ **a.** vus ❒ **b.** vu ❒ **c.** vue

21. … au téléviseur, il faut le réparer.

❒ **a.** Qu'en ❒ **b.** Quant ❒ **c.** Quand

22. Quand il… terminé son travail, il fut autorisé à lire.

❒ **a.** eût ❒ **b.** eut ❒ **c.** eu

23. Laquelle de ces formes verbales est au futur antérieur ?

❒ **a.** Nous nous serons levés

❒ **b.** Nous nous serions levés

❒ **c.** Nous nous étions levés

24. Quelle est la forme verbale correcte ?

❒ **a.** Nous nous assiérons

❒ **b.** Nous nous assoierons

❒ **c.** Nous nous assierons

25. Quelle est la bonne orthographe ?

❒ **a.** Le petit poi ❒ **b.** Le petit pois ❒ **c.** Le petit poix

26. Que signifie l'expression « dans l'expectative » ?

❒ **a.** Dans une ambiance qui fait tousser et cracher

❒ **b.** En situation d'attente

❒ **c.** Période qui précède un spectacle

27. Quel est l'intrus ?

❒ **a.** Opinion ❒ **b.** Opiniâtre ❒ **c.** Pinion

28. Quel est l'antonyme du verbe conclure ?

❒ **a.** Économiser ❒ **b.** Introduire ❒ **c.** Finir

29. Il se formait des avis… il ne revenait pas.

❒ **a.** dont ❒ **b.** qu' ❒ **c.** qui

30. Lequel de ces mots contient un préfixe ?

❒ **a.** Maladie ❒ **b.** Appesantir ❒ **c.** Légèrement

31. Parmi les mots suivants lequel est synonyme de hardes ?

❒ **a.** Affaires ❒ **b.** Guenilles ❒ **c.** Habits

32. Lequel de ces mots est un adverbe ?

❒ **a.** Évitement ❒ **b.** Manifestement ❒ **c.** Calmant

33. Quelle est la bonne accentuation ?

❒ **a.** Cotière ❒ **b.** Côtière ❒ **c.** Côtiére

34. Les citernes ont été… comme cela avait été prévu.

❒ **a.** vidées ❒ **b.** vidé ❒ **c.** vidés

35. Les fruits que tu as… ne sont pas mûrs.

❒ **a.** cueillie ❒ **b.** cueillies ❒ **c.** cueillis

36. Prévenir, conjugué au passé simple de l'indicatif et à la troisième personne du pluriel :

❒ **a.** Prévinrent ❒ **b.** Prévenirent ❒ **c.** Prévenîmes

37. Des yeux…

❒ **a.** bleus clairs ❒ **b.** bleu clairs ❒ **c.** bleu clair

38. Il… a promis de prendre des vacances.

❒ **a.** leur ❒ **b.** leurs ❒ **c.** leurts

39. Il refuse de reconnaître… torts.

❒ **a.** ces ❒ **b.** ses ❒ **c.** c'est

40. La voiture passa… feux éteints.

❒ **a.** tous ❒ **b.** tout ❒ **c.** toutes

41. … vous fassiez, ce sera réussi.

❒ **a.** Quoi que ❒ **b.** Quoique ❒ **c.** Quoiqu'

42. Il n'est pas certain que tu… gagné.

❒ **a.** ai ❒ **b.** aies ❒ **c.** ait

43. Écoute, … entend la pluie qui tombe !

❒ **a.** on ❒ **b.** on n' ❒ **c.** ont n'

44. Quelle expression signifie « attaque perfide » ?

❒ **a.** Coup de Jarnac ❒ **b.** Coup de caveçon ❒ **c.** Coup de bambou

45. Qui veut noyer son chien l'accuse…

❒ **a.** de vol ❒ **b.** de trahison ❒ **c.** de la rage

46. Quel est le mot incorrect ?

❒ **a.** Tarot ❒ **b.** Argot ❒ **c.** Arçot

47. Quel est l'intrus ?

❒ **a.** Envoyer ❒ **b.** Conter ❒ **c.** Danser

48. « Agir avec dextérité » signifie :

❒ **a.** Être pressé ❒ **b.** Être sévère ❒ **c.** Être adroit

49. Que signifie l'expression « Être tiré à quatre épingles » ?

❒ **a.** Être très soigné

❒ **b.** Être vêtu modestement

❒ **c.** Être aidé par tous ses proches

50. Omoplate est de genre ?

❒ **a.** Masculin

❒ **b.** Féminin

❒ **c.** Ce mot a les deux genres.

Corrigés

Culture générale

1. **a.** Michel Houellebecq a obtenu le prix Goncourt en 2010 pour son roman *La Carte et le Territoire* paru aux éditions Flammarion. Céline a eu le prix Renaudot en 1932.

2. **a.**

3. **b.** Il y en a 9 en 1re instance, et 12 en appel.

4. **a.** La Bolivie est enclavée entre le Brésil à l'est et au nord, le Pérou et le Chili à l'ouest, et l'Argentine et le Paraguay au sud. Avec le Paraguay, c'est le seul pays d'Amérique du Sud qui n'a pas d'accès à la mer.

5. **c.** Les cotisations sociales sont prélevées sur le salaire. L'employeur doit verser à l'URSSAF les parts salariale et patronale de ces cotisations.

6. **b.** Dolly a été clonée en Écosse en 1996. Connaissant un vieillissement prématuré et une arthrite anormalement élevée, elle est euthanasiée en 2003.

7. **b.** Cette intervention se fait avec accord de l'ONU en 1999.

8. **b.**

9. **b.**

10. **c.** Ce département appartient à la région Nouvelle-Aquitaine.

11. **a.** Ses douze travaux sont : Étouffer le lion de Némée, tuer l'hydre de Lerne, battre à la course la biche de Cérynie, capturer vivant le sanglier d'Érymanthe, nettoyer les écuries d'Augias, tuer les oiseaux du lac Stymphale, dompter le taureau de Minos, capturer les juments anthropophages de Diomède, rapporter la ceinture de la reine des Amazones, vaincre le géant Géryon, rapporter des pommes du jardin des Hespérides, descendre aux Enfers.

12. **a.** Cette formule est utilisée en fin de démonstration.

13. a. Modiano l'a reçu en 2014.

14. b. Hadès correspond au Pluton romain et Apollon au Phébus romain.

15. b. Il les a découverts en 1895.

16. b. Ce texte date de 842.

17. c. C'est une pièce de théâtre de 1952.

18. b. Photo de 1950.

19. c.

20. b.

21. c. Ce terme désigne l'ensemble des réformes économiques et sociales mises en place par Mikhaïl Gorbatchev en URSS de 1985 à 1991.

22. c. Il le fit après avoir inventé le détonateur à fulminate de mercure en 1864.

23. c. Ce sigle peut aussi signifier *Association des joueurs de tennis professionnels.*

24. a. Ce référendum a vu la victoire de ceux qui veulent la sortie de l'Union européenne. Theresa May a pris la succession de Cameron après le vote.

25. c. Lescure est le président du festival de Cannes, mais il n'est pas président de jury. Spielberg était le président du festival en 2013.

26. c.

27. b. C'est la même durée que celle d'un député français.

28. c. Il a été Premier ministre de 1976 à 1981.

29. b. Elle en est la directrice générale depuis 2011.

30. a. Il était sur la place du Forum ; c'était le 4 juin 1958 alors qu'il était président du Conseil.

31. b. Amsterdam est la capitale des Pays-Bas. Helsinki est la capitale de la Finlande.

32. c. Apollinaire est mort en 1918.

33. c. Ces 19 pays sont : Allemagne, Belgique, France, Italie, Luxembourg, Pays-Bas, Irlande, Grèce, Espagne, Portugal, Autriche, Finlande, Chypre, Malte, Slovénie, Estonie, Lettonie, Lituanie et Slovaquie.

34. c. Washington a d'ailleurs mené la guerre d'indépendance face à la Grande-Bretagne.

35. b. Il entre en fonction en 2017. Darmanin est alors ministre de l'Action et des Comptes publics.

36. b. Le robot Philae de la sonde Rosetta lancée le 2 mars 2004 atterrit sur la comète Tchouri en 2014. Pour la première fois dans l'histoire, un engin réussit à se poser sur la comète Tchouri (Tchourioumov-Guerassimenko). L'objectif est de mieux comprendre la naissance des planètes et la formation du système solaire. Philae a atterri au terme d'une chute libre de sept heures. Cela se passe à quelque 510 millions de kilomètres de la Terre. Quelques heures plus tard, les premières images sont envoyées sur notre planète.

37. b. Cet attentat a fait 12 morts. Il a été perpétré par les frères Kouachi.

38. a. Il faut calculer $16^3 = 16 \times 16 \times 16$.

39. c. Cuvier a développé l'anatomie comparée, Darwin est à l'origine de la théorie concernant l'évolution des espèces. Lavoisier est également connu pour la citation : « Rien ne se perd, rien ne se crée, tout se transforme ».

40. c. Il en est de même pour le Bonobo.

41. b. Sa classification a longtemps fait débat.

42. b. Crédité de plus de 16 % d'intentions de vote, il décide de se retirer pour ne pas empêcher l'élection de François Mitterrand.

43. a. Créateur et président du CIO (Comité international olympique) qui rétablira en 1896 les Jeux olympiques modernes.

44. b. Il faut procéder en partant de la fin et inverser les opérations (une multiplication devient une division, une addition devient une soustraction et réciproquement). $13 \times 3 = 39$; $39 - 7 = 32$; $32 \div 2 = 16$.

45. c. Le dispositif Alerte-Enlèvement ne fait pas partie du plan Vigipirate. Il existe depuis 2006 en France afin de diffuser sur plusieurs canaux d'information une alerte immédiate en cas d'enlèvement supposé de mineur.

46. a. Ayrault a été le premier Premier ministre de François Hollande de 2012 à mars 2014, date à laquelle Valls lui a succédé. En février 2016, il est devenu ministre des Affaires étrangères et du Développement international.

47. a. La mer Caspienne baigne la Russie, le Kazakhstan, le Turkménistan, l'Iran, l'Azerbaïdjan.

48. b.

49. c. La 2e planète est Vénus, la Terre est la 3e et Mars est la 4e.

50. b. La Libye a pour capitale Tripoli et la Mauritanie a pour capitale Nouakchott.

Français

1. b. Au passé simple de l'indicatif, les verbes en –er ont pour 1re voyelle de leur terminaison un *–a* (je chantai, tu chantas, il chanta, nous chantâmes, etc.).

2. c. Pour ne pas confondre l'infinitif et le participe passé d'un verbe du 1er groupe, il faut remplacer ce verbe par un verbe du 3e groupe. Ici on peut dire « Tu as vu Marie courir » et non « Tu as vu Marie courue ».

3. b. Les verbes en *–uyer* et *–oyer* ne conservent pas leur *–y* dans la conjugaison quand il est suivi d'un *–e* muet. C'est pourquoi on écrit *j'essuie, ils essuient* mais *nous essuyons*.

4. b. L'adjectif *somatique* signifie *relatif au corps*.

5. c. Cette phrase contient cinq adjectifs qualificatifs, les trois adjectifs de couleur, ainsi que *vaste* et *communale*.

6. a. Il est possible de rencontrer le pluriel régulier *ails*.

7. a. Cette phrase peut se prendre au sens littéral : c'est pire que si on le pendait.

8. **c.** Il s'agit du verbe *avoir* au subjonctif présent. Le sujet est *ils*.

9. **b.** « Il faut qu'il vienne ».

10. **a.** Pensez à l'orthographe d'*intérêt*.

11. **b.** On ne met jamais le conditionnel (proposition **a.**) après *si*.

12. **b.** Le nom *remords*, tout comme *remous*, prend toujours un *-s* final.

13. **b.** Les adjectifs de couleur composés sont toujours invariables.

14. **c.** Lorsque deux sujets sont coordonnés, le verbe se met au pluriel.

15. **b.** Le nombre *cent* prend un *–s* quand il est multiplié et qu'il finit le nombre. Le nom *euro* est variable.

16. **b.** Ce nom est composé de deux noms, donc tout s'accorde.

17. **b.** Un nom finissant par un *–z* est invariable. L'adjectif *hilarant* est variable. Pour le vérifier, appliquez-le à un nom féminin (ex. : des blagues hilarantes).

18. **c.** Le participe passé des verbes du 2e groupe ne prend pas de consonne finale au singulier.

19. **c.**

20. **a.** Quand le participe passé est suivi d'un infinitif, on accorde ce participe si le COD fait l'action exprimée par l'infinitif. Dans cette phrase, les enfants font bien l'action de grandir.

21. **b.** Remplacez par « pour ce qui est de ».

22. **b.** On met le verbe à l'indicatif passé simple après *quand*.

23. **a.** Le futur antérieur est composé de l'auxiliaire au futur simple et du participe passé.

24. **a.** L'autre forme verbale possible est *nous nous assoirons*.

25. **c.**

26. **b.**

27. **c.** *Pignon* prend un *–g*.

28. **b.** On oppose introduction et conclusion.

29. **a.** « Il ne revenait pas *de* ces avis. »

30. **b.** Un préfixe est un élément placé au début d'un mot pour en modifier le sens.

31. **b.** Des hardes sont de vieux habits en mauvais état.

32. **b.** Un adverbe indique une circonstance (manière, temps, lieu, etc.).

33. **b.**

34. **a.** Accord avec le sujet *citernes*.

35. **c.** Accord avec le COD *les fruits* placé avant le verbe.

36. **a.**

37. **c.** Les adjectifs de couleur composés sont toujours invariables.

38. a. Le pronom *leur* placé devant un verbe est invariable.

39. b.

40. a. Accord de *tous* avec le nom *feux*.

41. a. *Quoi que* s'écrit en deux mots quand on ne peut pas le remplacer par *bien que*.

42. b. Il faut mettre le verbe *avoir* au subjonctif. Pour le vérifier, essayez avec un autre verbe du 3e groupe (ex. : Il n'est pas certain que tu *puisses* gagner.).

43. a. Le *n'* n'est requis que quand il y a une négation.

44. a. Un coup de caveçon est une punition et un coup de bambou est une insolation ou un accès de fatigue.

45. c. Cette expression signifie que l'on est prêt à accuser de tout ses ennemis pour les condamner.

46. c. Il faut écrire *un arceau*.

47. a. *Envoyer* est un verbe irrégulier ; il appartient au 3e groupe.

48. c.

49. a.

50. b.

Sujet 5

Sujet de compréhension de textes

40 minutes

Texte n° 1

Deux alpinistes sont décédés et un autre a été évacué sain et sauf après avoir été emportés par une avalanche au Pic du Midi Bigorre, dans les Hautes-Pyrénées. Partis à 5 heures du matin, les trois alpinistes expérimentés, équipés de piolets et de crampons, ont été ensevelis dans le couloir nord-est du Pic, où il y avait du brouillard et des vents forts, a indiqué le major Yannick Miossec, responsable des CRS de Gavarnie.

Les trois hommes originaires du Var ont été pris par l'avalanche à 500 mètres au-dessus du départ du couloir qui compte 1 000 mètres d'ascension. L'un d'entre eux, aux trois quarts enseveli, a pu donner l'alerte, permettant à deux équipes terrestres de partir immédiatement, aidés de 4 chiens d'avalanche.

L'hélicoptère de gendarmerie a pu s'approcher et hélitreuiller, malgré de mauvaises conditions météo, l'alpiniste sain et sauf, pour l'évacuer en hypothermie légère.

Questions

1. Les personnes décédées sont un homme et une femme :
   a. Vrai **b.** Faux **c.** On ne peut pas savoir
2. L'avalanche a eu lieu à 5 heures du matin :
   a. Vrai **b.** Faux **c.** On ne peut pas savoir
3. Les trois alpinistes ont été entièrement ensevelis :
   a. Vrai **b.** Faux **c.** On ne peut pas savoir
4. Les conditions météo étaient mauvaises :
   a. Vrai **b.** Faux **c.** On ne peut pas savoir
5. Chaque équipe terrestre comportait 2 chiens d'avalanche :
   a. Vrai **b.** Faux **c.** On ne peut pas savoir
6. Il restait 500 mètres d'ascension aux alpinistes avant d'atteindre le haut du Pic :
   a. Vrai **b.** Faux **c.** On ne peut pas savoir

1	a. ☐ b. ☐ c. ☐	
2	a. ☐ b. ☐ c. ☐	
3	a. ☐ b. ☐ c. ☐	
4	a. ☐ b. ☐ c. ☐	
5	a. ☐ b. ☐ c. ☐	
6	a. ☐ b. ☐ c. ☐	

Texte n° 2

Le 4 juin dernier, deux stylos-pistolets ont été saisis par la police. Leur apparence, bien inoffensive, était trompeuse… Des policiers en patrouille dans le XIIIe arrondissement à Paris ont découvert ces deux stylos pas comme les autres abandonnés au-dessus de boîtes aux lettres dans un immeuble de la rue de Croulebarbe.

Après examen, il s'est avéré qu'il s'agissait en réalité de mini-pistolets, chacun chargé d'une munition de calibre 22 Long-Rifle. Les enquêteurs du 3e district de police judiciaire (DPJ) tentent de remonter la piste des mystérieux propriétaires de ces armes peu communes.

D'après www.leparisien.fr

Questions

1. Les faits se sont déroulés dans le XIIIe arrondissement de Paris :
   a. Vrai **b.** Faux **c.** On ne peut pas savoir
2. Les objets saisis sont des cigarettes-pistolets :
   a. Vrai **b.** Faux **c.** On ne peut pas savoir
3. Ils étaient abandonnés au-dessus d'une poubelle :
   a. Vrai **b.** Faux **c.** On ne peut pas savoir
4. Ils étaient chargés d'une munition de calibre 22 Long-Rifle :
   a. Vrai **b.** Faux **c.** On ne peut pas savoir
5. Les policiers en charge de l'enquête font partie de la DPJ :
   a. Vrai **b.** Faux **c.** On ne peut pas savoir
6. Les propriétaires des mini-pistolets ont été identifiés :
   a. Vrai **b.** Faux **c.** On ne peut pas savoir

	a.	b.	c.
1	☐	☐	☐
2	☐	☐	☐
3	☐	☐	☐
4	☐	☐	☐
5	☐	☐	☐
6	☐	☐	☐

Texte n° 3

Deux jeunes ont été blessés, dont un plus gravement, après une collision entre une moto et un quad, près de Pénestin, dans le Morbihan. L'accident de la route s'est produit, lundi 23 mai, vers 15 h 25, au lieu-dit La Grée sur la commune de Camoël. Une moto Kawasaki, pilotée par un jeune de 25 ans et un quad, conduit par une jeune de 28 ans, sont entrés en collision.

Dans le choc, le pilote de la moto a été gravement blessé. Il souffre d'une fracture ouverte aux membres supérieurs. Il a été transporté par l'hélicoptère de la sécurité civile, Dragon 56, à l'hôpital de Vannes. Le pilote du quad a été blessé légèrement. Il a été pris en charge par les pompiers et transporté dans le même hôpital.

D'après www.letelegramme.fr

Questions

7. Les faits se sont déroulés en Bretagne :
   a. Vrai **b.** Faux **c.** On ne peut pas savoir
8. Les véhicules sont entrés en collision à Pénestin :
   a. Vrai **b.** Faux **c.** On ne peut pas savoir
9. Les deux blessés ont plus de 30 ans :
   a. Vrai **b.** Faux **c.** On ne peut pas savoir
10. Le conducteur du quad était sous l'emprise de l'alcool :
   a. Vrai **b.** Faux **c.** On ne peut pas savoir
11. Les deux blessés ont été transportés en hélicoptère à l'hôpital de Vannes :
   a. Vrai **b.** Faux **c.** On ne peut pas savoir
12. La moto était une grosse cylindrée :
   a. Vrai **b.** Faux **c.** On ne peut pas savoir

1	a. ☐	b. ☐	c. ☐
2	a. ☐	b. ☐	c. ☐
3	a. ☐	b. ☐	c. ☐
4	a. ☐	b. ☐	c. ☐
5	a. ☐	b. ☐	c. ☐
6	a. ☐	b. ☐	c. ☐

Texte n° 4

Identité du plaignant

Nom : Craineguy

Prénom : Joséphine

Date de naissance : 4 août 1953

Situation professionnelle : Retraitée

Adresse : 4 chemin de Logoden / 56 870 Larmor-Baden

Informations relatives au véhicule

Marque : Chevrolet

Modèle : Spark

N* de plaque d'immatriculation : 569 PT 56

Couleur : noire

Déclaration de Mme Craineguy

Le vendredi 29 avril 2016 à 14 h 45, Madame Craineguy a garé son véhicule sur le parking de l'hypermarché Super U, dans la zone commerciale d'Arradon (56). Après y avoir effectué ses courses, elle ressort dudit magasin pour y déposer ses achats. À 16 h 05, elle a constaté que son véhicule n'était plus à sa place. Elle s'est également rendu compte que ses clefs de voiture ne se trouvaient plus dans son sac à main, dans lequel elle certifie les avoir rangées à 14 h 45.

La carte grise du véhicule ainsi que le permis de conduire de Madame Craineguy se trouvaient dans la boîte à gant de la Chevrolet disparue.

Questions

13. Les faits se sont déroulés dans une zone peu fréquentée :
a. Vrai **b.** Faux **c.** On ne peut pas savoir
14. Madame Craineguy s'est fait voler son sac à main :
a. Vrai **b.** Faux **c.** On ne peut pas savoir
15. Le vol a eu lieu un mercredi :
a. Vrai **b.** Faux **c.** On ne peut pas savoir
16. Le véhicule était fermé à clef :
a. Vrai **b.** Faux **c.** On ne peut pas savoir
17. Madame Craineguy est restée plus d'une heure dans l'hypermarché :
a. Vrai **b.** Faux **c.** On ne peut pas savoir
18. Il faisait nuit lorsque la voiture a disparu :
a. Vrai **b.** Faux **c.** On ne peut pas savoir

1 a. ☐ b. ☐ c. ☐
2 a. ☐ b. ☐ c. ☐
3 a. ☐ b. ☐ c. ☐
4 a. ☐ b. ☐ c. ☐
5 a. ☐ b. ☐ c. ☐
6 a. ☐ b. ☐ c. ☐

Texte n° 5

L'alerte a été donnée mercredi vers 23 heures auprès des pompiers et des médecins du SAMU : un homme âgé de 38 ans a été retrouvé mort dans son appartement situé au premier étage d'un petit immeuble, Grande rue, en plein centre-ville, à Muzillac. Le corps du défunt a été transporté au centre hospitalier de Nantes où une autopsie doit être pratiquée ce jeudi après-midi par un médecin légiste. Une enquête a été ouverte par les gendarmes de Muzillac au cours de laquelle deux voisins ont déjà été entendus.

Les circonstances du décès ne sont pas établies pour l'instant. L'hypothèse d'un acte désespéré semble toutefois écartée. Reste alors à savoir s'il s'agit d'une mort naturelle, accidentelle ou d'un homicide. On sait toutefois que cet immeuble était le cadre de nombreux passages et l'on parle d'un milieu toxicomane qui occasionnait régulièrement du tapage nocturne.

Questions

1. Des voisins ont alerté les pompiers et le SAMU :
a. Vrai **b.** Faux **c.** On ne peut pas savoir
2. Les gendarmes privilégient la thèse du suicide :
a. Vrai **b.** Faux **c.** On ne peut pas savoir
3. Le corps a été découvert dans la cuisine de l'appartement :
a. Vrai **b.** Faux **c.** On ne peut pas savoir
4. C'est la gendarmerie de Muzillac qui est en charge de l'enquête :
a. Vrai **b.** Faux **c.** On ne peut pas savoir
5. Trois voisins ont été entendus dans le cadre de l'enquête :
a. Vrai **b.** Faux **c.** On ne peut pas savoir
6. La victime était toxicomane :
a. Vrai **b.** Faux **c.** On ne peut pas savoir

1 a. ☐ b. ☐ c. ☐
2 a. ☐ b. ☐ c. ☐
3 a. ☐ b. ☐ c. ☐
4 a. ☐ b. ☐ c. ☐
5 a. ☐ b. ☐ c. ☐
6 a. ☐ b. ☐ c. ☐

Texte n° 6

Une famille qui était partie hier après-midi assister au défilé du 85e corso de Cavaillon a retrouvé son logement entièrement détruit à son retour. Le feu a pris vers 14 heures au deuxième et dernier étage d'un appartement situé impasse Jules-Massenet, à deux pas du très fréquenté cours Gambetta. Un logement faisant partie d'un petit immeuble flambant neuf.

Un important dispositif a été déployé par les sapeurs-pompiers du centre de secours de Cavaillon, épaulés par des collègues de l'Isle-sur-la-Sorgue. Une vingtaine de secouristes au total sont venus combattre les flammes qui ont tout ravagé sur leur passage. Vers 18 heures, l'incendie était sous contrôle. Les dégâts sont conséquents, mais l'incendie n'a heureusement pas fait de victime. L'origine du feu est encore pour le moment indéterminée. Il faudra attendre les conclusions des policiers et des experts qui ne manqueront pas de mener des investigations sur place.

D'après www.laprovence.fr

Questions

1. Le logement qui a pris feu était un duplex situé dans une impasse :
   a. Vrai **b.** Faux **c.** On ne peut pas savoir
2. L'appartement faisait partie d'un immeuble vétuste :
   a. Vrai **b.** Faux **c.** On ne peut pas savoir
3. Le feu a pris en début d'après-midi :
   a. Vrai **b.** Faux **c.** On ne peut pas savoir
4. Un des occupants de l'appartement a été légèrement blessé pendant l'incendie :
   a. Vrai **b.** Faux **c.** On ne peut pas savoir
5. Il s'agit d'un incendie d'origine criminelle :
   a. Vrai **b.** Faux **c.** On ne peut pas savoir
6. Les sapeurs-pompiers de Cavaillon ont fait appel à des collègues pour maîtriser l'incendie :
   a. Vrai **b.** Faux **c.** On ne peut pas savoir

1	a. ☐ b. ☐ c. ☐	
2	a. ☐ b. ☐ c. ☐	
3	a. ☐ b. ☐ c. ☐	
4	a. ☐ b. ☐ c. ☐	
5	a. ☐ b. ☐ c. ☐	
6	a. ☐ b. ☐ c. ☐	

Texte n° 7

Un jeune homme d'une vingtaine d'années est décédé ce matin à Marseille, après avoir reçu plusieurs impacts de balles dans une fusillade survenue vers 7 heures du matin, au boulevard National, non loin de la station de métro. Il sortait de chez lui quand deux hommes cagoulés ont surgi à bord d'un véhicule avant de faire feu, sans doute avec une arme de chasse. La victime n'était que très peu connue des services de police. Malgré des soins prodigués sur place par les marins-pompiers, elle n'a pu être réanimée.

Questions

1. La victime est décédée des suites de plusieurs coups de couteau :
   a. Vrai **b.** Faux **c.** On ne peut pas savoir
2. La victime sortait du métro lorsqu'elle a été agressée :
   a. Vrai **b.** Faux **c.** On ne peut pas savoir
3. Les faits se sont déroulés tôt dans la matinée :
   a. Vrai **b.** Faux **c.** On ne peut pas savoir
4. Les deux hommes cagoulés étaient très peu connus des services de police :
   a. Vrai **b.** Faux **c.** On ne peut pas savoir
5. Les agresseurs conduisaient d'une camionnette volée :
   a. Vrai **b.** Faux **c.** On ne peut pas savoir
6. Les marins-pompiers ont tenté de réanimer la victime :
   a. Vrai **b.** Faux **c.** On ne peut pas savoir

1	a. ☐ b. ☐ c. ☐	
2	a. ☐ b. ☐ c. ☐	
3	a. ☐ b. ☐ c. ☐	
4	a. ☐ b. ☐ c. ☐	
5	a. ☐ b. ☐ c. ☐	
6	a. ☐ b. ☐ c. ☐	

Texte n° 8

Le conducteur du tracteur

Nom : Delassus

Prénom : Henri

Date de naissance : 18 octobre 1979

Situation professionnelle : Agriculteur

Adresse : Chemin des Ourses / 28259 Montboissier

Le cycliste blessé

Nom : Fumoubert

Prénom : Cyril

Date de naissance : 29 juillet 1989

Situation professionnelle : Agriculteur

Adresse : 4 rue de la rivière / 28259 Montboissier

Les faits

Le 1er mars, à 9 h 45, Monsieur Delassus, au volant de son tracteur, sortait de son champ route de Kerouget pour se rendre dans son corps de ferme du chemin des Ourses afin d'y effectuer une réparation sur la herse de son véhicule, qui venait de se briser. Il s'est donc engagé dans le chemin privé lui appartenant qui relie son champ à la route départementale de Kerouget,

Au même moment, Monsieur Fumoubert, qui effectuait sa promenade à vélo quotidienne, s'est engagé sur le même chemin de terre.

Monsieur Delassus, surpris de voir déboucher un cycliste, a freiné vivement et s'est déporté sur la droite pour éviter l'accident. Monsieur Fumoubert, lui,

Sujet blanc

a tenté de freiner. Mais la boue accumulée sur le chemin lui a fait perdre le contrôle de son vélo. Il a dérapé vers la gauche. La collision a eu lieu à 50 mètres de la route départementale.

Les secours arrivés sur place ont constaté que le cycliste était sous l'emprise de l'alcool. Aucun des deux protagonistes n'a été blessé. Quelques dégâts matériels sont à déplorer : le vélo de Monsieur Fumoubert est hors d'usage ; le tracteur de Monsieur Delassus a subi quelques rayures dues aux branchages qui se trouvaient sur le bas-côté.

Questions

1. Monsieur Fumoubert était en état d'ébriété :
   a. Vrai **b.** Faux **c.** On ne peut pas savoir
2. Les deux protagonistes n'ont pas tenté d'éviter l'accident :
   a. Vrai **b.** Faux **c.** On ne peut pas savoir
3. La route départementale était boueuse :
   a. Vrai **b.** Faux **c.** On ne peut pas savoir
4. Monsieur Fumouberet ne portait pas de casque :
   a. Vrai **b.** Faux **c.** On ne peut pas savoir
5. Il n'y a pas eu de blessé :
   a. Vrai **b.** Faux **c.** On ne peut pas savoir
6. Le tracteur a subi des dégâts considérables lors de l'accident :
   a. Vrai **b.** Faux **c.** On ne peut pas savoir

1 a. ☐ b. ☐ c. ☐
2 a. ☐ b. ☐ c. ☐
3 a. ☐ b. ☐ c. ☐
4 a. ☐ b. ☐ c. ☐
5 a. ☐ b. ☐ c. ☐
6 a. ☐ b. ☐ c. ☐

Texte n° 9

Un cyprès centenaire, surplombant la plage du Goret, à l'Ile-aux-Moines, a été sauvagement abattu à coups de tronçonneuse, entre le 2 et le 3 mai, selon la municipalité. Ce terrain communal, boisé et classé, a été retrouvé jonché des branchages et du tronc de l'arbre mutilé.

Philippe Le Bérigot, maire, a porté plainte contre X auprès de la gendarmerie, qui s'est déplacée lundi 9 mai, pour une inspection des lieux du massacre. « Le délit relève du tribunal correctionnel, assure le maire, et nous sommes déterminés à poursuivre le ou les délinquants, ainsi que les commanditaires éventuels. Nous demandons aux personnes ayant pu être témoins de ce délit, ou qui sont capables de le situer dans le temps (bruit de la tronçonneuse), de se rapprocher de la gendarmerie de Vannes, ou de communiquer leurs informations à la mairie ».

Source : www.ouest-france.fr

Questions

1. Les faits se sont déroulés dans la nuit précédant le lundi 9 mai :
   a. Vrai **b.** Faux **c.** On ne peut pas savoir
2. L'arbre abattu avait plus de 90 ans :
   a. Vrai **b.** Faux **c.** On ne peut pas savoir
3. Le maire a porté plainte contre X au commissariat :
   a. Vrai **b.** Faux **c.** On ne peut pas savoir
4. Le délit relève du tribunal de grande instance :
   a. Vrai **b.** Faux **c.** On ne peut pas savoir
5. C'est un membre de la municipalité qui a découvert les faits :
   a. Vrai **b.** Faux **c.** On ne peut pas savoir
6. Le maire a lancé un appel à témoin pour retrouver les auteurs du délit :
   a. Vrai **b.** Faux **c.** On ne peut pas savoir

1 a. ☐ b. ☐ c. ☐
2 a. ☐ b. ☐ c. ☐
3 a. ☐ b. ☐ c. ☐
4 a. ☐ b. ☐ c. ☐
5 a. ☐ b. ☐ c. ☐
6 a. ☐ b. ☐ c. ☐

Texte n° 10

Le soir du 12 décembre, Monsieur Ropert, un père de famille de 36 ans, qui avait bu un « cubi » de rosé, est en état d'ivresse avancé. Il ne trouve pas de travail et les ennuis financiers sont souvent la cause de disputes au sein du couple. La mère de son petit garçon souhaite quitter le domicile conjugal. Elle a son enfant de quinze mois dans les bras lorsque son conjoint lui saisit les poignets violemment et la bouscule. Elle décide de porter plainte.

Mardi 10 mai, cet habitant de Coudoux comparaissait devant le tribunal correctionnel d'Aix-en-Provence pour violence. « On a déjà eu des embrouilles mais jamais de violence », déclare le prévenu à la présidente. L'avocat de la partie civile souhaite que sa cliente soit reconnue en qualité de victime et réclame 600 € avant de s'adresser au prévenu : « Pensez à votre enfant et faites vous soigner ». Le parquet note que Monsieur Ropert refuse de reconnaître son entière responsabilité, et que « tout le monde a compris qu'il doit régler son problème d'addiction », avant de requérir six mois de prison avec sursis.

Questions

1. Les faits se sont déroulés le 12 décembre à Aix-en-Provence :
   a. Vrai **b.** Faux **c.** On ne peut pas savoir
2. L'homme en état d'ébriété avancée avait l'habitude de boire de l'alcool :
   a. Vrai **b.** Faux **c.** On ne peut pas savoir
3. La mère de famille souhaitait que Monsieur Ropert quitte le domicile conjugal :
   a. Vrai **b.** Faux **c.** On ne peut pas savoir

1 a. ☐ b. ☐ c. ☐
2 a. ☐ b. ☐ c. ☐
3 a. ☐ b. ☐ c. ☐

4. Le prévenu a comparu devant le tribunal pénal pour violence :

a. Vrai **b.** Faux **c.** On ne peut pas savoir

5. La mère de famille était mariée au prévenu :

a. Vrai **b.** Faux **c.** On ne peut pas savoir

6. L'avocat de la partie civile a condamné Monsieur Ropert à 6 mois de prison avec sursis :

a. Vrai **b.** Faux **c.** On ne peut pas savoir

4 a. ☐ b. ☐ c. ☐

5 a. ☐ b. ☐ c. ☐

6 a. ☐ b. ☐ c. ☐

Texte n° 11

Thomas, un jeune homme de 21 ans, a été violemment poignardé le samedi 5 mars, à 14 h 55 sur la terrasse d'un bar de la place du Parlement, à Bordeaux. « J'étais derrière le comptoir et j'ai vu quatre mecs sauter sur ce type, témoigne l'un des serveurs, et j'ai entendu le hurlement d'une femme qui a tenté de les faire cesser, plusieurs clients sur la terrasse se sont levés mais sans trop pouvoir agir puisque l'un des agresseurs avait un couteau. Tout est allé très vite, dix secondes tout au plus. Le gars a été frappé au sol, puis à coups de couteau, des gens se sont rapprochés et l'arrivée d'un agent de surveillance les a fait déguerpir. Mais le pire c'est qu'ils avaient l'air super détendus, ils n'ont même pas couru… ».

Bilan pour la victime : neuf coups de couteau, principalement au thorax, au flanc et dans le dos. Le quatuor a filé par le métro. Les équipages de police étaient sur ses traces notamment grâce aux images de vidéoprotection dont l'exploitation sera sans doute primordiale dans l'enquête de la sûreté départementale qui a déjà auditionné une dizaine de témoins.

Questions

1. Les faits se sont déroulés au comptoir d'un bar de la place du Parlement, à Bordeaux :

a. Vrai **b.** Faux **c.** On ne peut pas savoir

2. La victime de 21 ans a succombé à ses nombreuses blessures :

a. Vrai **b.** Faux **c.** On ne peut pas savoir

3. C'est le hurlement d'une femme qui a fait déguerpir les assaillants :

a. Vrai **b.** Faux **c.** On ne peut pas savoir

4. L'enquête de sûreté nationale a déjà auditionné des témoins :

a. Vrai **b.** Faux **c.** On ne peut pas savoir

5. Les agresseurs se sont enfuis en métro :

a. Vrai **b.** Faux **c.** On ne peut pas savoir

6. L'agression a duré à peine dix minutes :

a. Vrai **b.** Faux **c.** On ne peut pas savoir

1 a. ☐ b. ☐ c. ☐

2 a. ☐ b. ☐ c. ☐

3 a. ☐ b. ☐ c. ☐

4 a. ☐ b. ☐ c. ☐

5 a. ☐ b. ☐ c. ☐

6 a. ☐ b. ☐ c. ☐

Texte n° 12

Identité du contrevenant

Nom : Masure

Prénom : Joseph

Date de naissance : 12 septembre 1967

Profession : garagiste

Adresse : Lieu-dit « Les Cayannes » / 17200 Royans

Les faits

Le 16 janvier, à 15 h 30, Monsieur Masure est arrivé au point choisi par les forces de gendarmerie de Royans pour effectuer des contrôles de routine, sur la DR 870, à la sortie du village. Monsieur Masure était au volant d'une Peugeot 308 noire, immatriculée 9145 PP 12, roulant à vive allure. Malgré les injonctions des gendarmes, il a refusé de se garer sur le bas-côté et a accéléré l'allure. L'équipe de gendarmerie a pris le véhicule en chasse, pour le rattraper deux kilomètres plus loin, au lieu-dit de la Vache enragée. Sommé de s'expliquer sur son comportement, Monsieur Masure a prétendu ne pas avoir entendu l'injonction de se garer et de ne pas s'être rendu compte qu'il était suivi. Les propos de Monsieur Masure étant incohérents, il a été prié de se soumettre à un contrôle d'alcoolémie qui s'est révélé positif. Face à la gravité des faits, son permis de conduire lui a été retiré immédiatement. Il a été conduit en cellule de dégrisement jusqu'au lendemain matin, puis a été ensuite remis en liberté.

Questions

1. Monsieur Masure a refusé d'obtempérer :

a. Vrai **b.** Faux **c.** On ne peut pas savoir

2. Monsieur Masure était sous l'emprise de cannabis :

a. Vrai **b.** Faux **c.** On ne peut pas savoir

3. Monsieur Masure roulait à 120 km/h :

a. Vrai **b.** Faux **c.** On ne peut pas savoir

4. Monsieur Masure s'étant excusé, les forces de l'ordre ne lui ont pas retiré son permis de conduire :

a. Vrai **b.** Faux **c.** On ne peut pas savoir

5. Monsieur Masure était en état d'ébriété :

a. Vrai **b.** Faux **c.** On ne peut pas savoir

6. Monsieur Masure était au volant d'une Renault noire :

a. Vrai **b.** Faux **c.** On ne peut pas savoir

1	a. ☐	b. ☐	c. ☐
2	a. ☐	b. ☐	c. ☐
3	a. ☐	b. ☐	c. ☐
4	a. ☐	b. ☐	c. ☐
5	a. ☐	b. ☐	c. ☐
6	a. ☐	b. ☐	c. ☐

Texte n° 13

Un marin pêcheur a disparu au large de Saint-Gilles-Croix-de-Vie, en Vendée le mardi 13 septembre. Il avait pris la mer vers 3 heures du matin, seul à bord son navire *La Broche*, un caseyeur palangrier de 7,65 mètres, mais n'est pas rentré au port en milieu de journée comme cela était prévu.

Le Centre régional opérationnel de surveillance et de sauvetage (CROSS) d'Etel avait alors été contacté dans la soirée par le port de Saint-Gilles-Croix-de-Vie et avait engagé dans les recherches plusieurs moyens nautiques et aériens.

Le navire avait été localisé mardi soir, à quelque 5 milles nautiques (environ 9 km) à l'ouest de Saint-Gilles-Croix-de-Vie, mais sans personne à bord. Les opérations de recherches pour tenter de retrouver le marin se sont poursuivies jusque dans le milieu de l'après-midi de mercredi, sans succès. Faute d'éléments nouveaux, le préfet maritime « a pris la décision de suspendre les recherches ».

D'après www.lecourriervendeen.fr

Questions

1. Les faits se sont déroulés à Etel :
   a. Vrai **b.** Faux **c.** On ne peut pas savoir
2. Le marin a disparu au large de Saint-Gilles-Croix-de-Vie :
   a. Vrai **b.** Faux **c.** On ne peut pas savoir
3. Les recherches se sont poursuivies pendant plus de 48 heures :
   a. Vrai **b.** Faux **c.** On ne peut pas savoir
4. Faute d'éléments nouveaux, le CROSS qui a décidé de suspendre les recherches :
   a. Vrai **b.** Faux **c.** On ne peut pas savoir
5. Le caseyeur palangrier a été localisé à 5 miles nautiques de Saint-Gilles-Croix-de-Vie :
   a. Vrai **b.** Faux **c.** On ne peut pas savoir
6. C'est le port d'Etel qui a prévenu de la disparition du marin pêcheur :
   a. Vrai **b.** Faux **c.** On ne peut pas savoir

1	a. ☐ b. ☐ c. ☐	
2	a. ☐ b. ☐ c. ☐	
3	a. ☐ b. ☐ c. ☐	
4	a. ☐ b. ☐ c. ☐	
5	a. ☐ b. ☐ c. ☐	
6	a. ☐ b. ☐ c. ☐	

Texte n° 14

Une skieuse de 19 ans est morte vendredi 5 février, après avoir percuté un pylône sur une piste de la station d'Orcières-Merlette 1850, dans les Hautes-Alpes. « L'accident a eu lieu vers 10 heures sur un parc de slalom ayant une déclivité d'environ 30 % à l'occasion d'un cours collectif de ski de club encadré par des professionnels », a expliqué Laure Daniel, substitut du procureur de la République de Gap.

Demeurant dans la vallée du Champsaur, la victime a percuté « à pleine vitesse un poteau de séparation de pistes qui était protégé à sa base par un matelas de

5 à 6 centimètres d'épaisseur sur une hauteur de 2,20 mètres », a-t-elle également indiqué dans un communiqué.

« Sur la zone de chute, il n'y avait aucune motte de terre ou d'herbe affleurante qui aurait pu la gêner et aucun autre skieur n'évoluait à proximité », a-t-elle encore précisé.

Une enquête judiciaire a été ouverte afin de déterminer les circonstances de l'accident et confiée conjointement à la brigade de gendarmerie de Saint-Bonnet-en-Champsaur et au Peloton de gendarmerie de haute montagne (PGHM) de Briançon. Les témoins de l'accident sont en cours d'audition.

Questions

1. Les faits se sont déroulés sur un parc de slalom de la station d'Orcières-Merlette 1850 :

   a. Vrai **b.** Faux **c.** On ne peut pas savoir

2. La victime était sous l'emprise de stupéfiants :

   a. Vrai **b.** Faux **c.** On ne peut pas savoir

3. La zone de chute comportait de nombreuses mottes de terres qui ont pu gêner la skieuse :

   a. Vrai **b.** Faux **c.** On ne peut pas savoir

4. Le substitut du Procureur de Champsaur a indiqué que la victime a percuté un poteau de séparation de pistes :

   a. Vrai **b.** Faux **c.** On ne peut pas savoir

5. La base du poteau était protégée par un matelas de 2.20 mètres de hauteur :

   a. Vrai **b.** Faux **c.** On ne peut pas savoir

6. L'enquête judiciaire est menée à la fois par la gendarmerie de Gap et le PGHM :

   a. Vrai **b.** Faux **c.** On ne peut pas savoir

1	a. ☐ b. ☐ c. ☐
2	a. ☐ b. ☐ c. ☐
3	a. ☐ b. ☐ c. ☐
4	a. ☐ b. ☐ c. ☐
5	a. ☐ b. ☐ c. ☐
6	a. ☐ b. ☐ c. ☐

Texte n° 15

Identité du contrevenant

Nom : Poissonnier

Prénom : Mickaël

Date de naissance : 5 mai 1966

Profession : comptable

Adresse : route des Siffleuses / 13 100 Aix-en-Provence

Les faits

Le 2 septembre à 18 h 30, Monsieur Sanzot, un habitant du même immeuble que Monsieur Poissonnier, a appelé la gendarmerie d'Aix-en-Provence pour signaler des bruits violents ainsi que des cris sourds provenant de l'appartement de Monsieur Poissonnier.

Arrivés sur place à 18 h 55, les gendarmes Le Roux et Michel ont constaté les bruits suspects et ont sonné. N'obtenant pas de réponse, ils ont dû forcer la porte d'entrée de l'appartement. Ils ont alors pu voir Monsieur Poissonnier, très agité et agressif. Il détruisait à coup de raquette de tennis le contenu d'une pièce qui semblait être son bureau. Les propos qu'il tenait étant incohérents, il a été soumis à un test d'alcoolémie, qui s'est révélé négatif. Sa compagne, alertée également par Monsieur Sanzot et arrivée sur les lieux à 19 h 05, a confié aux forces de l'ordre que Monsieur Poissonnier prenait régulièrement des anxiolytiques. Le SAMU a alors été dépêché sur place. Monsieur Poissonnier a été placé en hôpital psychiatrique sans son consentement.

Questions

1. Monsieur Sanzot a souvent des problèmes de voisinage avec Monsieur Poisonnier :

a. Vrai **b.** Faux **c.** On ne peut pas savoir

2. Les forces de l'ordre ont mis moins d'une demi-heure à arriver sur les lieux :

a. Vrai **b.** Faux **c.** On ne peut pas savoir

3. Monsieur Poissonnier était en état d'ébriété avancée :

a. Vrai **b.** Faux **c.** On ne peut pas savoir

4. Monsieur Poisonnier a accepté d'être soigné en hôpital psychiatrique :

a. Vrai **b.** Faux **c.** On ne peut pas savoir

5. La compagne de Monsieur Poissonnier est arrivée sur les lieux après la gendarmerie :

a. Vrai **b.** Faux **c.** On ne peut pas savoir

6. Le SAMU est arrivé à l'appartement avant la compagne de Monsieur Poissonnier :

a. Vrai **b.** Faux **c.** On ne peut pas savoir

1	a. ☐	b. ☐	c. ☐
2	a. ☐	b. ☐	c. ☐
3	a. ☐	b. ☐	c. ☐
4	a. ☐	b. ☐	c. ☐
5	a. ☐	b. ☐	c. ☐
6	a. ☐	b. ☐	c. ☐

Réponses

1. b ; b ; b ; a ; c ; a

2. a ; b ; b ; a ; a ; b

3. a ; b ; b ; c ; b ; c

4. b ; b ; b ; c ; a ; b

5. c ; b ; c ; a ; b ; c

6. a ; b ; a ; b ; c ; a

7. b ; b ; a ; c ; c ; a

8. a ; b ; c ; c ; a ; b

9. b ; a ; b ; b ; c ; a

10. b ; a ; b ; b ; c ; b

11. b ; c ; b ; b ; a ; b

12. a ; c ; c ; b ; a ; b

13. b ; a ; b ; b ; a ; b

14. a ; c ; b ; b ; a ; b

15. c ; a ; b ; b ; a ; b

Sujet 6

Sujet de compréhension de textes

40 minutes

Texte n° 1

Un homme de 20 ans s'est évadé du tribunal de grande instance de Nantes, mercredi 20 avril, en pleine audience. Il a pris la fuite à 20 h 30, juste après sa condamnation à trois ans de prison ferme, explique Pierre Lecat, procureur adjoint de la République à Nantes.

Le jeune homme comparaissait sous mandat de dépôt pour un vol à main armée en mai 2014. La cour venait d'annoncer son maintien en détention quand le détenu a trompé la vigilance des policiers qui s'apprêtaient à lui repasser les menottes et à le conduire dans les geôles du palais. Il a alors bondi hors du box et a réussi à s'échapper par l'une des portes de la salle d'audience, selon le magistrat.

Il a réussi à quitter le tribunal en donnant un violent coup contre une issue de secours. L'homme était déjà condamné à de la prison jusqu'en mai 2017, pour d'autres condamnations. Au lendemain de son évasion, la police est toujours à sa recherche.

D'après www.francetvinfo.fr

Questions

1. L'évasion s'est déroulée en mai 2014 :
   a. Vrai **b.** Faux **c.** On ne peut pas savoir
2. L'homme était déjà connu des services de police :
   a. Vrai **b.** Faux **c.** On ne peut pas savoir
3. L'homme a bénéficié de l'aide de complices :
   a. Vrai **b.** Faux **c.** On ne peut pas savoir
4. L'homme s'est enfui avec les mains menottées :
   a. Vrai **b.** Faux **c.** On ne peut pas savoir
5. L'homme a réussi à s'échapper en donnant un violent coup contre le box dans lequel il se trouvait :
   a. Vrai **b.** Faux **c.** On ne peut pas savoir
6. Au lendemain de son évasion, l'homme n'a pas encore été retrouvé :
   a. Vrai **b.** Faux **c.** On ne peut pas savoir

1 a. ☐ b. ☐ c. ☐
2 a. ☐ b. ☐ c. ☐
3 a. ☐ b. ☐ c. ☐
4 a. ☐ b. ☐ c. ☐
5 a. ☐ b. ☐ c. ☐
6 a. ☐ b. ☐ c. ☐

Texte n° 2

Une pollution aux hydrocarbures a été constatée jeudi matin, à 9 h 45, sur le Bilaire, un ruisseau qui se jette dans l'étang au Duc, à Vannes. Heureusement, une conduite servant au passage de câbles qui traverse l'étang a fait obstacle au polluant, empêchant sa dispersion dans le plan d'eau.

Les pompiers (7 personnes mobilisées jusqu'à 14 heures) ont en plus établi deux barrages absorbants dans le ruisseau et un barrage flottant à l'endroit où il se jette dans l'étang, au niveau du pont franchissant le ruisseau. Le polluant, de type huile ou bitume léger, recouvrait une surface d'environ 20-30 m^2 de rivière. L'origine du déversement est inconnue.

« À l'aide de tamis, on a ressorti les hydrocarbures et la végétation souillée », explique le responsable des pompiers. « Ces déchets ont été entreposés dans des sacs-poubelles en vue d'être détruits par une entreprise spécialisée. » Les pompiers ont remonté le ruisseau sur plus de 500 mètres pour essayer de déterminer le lieu de déversement des hydrocarbures, sans succès. « La quantité de polluant déversée a été estimée à 30-40 litres. »

D'après www.ouest-france.fr

Questions

1. Les hydrocarbures ont été déversés dans l'étang au Duc :
a. Vrai **b.** Faux **c.** On ne peut pas savoir

2. L'opération de nettoyage a duré moins de deux heures :
a. Vrai **b.** Faux **c.** On ne peut pas savoir

3. Le polluant recouvrait environ 30-40 m^2 de rivière :
a. Vrai **b.** Faux **c.** On ne peut pas savoir

4. Les pompiers ont établi deux barrages pour limiter la pollution :
a. Vrai **b.** Faux **c.** On ne peut pas savoir

5. Le lieu et l'origine du déversement ont été déterminés par les pompiers :
a. Vrai **b.** Faux **c.** On ne peut pas savoir

6. Les hydrocarbures et la végétation souillée seront détruits par une entreprise spécialisée :
a. Vrai **b.** Faux **c.** On ne peut pas savoir

1	a. ☐ b. ☐ c. ☐
2	a. ☐ b. ☐ c. ☐
3	a. ☐ b. ☐ c. ☐
4	a. ☐ b. ☐ c. ☐
5	a. ☐ b. ☐ c. ☐
6	a. ☐ b. ☐ c. ☐

Texte n° 3

Mardi 3 novembre, à partir de midi, huit interpellations se sont succédé à Aubagne, dans le quartier de Bernard-Palissy, réputé pour son trafic de stupéfiants. Deux têtes du réseau, quatre « lieutenants », un prête-nom et une « nourrice », tous très bien connus des services de police, ont été interpellés. C'est grâce à une surveillance nuit et jour de plusieurs mois que le commissariat a réussi cet admirable coup de filet. Les deux leaders sont deux jeunes habitants du quartier, 26 et 22 ans, ce dernier porteur d'un bracelet électronique puisqu'il a déjà été jugé dans une affaire similaire.

Leurs bras droits, âgés de 25, 22, 21 et 19 ans, sont un Aubagnais de Palissy, un autre du Charrel, un sans domicile fixe et un Marseillais qui « squattent » régulièrement le quartier.

Quant aux deux derniers membres du gang, ce sont deux femmes de 22 ans qui s'occupaient de la partie logistique du trafic. Grâce à ce travail de longue haleine, les policiers ont pu établir que le trafic représentait jusqu'à 300 transactions quotidiennes pour un bénéfice de quelque 6 000 € par jour.

D'après www.laprovence.fr

Questions

1. Les faits se sont déroulés en Provence-Alpes Côte d'Azur :
   a. Vrai **b.** Faux **c.** On ne peut pas savoir
2. Deux des membres du réseau éteint inconnus des services de police :
   a. Vrai **b.** Faux **c.** On ne peut pas savoir
3. Les policiers ont pu établir que le trafic générait quelque 300 euros par jour :
   a. Vrai **b.** Faux **c.** On ne peut pas savoir
4. Les deux têtes de réseau étaient âgées respectivement de 26 et 22 ans :
   a. Vrai **b.** Faux **c.** On ne peut pas savoir
5. C'est au terme de quatre mois de surveillance que les arrestations ont eu lieu :
   a. Vrai **b.** Faux **c.** On ne peut pas savoir
6. Le plus jeune interpellé était sans domicile fixe :
   a. Vrai **b.** Faux **c.** On ne peut pas savoir

1	a. ☐	b. ☐	c. ☐
2	a. ☐	b. ☐	c. ☐
3	a. ☐	b. ☐	c. ☐
4	a. ☐	b. ☐	c. ☐
5	a. ☐	b. ☐	c. ☐
6	a. ☐	b. ☐	c. ☐

Texte n° 4

Dans la soirée de lundi, une habitante de Bruay-la-Buissière a trouvé dans sa remise une bouteille sur laquelle était écrit « uranium » contenant une poudre blanche. La dame a alors appelé le 18. Les pompiers, arrivés sur place vers 21 heures, ont constaté une légère radioactivité sur l'occupante des lieux. Cinq pompiers ont été contaminés à leur tour. La cellule mobile d'intervention chimique et radiologique (CMIR) des sapeurs-pompiers a été engagée. Par précaution, un périmètre de sécurité avait été mis en place par la sous-préfecture de Béthune, d'autant plus que la maison se trouve à petite distance d'un collège.

« Les pompiers ont d'abord constaté que la radioactivité était quatre fois supérieure à la normale. Mais après qu'ils se soient lavé les mains, cette radioactivité est revenue à la normale », a affirmé à l'AFP Youssef Adouiak, directeur des services techniques de la commune.

Selon les premiers éléments de l'enquête, il s'agit de thorium 232, qui émet un rayonnement alpha, donc potentiellement dangereux. « Il semblerait qu'il provienne d'un déménagement d'une personne récemment décédée et qui travaillait dans la sidérurgie », a déclaré Youssef Adouiak.

D'après www.lefigaro.fr

Questions

1. Les faits se sont déroulés à Béthune :
   a. Vrai **b.** Faux **c.** On ne peut pas savoir
2. La bouteille contenait probablement du thorium 232 :
   a. Vrai **b.** Faux **c.** On ne peut pas savoir
3. Cinq personnes ont été contaminées par le produit radioactif :
   a. Vrai **b.** Faux **c.** On ne peut pas savoir
4. Par précaution, les pompiers contaminés ont été hospitalisés :
   a. Vrai **b.** Faux **c.** On ne peut pas savoir
5. Le propriétaire de la bouteille a été entendu au cours de l'enquête :
   a. Vrai **b.** Faux **c.** On ne peut pas savoir
6. Un périmètre de sécurité autour d'un collège tout proche a été mis en place :
   a. Vrai **b.** Faux **c.** On ne peut pas savoir

1	a. ☐ b. ☐ c. ☐
2	a. ☐ b. ☐ c. ☐
3	a. ☐ b. ☐ c. ☐
4	a. ☐ b. ☐ c. ☐
5	a. ☐ b. ☐ c. ☐
6	a. ☐ b. ☐ c. ☐

Texte n° 5

Identité du plaignant

Nom : Kolbe

Prénom : Jacqueline

Date de naissance : 2 juillet 1975

Situation professionnelle : Directrice financière

Adresse : 4 rue des Amandiers / 78322 Jouy-en-Josas

Informations relatives au véhicule

Marque : Renault

Modèle : 307

N* de plaque d'immatriculation : 498 QQ 34

Couleur : rouge

Déclaration de Mme Kolbe

Le 9 septembre 2016 à 21 heures, Mme Kolbe rentrait à son domicile. Elle a garé sa Renault sur sa place de parking dédiée, au pied de son immeuble du 4 rue des Amandiers. Elle certifie avoir fermé à clef son véhicule. Le lendemain matin, à 8 h 45, alors qu'elle descendait de son appartement pour reprendre son véhicule et se rendre sur son lieu de travail, elle a constaté que celui-ci n'était plus à l'endroit où elle l'avait laissé.

Madame Kolbe a pu constater la présence de verre brisé ainsi qu'un tournevis cruciforme en lieu et place du véhicule. Elle a pris soin de les prendre en photo pour les montrer aux forces de police lors de son dépôt de plainte. Madame Kolbe, ainsi que son compagnon, n'ont entendu aucun bruit suspect dans la nuit.

Questions

1. Les voisins n'ont entendu aucun bruit suspect au cours de la nuit :
   a. Vrai **b.** Faux **c.** On ne peut pas savoir
2. 2 La plaignante habite un pavillon :
   a. Vrai **b.** Faux **c.** On ne peut pas savoir
3. Madame Kolbe a pris une photo de la portière de son véhicule :
   a. Vrai **b.** Faux **c.** On ne peut pas savoir
4. Madame Kolbe est mariée :
   a. Vrai **b.** Faux **c.** On ne peut pas savoir
5. La plaignante a constaté la disparition de sa voiture plus de 8 heures après l'avoir garée :
   a. Vrai **b.** Faux **c.** On ne peut pas savoir
6. Le véhicule de la plaignante est une Renault rouge :
   a. Vrai **b.** Faux **c.** On ne peut pas savoir

1	a. ☐	b. ☐	c. ☐
2	a. ☐	b. ☐	c. ☐
3	a. ☐	b. ☐	c. ☐
4	a. ☐	b. ☐	c. ☐
5	a. ☐	b. ☐	c. ☐
6	a. ☐	b. ☐	c. ☐

Texte n° 6

Trois hommes, soupçonnés d'avoir commis un important cambriolage dans un pavillon à Meudon (Hauts-de-Seine), sont parvenus à échapper à la police le vendredi 6 mai. Vers 22 h 30, les enquêteurs de la brigade de répression du banditisme (BRB) « planquent » sur une équipe de voleurs qu'ils surveillent depuis plusieurs jours. Les policiers décident de procéder à l'interpellation pendant que les cambrioleurs s'affairent dans un pavillon route du Pavé des Gardes.

Mais les trois hommes prennent la fuite. Montés dans leur voiture, ils foncent sur les trois véhicules des enquêteurs de la BRB avant de les percuter. Dans le choc, un policier a été légèrement blessé aux jambes, tandis qu'un de ses collègues a tiré, à une reprise, avec son arme de service en direction de la voiture des cambrioleurs. Ces derniers ont ensuite renversé un scooter avant d'abandonner leur véhicule pour prendre la fuite à pied.

Les investigations se poursuivent pour remonter la piste de ce trio de malfrats. Une enquête administrative a été également ouverte après l'usage de son arme par le policier de la BRB.

Questions

1. Le cambriolage s'est déroulé à Meudon, route du Pavé des Gardes :
   a. Vrai **b.** Faux **c.** On ne peut pas savoir
2. Les cambrioleurs ont renversé un couple en scooter :
   a. Vrai **b.** Faux **c.** On ne peut pas savoir
3. Un seul enquêteur a été légèrement blessé aux jambes :
   a. Vrai **b.** Faux **c.** On ne peut pas savoir
4. L'un des cambrioleurs a été blessé par les enquêteurs de la BRB :
   a. Vrai **b.** Faux **c.** On ne peut pas savoir

1	a. ☐	b. ☐	c. ☐
2	a. ☐	b. ☐	c. ☐
3	a. ☐	b. ☐	c. ☐
4	a. ☐	b. ☐	c. ☐

5. Les cambrioleurs ont pris fuite en scooter puis à pied :

a. Vrai **b.** Faux **c.** On ne peut pas savoir

6. Une enquête judiciaire a été ouverte après l'usage de son arme par le policier de la BRB :

a. Vrai **b.** Faux **c.** On ne peut pas savoir

5	a. ☐ b. ☐ c. ☐
6	a. ☐ b. ☐ c. ☐

Texte n° 7

Le propriétaire du bar « Le Balto »

Nom : Piriou

Prénom : Geoffrey

Date de naissance : 9 février 1987

Situation professionnelle : Commerçant

Adresse : 7 rue Gambetta / 29150 Dinéault

Le propriétaire du bar « Les Anthocyanes »

Nom : Garcia

Prénom : Pierre

Date de naissance : 17 novembre 1988

Situation professionnelle : Commerçant

Adresse : 1 rue Gambetta / 29150 Dinéault

Les faits

Le 1er avril, à 23 h 30, Monsieur Piriou et Monsieur Garcia s'apprêtent à fermer leurs bars respectifs qui se trouvent tous deux rue Gambetta, à Dinéault. Monsieur Garcia s'adresse alors à son concurrent pour lui annoncer qu'il s'apprête à vendre son bar au frère de Pierre Piriou, Antoine Piriou, avec lequel il n'entretient plus de relations depuis trois ans. Pierre Piriou, furieux, menace physiquement Monsieur Garcia à l'aide d'une barre de fer qu'il utilise habituellement pour fermer le volet de la porte principale des Anthocyanes, puis s'enferme chez lui malgré les demandes répétées de Monsieur Garcia, qui souhaite manifestement continuer la conversation, selon deux clients qui ont été témoins de la scène.

À 23 h 55, Monsieur Garcia appelle la gendarmerie de Châteaulin. Il entend des coups violents contre la porte de son domicile. Dépêchées sur place, les forces de gendarmeries interpellent Monsieur Pierre Piriou, en état d'ébriété avancée et muni d'une hache, en train d'essayer de démolir la devanture du bar de Monsieur Garcia.

Il a été placé en cellule de dégrisement. Monsieur Garcia n'a pas souhaité porter plainte.

Questions

1. Les faits se sont déroulés à Châteaulin :

a. Vrai **b.** Faux **c.** On ne peut pas savoir

2. Monsieur Geoffrey Garcia est le propriétaire du bar « Les Anthocyanes » :

a. Vrai **b.** Faux **c.** On ne peut pas savoir

1	a. ☐ b. ☐ c. ☐
2	a. ☐ b. ☐ c. ☐

3. Monsieur Geoffrey Garcia et Monsieur Pierre Piriou sont en conflit depuis plusieurs années :
a. Vrai **b.** Faux **c.** On ne peut pas savoir

3 a. ☐ b. ☐ c. ☐

4. Monsieur Piriou a menacé physiquement Monsieur Garcia à l'aide d'une hache :
a. Vrai **b.** Faux **c.** On ne peut pas savoir

4 a. ☐ b. ☐ c. ☐

5. Monsieur Garcia a porté plainte auprès de la gendarmerie de Dinéault :
a. Vrai **b.** Faux **c.** On ne peut pas savoir

5 a. ☐ b. ☐ c. ☐

6. Monsieur Pierre Pirou a un problème d'addiction à l'alcool :
a. Vrai **b.** Faux **c.** On ne peut pas savoir

6 a. ☐ b. ☐ c. ☐

Texte n° 8

Après qu'une personne âgée a alerté sa famille l'été dernier sur le goût étrange de sa chicorée, son aide-soignante a été arrêtée la semaine dernière pour avoir drogué cette personne dont elle avait la charge, rapporte ce mercredi France bleu Gironde.

Employée d'une société d'aide à domicile, l'aide-soignante de 56 ans a expliqué qu'elle ne supportait pas le caractère de la personne âgée dont elle devait s'occuper. Elle a alors eu l'idée de glisser régulièrement des sédatifs dans la boisson de la nonagénaire. Les policiers en ont d'ailleurs retrouvé des traces dans la boîte de chicorée. L'enquête a aussi prouvé que l'ingestion du médicament a été régulière.

Par ailleurs, les investigations ont montré que l'aide-soignante a réalisé des faux au nom de la vieille dame pour se procurer des médicaments dont elle est dépendante. Enfin, l'aide-soignante a reconnu avoir utilisé chéquiers et cartes bancaires d'autres personnes dont elle s'est occupée.

D'après www.leparisien.fr

Questions

1. La drogue était administrée à la vieille dame dans sa chicorée :
a. Vrai **b.** Faux **c.** On ne peut pas savoir

1 a. ☐ b. ☐ c. ☐

2. La personne âgée avait au moins 90 ans :
a. Vrai **b.** Faux **c.** On ne peut pas savoir

2 a. ☐ b. ☐ c. ☐

3. La personne âgée avait mauvais caractère :
a. Vrai **b.** Faux **c.** On ne peut pas savoir

3 a. ☐ b. ☐ c. ☐

4. L'aide soignante était employée par la famille de la vieille dame :
a. Vrai **b.** Faux **c.** On ne peut pas savoir

4 a. ☐ b. ☐ c. ☐

5. L'aide soignante est dépendante à certains médicaments :
a. Vrai **b.** Faux **c.** On ne peut pas savoir

5 a. ☐ b. ☐ c. ☐

6. L'aide soignante avait des antécédents judiciaires :
a. Vrai **b.** Faux **c.** On ne peut pas savoir

6 a. ☐ b. ☐ c. ☐

Texte n° 9

Ce jeudi, un important incendie a ravagé le 1er étage d'un immeuble des années 1970 de bureaux et de commerces, rue de Belleville (XIXe), à quelques centaines de mètres de la place des Fêtes, dans l'est parisien. Il n'a pas fait de victimes.

Le feu s'est déclaré à 17h15. Quelques minutes après, une conduite de gaz a explosé, provoquant un bruit assourdissant. Cent vingt pompiers de la BSPP (brigade de sapeurs-pompiers de Paris) ont été mobilisés, munis de trente-cinq engins. Le sinistre a été circonscrit vers 18h30.

Dans le quartier, les fumées épaisses ont gêné les riverains. Certains sont restés confinés chez eux. En fin de soirée, les habitants ont été éloignés le temps que les pompiers sécurisent le périmètre. Certains ont été raccompagnés à leur domicile par les soldats du feu afin de vérifier les appartements. D'après une source policière, l'origine première de l'incendie pourrait être due à l'explosion d'un climatiseur dans un local inoccupé jouxtant les bureaux.

Questions

1. Les faits se sont déroulés près de la place des Fêtes, à Paris :
a. Vrai **b.** Faux **c.** On ne peut pas savoir

2. Trente-cinq pompiers de la BSSP ont été mobilisés pour circonscrire l'incendie :
a. Vrai **b.** Faux **c.** On ne peut pas savoir

3. C'est une explosion de conduite de gaz qui est à l'origine de l'incendie :
a. Vrai **b.** Faux **c.** On ne peut pas savoir

4. Le sinistre n'a pas fait de victime :
a. Vrai **b.** Faux **c.** On ne peut pas savoir

5. Les pompiers ont fini de sécuriser le périmètre à 18 h 30 :
a. Vrai **b.** Faux **c.** On ne peut pas savoir

6. Les pompiers ont circonscrit le feu en plus d'une heure :
a. Vrai **b.** Faux **c.** On ne peut pas savoir

1	a. ☐	b. ☐	c. ☐
2	a. ☐	b. ☐	c. ☐
3	a. ☐	b. ☐	c. ☐
4	a. ☐	b. ☐	c. ☐
5	a. ☐	b. ☐	c. ☐
6	a. ☐	b. ☐	c. ☐

Texte n° 10

Mardi, une adolescente de 13 ans a été grièvement blessée à la tête alors qu'elle se trouvait dans une attraction d'une fête foraine à Saint-Tropez. Selon les premiers éléments de l'enquête menée par la gendarmerie de Saint-Tropez, les cheveux longs de la jeune fille ont été happés et son cuir chevelu en partie arraché par un mécanisme entraînant des rouleaux à l'intérieur d'une attraction de style château hanté.

Son pronostic vital n'est pas engagé. L'attraction a été placée sous scellé et une expertise a été ordonnée pour connaître les circonstances exactes de l'accident. La scène a eu lieu place des Lices, la plus célèbre place de Saint-Tropez, où se tient la fête annuelle de la « bravade de Saint-Tropez ».

D'après www.varmatin.com

Questions

1. Les faits se sont déroulés à 13 heures :
   a. Vrai **b.** Faux **c.** On ne peut pas savoir
2. La fête foraine a leu lieu place de la Bravade, à Saint-Tropez :
   a. Vrai **b.** Faux **c.** On ne peut pas savoir
3. Les blessures de l'adolescente sont sans gravité :
   a. Vrai **b.** Faux **c.** On ne peut pas savoir
4. L'enquête a démontré que le mécanisme des rouleaux de l'attraction était défaillant :
   a. Vrai **b.** Faux **c.** On ne peut pas savoir
5. Les propriétaires de l'attraction ont été placés en garde à vue :
   a. Vrai **b.** Faux **c.** On ne peut pas savoir
6. L'attraction a été placée sous scellés :
   a. Vrai **b.** Faux **c.** On ne peut pas savoir

1	a. ☐ b. ☐ c. ☐	
2	a. ☐ b. ☐ c. ☐	
3	a. ☐ b. ☐ c. ☐	
4	a. ☐ b. ☐ c. ☐	
5	a. ☐ b. ☐ c. ☐	
6	a. ☐ b. ☐ c. ☐	

Texte n° 11

Quatre enfants et trois adultes ont été incommodés après avoir respiré les fumées d'un incendie qui a pris, vers 23 h 55, au rez-de-chaussée d'un immeuble de trois étages de la rue Saint-Louis à Blois, dans le Loir-et-Cher. Ils ont été pris en charge par les sapeurs pompiers et le Samu. L'occupante du logement où le feu a pris est sortie de d'elle-même de l'immeuble et a donné l'alerte. Les habitants se sont mis à l'abri sur un parking voisin, tandis que les pompiers attaquaient les flammes.

Un important dispositif de secours a été déployé, afin de lutter contre le sinistre et d'empêcher sa propagation. L'appartement sinistré est complètement détruit. Trente soldats du feu ont combattu au moyen de deux lances à incendie. Quatre ambulances, trois engins de lutte contre les feux urbains et une grande échelle étaient sur place. Une équipe médicale du Samu 41 était présente, ainsi que la police nationale. La thèse de l'origine accidentelle est privilégiée.

Questions

1. Sept personnes ont été incommodées par les émanations de fumée :
 a. Vrai **b.** Faux **c.** On ne peut pas savoir
2. C'est un voisin de l'appartement où le feu a pris qui a donné l'alerte :
 a. Vrai **b.** Faux **c.** On ne peut pas savoir
3. L'incendie s'est déclaré dans la nuit :
 a. Vrai **b.** Faux **c.** On ne peut pas savoir
4. La police nationale privilégie la thèse de l'origine criminelle :
 a. Vrai **b.** Faux **c.** On ne peut pas savoir
5. L'occupant de l'appartement d'où le feu a pris est une femme :
 a. Vrai **b.** Faux **c.** On ne peut pas savoir
6. Quatre ambulances, un engin de lutte contre les deux urbains et une grande échelle étaient sur place :
 a. Vrai **b.** Faux **c.** On ne peut pas savoir

1	a. ☐ b. ☐ c. ☐	
2	a. ☐ b. ☐ c. ☐	
3	a. ☐ b. ☐ c. ☐	
4	a. ☐ b. ☐ c. ☐	
5	a. ☐ b. ☐ c. ☐	
6	a. ☐ b. ☐ c. ☐	

Texte n° 12

Le gérant du restaurant *La Cantine de Sophie*

Nom : Blankart

Prénom : Elliot

Date de naissance : 4 mars 1972

Situation professionnelle : Commerçant

Adresse : 1 rue de la Halle aux grains / 43300 Cholet

Le propriétaire du restaurant *La Cantine de Sophie*

Nom : Guignard

Prénom : Benoît

Date de naissance : 27 août 1956

Situation professionnelle : Commerçant

Adresse : Chemin des Poissonniers / 49300 Cholet

Les faits

Le 5 octobre, à 11 h 30, Monsieur Guignard accomplit sa visite mensuelle au restaurant dont il est propriétaire, *La Cantine de Sophie*, rue Jean Moulin à Cholet. Il s'apprête à vérifier les comptes et s'installe dans le bureau du restaurant, situé près de l'arrière-cuisine. Monsieur Blankart qui n'a pas été mis au courant de la venue du propriétaire, arrive alors dans la cuisine en tenant à la main une enveloppe kraft qu'il glisse dans la poche de son manteau suspendu devant la porte de l'arrière-cuisine, d'après le témoignage de Monsieur Guignard. Celui-ci, intrigué, constate que l'enveloppe convient 2 500 euros en billets de 500, 200 et 100 euros. Il appelle immédiatement la gendarmerie de Cholet pour signaler le vol d'argent liquide dans sa caisse. Placé en garde à vue, Monsieur Blankart nie catégoriquement les faits et affirme que cet argent est le fruit de ses économies. L'enquête est en cours.

Questions

1. Monsieur Guignard est le propriétaire du bar « La Cantine de Sophie » :
   a. Vrai **b.** Faux **c.** On ne peut pas savoir
2. Le bureau du restaurant se trouve près de l'arrière-cuisine :
   a. Vrai **b.** Faux **c.** On ne peut pas savoir
3. Monsieur Blankart a volé de l'argent dans la caisse du restaurant :
   a. Vrai **b.** Faux **c.** On ne peut pas savoir
4. Les billets retrouvés dans l'enveloppe étaient des petites coupures :
   a. Vrai **b.** Faux **c.** On ne peut pas savoir
5. Placé en garde à vue, Monsieur Blankart a avoué les faits :
   a. Vrai **b.** Faux **c.** On ne peut pas savoir
6. Monsieur Blankart a été licencié :
   a. Vrai **b.** Faux **c.** On ne peut pas savoir

1	a. ☐	b. ☐	c. ☐
2	a. ☐	b. ☐	c. ☐
3	a. ☐	b. ☐	c. ☐
4	a. ☐	b. ☐	c. ☐
5	a. ☐	b. ☐	c. ☐
6	a. ☐	b. ☐	c. ☐

Texte n° 13

12 heures, samedi 7 mai. La SNSM reçoit un appel du « Carpe Diem III ». Le catamaran de 14 m est en train de sombrer. Les pompiers de Sarzeau et d'Arzon, ainsi que l'équipe départementale des plongeurs de Lorient et de Vannes, se précipitent sur place. « En deux minutes, on a vu le caisson se remplir d'eau », explique Marylène, la propriétaire de ce catamaran.

Trop gros pour le port du Crouesty, le bateau est emmené à La Turballe. Mais la grue du port ne suffit pas. L'entreprise de grutage Graneguy est appelée à la rescousse. Puis, les équipes de sauveteurs se synchronisent. Les plongeurs positionnent les sangles. Délicatement, les 3,6 tonnes du catamaran s'élèvent dans les airs.

Reposé au pied du phare, le bateau a une large fente. « Il y a eu beaucoup d'émotions, parce que j'ai vécu une situation similaire qui a provoqué la perte d'un homme », souffle la propriétaire. Il aura fallu dix heures pour sauver son Carpe Diem III.

D'après www.ouest-france.fr

Questions

1. Le sauvetage s'est terminé aux alentours de 22 heures :
   a. Vrai **b.** Faux **c.** On ne peut pas savoir
2. Le catamaran pèse plus de trois tonnes :
   a. Vrai **b.** Faux **c.** On ne peut pas savoir
3. Un homme a perdu la vie pendant le sauvetage du Carpe Diem III :
   a. Vrai **b.** Faux **c.** On ne peut pas savoir
4. Le Carpe Diem III a prévenu les pompiers de Sarzeau qu'il était en train de sombrer :
   a. Vrai **b.** Faux **c.** On ne peut pas savoir

1	a. ☐	b. ☐	c. ☐
2	a. ☐	b. ☐	c. ☐
3	a. ☐	b. ☐	c. ☐
4	a. ☐	b. ☐	c. ☐

5. C'est la grue du port de La Truballe qui a sorti le Carpe Diem III de l'eau :

a. Vrai **b.** Faux **c.** On ne peut pas savoir

5 a. ☐ b. ☐ c. ☐

6. L'équipe départementale des plongeurs de Lorient et de Vannes a identifié l'origine de la voie d'eau :

a. Vrai **b.** Faux **c.** On ne peut pas savoir

6 a. ☐ b. ☐ c. ☐

Texte n° 14

Le violeur présumé se servait-il de Heetch, l'application de transport de nuit entre particuliers, pour piéger ses victimes ? Ce chauffeur occasionnel est soupçonné d'avoir violé deux clientes à Lyon. Il a été mis en examen et écroué mardi 17 mai, selon son avocate.

Le suspect a été arrêté dimanche matin. La police le soupçonne d'avoir violé quelques heures plus tôt une jeune femme qu'il avait prise en charge à la sortie d'une boîte de nuit, selon une source proche de l'enquête. Celle-ci rapporte que le chauffeur, utilisant l'application Heetch, a raccompagné la victime à son domicile avant de lui imposer un rapport sexuel. L'avocate du mis en cause a indiqué que son client contestait les faits de viols et de violences. Elle a également précisé qu'il était un « chauffeur clandestin » et n'était pas un utilisateur de ladite application.

L'arrestation a eu lieu alors que le chauffeur était revenu en boîte de nuit dans l'optique d'une nouvelle course. Il a été également confondu pour un viol commis sur une autre jeune femme à Lyon en janvier. Mercredi, les fondateurs de Heetch ont fait part de leur consternation.

D'après www.francetvinfo.fr

Questions

1. Le violeur présumé était un employé de Heetch, une application de transport de nuit entre particuliers :

a. Vrai **b.** Faux **c.** On ne peut pas savoir

1 a. ☐ b. ☐ c. ☐

2. Le suspect a ramené la victime chez lui avant de lui imposer des rapports sexuels :

a. Vrai **b.** Faux **c.** On ne peut pas savoir

2 a. ☐ b. ☐ c. ☐

3. La police le soupçonne d'avoir violé deux jeunes femmes depuis janvier :

a. Vrai **b.** Faux **c.** On ne peut pas savoir

3 a. ☐ b. ☐ c. ☐

4. Le suspect a été arrêté alors qu'il s'apprêtait à commettre un nouveau viol :

a. Vrai **b.** Faux **c.** On ne peut pas savoir

4 a. ☐ b. ☐ c. ☐

5. Les fondateurs de l'application Heetch ont été entendus par les services de police :

a. Vrai **b.** Faux **c.** On ne peut pas savoir

5	a. ☐ b. ☐ c. ☐

6. L'avocate du suspect l'a mis en examen puis écroué le mardi 17 mai :

a. Vrai **b.** Faux **c.** On ne peut pas savoir

6	a. ☐ b. ☐ c. ☐

Texte n° 15

Identité du plaignant

Nom : Le Joubioux

Prénom : Gabin

Date de naissance : 8 novembre 1980

Situation professionnelle : Ingénieur

Adresse : 7 rue de Darnétal / 76100 Rouen

Informations relatives au véhicule

Marque : Audi

Modèle : TT

N de plaque d'immatriculation : 193 HO 89

Couleur : Grise

Déclaration de M. Le Joubioux

Le 27 janvier, à 22 h 45, Monsieur Le Joubioux a garé son véhicule sur sa place de parking, dans le sous-sol de l'immeuble dans lequel il habite. Comme à son habitude, il a fermé à clef sa voiture avant de prendre l'ascenseur pour se rendre à son appartement situé à 4e étage. Le lendemain après-midi, en voulant reprendre sa voiture, il a constaté que celle-ci avait subi de nombreuses dégradations. Trois pneus crevés, côté gauche du véhicule entièrement rayé, essuie-glace arrière cassé, rétroviseur droit arraché et feux stop brisés.

Monsieur Le Joubioux n'a remarqué aucune présence suspecte au sein de l'immeuble ou du parking. Par contre, il a noté que deux individus, dont il n'a pas pu discerner les traits, se tenaient près de l'entrée du garage au moment où il y pénétrait. Il nous informe également qu'il faut posséder un badge nominatif pour accéder au parking ainsi qu'un code pour prendre l'ascenseur pour accéder à la sortie de l'immeuble. L'escalier est également accessible uniquement grâce à une clef.

Questions

7. Le véhicule dégradé est une Audi TT rouge :

a. Vrai **b.** Faux **c.** On ne peut pas savoir

8. Les faits se sont déroulés de nuit :

a. Vrai **b.** Faux **c.** On ne peut pas savoir

1	a. ☐ b. ☐ c. ☐
2	a. ☐ b. ☐ c. ☐

Sujet blanc

9. L'accès à l'immeuble de Monsieur Le Joubioux n'est pas bien sécurisé :

a. Vrai **b.** Faux **c.** On ne peut pas savoir

10. Les dégradations ont été commises par deux individus :

a. Vrai **b.** Faux **c.** On ne peut pas savoir

11. Trois des quatre pneus du véhicule ont été crevés :

a. Vrai **b.** Faux **c.** On ne peut pas savoir

12. Contrairement à son habitude, Monsieur Le Joubioux avait fermé son véhicule à clef :

a. Vrai **b.** Faux **c.** On ne peut pas savoir

3 a. ☐ b. ☐ c. ☐

4 a. ☐ b. ☐ c. ☐

5 a. ☐ b. ☐ c. ☐

6 a. ☐ b. ☐ c. ☐

Réponses

1. b ; a ; c ; b ; b ; a	**6. a ; c ; a ; c ; b ; b**	**11. a ; b ; a ; b ; a ; b**
2. b ; b ; b ; a ; b ; a	**7. b ; a ; c ; b ; b ; c**	**12. b ; a ; c ; b ; b ; c**
3. a ; b ; b ; a ; c ; c	**8. a ; a ; c ; b ; a ; c**	**13. a ; a ; b ; b ; b ; c**
4. b ; a ; b ; b ; b ; b	**9. a ; b ; b ; a ; b ; a**	**14. b ; b ; a ; c ; c ; b**
5. c ; b ; b ; c ; a ; a	**10. c ; b ; b ; c ; c ; a**	**15. b ; c ; b ; c ; a ; b**

Sujet 7

Sujet de compréhension de textes

40 minutes

Texte n° 1

Un homme a été tué par balle dans la nuit de jeudi à vendredi près de la station balnéaire de Porto-Vecchio, en Corse. La victime est un commerçant âgé de 45 ans, père de plusieurs enfants et inconnu de la police. Il a été atteint de plusieurs projectiles, selon les premières constatations de la gendarmerie. Il a été tué à son domicile dans la région du col de l'Ospedale, près de Porto-Vecchio, en milieu de nuit.

Son épouse, qui se trouvait dans la chambre conjugale, dit avoir entendu des coups de feu et avoir prévenu les secours en découvrant son mari grièvement blessé dans une autre pièce de la maison. Il est mort peu après l'arrivée des secours. Un représentant du parquet d'Ajaccio s'est rendu sur place ainsi que des techniciens en identification criminelle. L'enquête a été confiée à la gendarmerie.

D'après www.sudouest.fr

Questions

1. Les faits se sont déroulés de nuit :
   a. Vrai **b.** Faux **c.** On ne peut pas savoir
2. La victime était père de plusieurs garçons :
   a. Vrai **b.** Faux **c.** On ne peut pas savoir
3. La victime a été retrouvée dans sa chambre :
   a. Vrai **b.** Faux **c.** On ne peut pas savoir
4. C'est son épouse qui a tiré sur la victime :
   a. Vrai **b.** Faux **c.** On ne peut pas savoir
5. Un représentant du parquet de Porto-Vecchio s'est rendu sur place :
   a. Vrai **b.** Faux **c.** On ne peut pas savoir
6. L'enquête a été confiée à la gendarmerie de l'Ospédale :
   a. Vrai **b.** Faux **c.** On ne peut pas savoir

1	a. ☐ b. ☐ c. ☐	
2	a. ☐ b. ☐ c. ☐	
3	a. ☐ b. ☐ c. ☐	
4	a. ☐ b. ☐ c. ☐	
5	a. ☐ b. ☐ c. ☐	
6	a. ☐ b. ☐ c. ☐	

Texte n° 2

Lundi soir, rue du Face, à Chantepie, vers 20 h 45, les sapeurs-pompiers sont appelés pour une personne victime d'un malaise à domicile. Une ambulance du centre d'incendie et de secours de Rennes est envoyée sur les lieux. Les secouristes sont accueillis par la victime, un jeune homme de 23 ans, qui se met à les insulter.

« Dans le domicile, se trouvent également deux membres de la famille du jeune homme et trois amis proches, explique une source proche de l'enquête. Pour une raison encore indéterminée, la victime a porté un violent coup de pied à l'un des sapeurs-pompiers. » Blessé au thorax, ce dernier a été transporté aux urgences du CH Pontchaillou, à Rennes. Il a été hospitalisé pour y subir des soins et effectuer des radios de contrôle. Ses jours ne sont pas en danger.

Le service départemental d'incendie et de secours (SDIS) et le pompier blessé ont déposé plainte au commissariat de police de Cesson Sévigné. Ce coup de colère peut valoir très cher. L'auteur présumé des faits risque jusqu'à trois ans d'emprisonnement et 45 000 euros d'amende.

D'après www.lavoixdunord.fr

Questions

1. Les faits se sont déroulés rue du Face, à Cesson Sévigné :
   a. Vrai **b.** Faux **c.** On ne peut pas savoir
2. En plus des sapeurs-pompiers, il y avait 5 personnes sur les lieux des faits :
   a. Vrai **b.** Faux **c.** On ne peut pas savoir
3. Le pompier a été très grièvement blessé :
   a. Vrai **b.** Faux **c.** On ne peut pas savoir
4. L'auteur présumé des faits était sous l'emprise de stupéfiants :
   a. Vrai **b.** Faux **c.** On ne peut pas savoir
5. Le SDIS et le pompier blessé ont déposé plainte auprès du commissariat de Cesson Sévigné :
   a. Vrai **b.** Faux **c.** On ne peut pas savoir
6. L'auteur présumé des faits risque une peine de prison ainsi qu'une forte amende :
   a. Vrai **b.** Faux **c.** On ne peut pas savoir

1 a. ☐ b. ☐ c. ☐
2 a. ☐ b. ☐ c. ☐
3 a. ☐ b. ☐ c. ☐
4 a. ☐ b. ☐ c. ☐
5 a. ☐ b. ☐ c. ☐
6 a. ☐ b. ☐ c. ☐

Texte n° 3

Sur l'A63 jeudi matin, les gendarmes du peloton motorisé de Labouheyre effectuaient des contrôles de vitesse à hauteur de Lesperon. Ils ont contrôlé une BMW à 229 km/h, soit près de 100 km/h au-dessus de la limite.

C'était un jeune conducteur portugais de 19 ans qui avait acheté ce bolide la veille en Allemagne. Il rentrait au Portugal et, semble-t-il, voulait en tester les performances sur les lignes droites des Landes.

Il est reparti en train après s'être acquitté d'une consignation de 750 euros ; sa BMW a été immédiatement mise en fourrière. Par décision de la préfecture, il est interdit de conduite en France pour 6 mois. Il sera convoqué au tribunal ultérieurement

D'après www.sudouest.fr

Questions

1. Ce sont les gendarmes de Lesperon qui effectuaient les contrôles :
   a. Vrai **b.** Faux **c.** On ne peut pas savoir
2. Le conducteur était en état d'ébriété :
   a. Vrai **b.** Faux **c.** On ne peut pas savoir
3. La vitesse maximale autorisée sur cette portion de route était de 130 km/h :
   a. Vrai **b.** Faux **c.** On ne peut pas savoir
4. Le véhicule a été immédiatement immobilisé :
   a. Vrai **b.** Faux **c.** On ne peut pas savoir
5. Le véhicule du jeune homme, une BMW, a été acheté au Portugal :
   a. Vrai **b.** Faux **c.** On ne peut pas savoir
6. Le jeune homme sera convoqué au tribunal dans 6 mois :
   a. Vrai **b.** Faux **c.** On ne peut pas savoir

1 a. ☐ b. ☐ c. ☐
2 a. ☐ b. ☐ c. ☐
3 a. ☐ b. ☐ c. ☐
4 a. ☐ b. ☐ c. ☐
5 a. ☐ b. ☐ c. ☐
6 a. ☐ b. ☐ c. ☐

Texte n° 4

Ce mercredi, un Berlingo roulait à vive allure dans le centre-ville d'Albi « Il m'a percuté de plein fouet ! Je me suis garé sur le côté pour faire un constat mais il s'est sauvé à toute vitesse. », témoigne Cédric Escotier le conducteur de la Golf qui vient d'être percutée. Il décide alors à poursuivre le véhicule. Sur sa route, le Berlingo percute une 307, conduite par une femme qui décide, elle aussi, de se mettre à ses trousses. Au total, trois voitures poursuivent le Berlingo. « Puis, on l'a perdu dans la cité Verrière », continue Monsieur Escotier. « J'ai tourné à droite. Des gens nous ont fait un signe pour nous dire qu'il était par là. »

Le conducteur du bolide, un quinquagénaire, s'est retranché dans une petite allée. Cédric et les autres conducteurs des véhicules touchés s'arrêtent. Certains témoins aperçoivent le mis en cause, encore debout. « C'est à ce moment-là que j'ai appelé la police. »

Quand les secours arrivent sur les lieux, ils retrouvent le quinquagénaire gravement blessé au pied de son véhicule. Il a été transporté au CHU de Toulouse par les pompiers d'Albi, médicalisé et escorté par la police. Les circonstances de ses blessures restent encore floues. Une enquête est ouverte.

Questions

1. Les conducteurs des trois véhicules qui ont poursuivi le Berlingo sont deux hommes et une femme :
   a. Vrai **b.** Faux **c.** On ne peut pas savoir
2. L'homme au volant du Berlingo avait au moins cinquante ans :
   a. Vrai **b.** Faux **c.** On ne peut pas savoir
3. C'est parce qu'il a percuté plusieurs véhicules que le conducteur du Berlingo est grièvement blessé :
   a. Vrai **b.** Faux **c.** On ne peut pas savoir
4. Le conducteur du Berlingo a été transporté au CHU d'Albi :
   a. Vrai **b.** Faux **c.** On ne peut pas savoir
5. C'est la police qui a retrouvé le conducteur du Berlingo :
   a. Vrai **b.** Faux **c.** On ne peut pas savoir
6. Plusieurs témoins ont aperçu le conducteur du bolide dans une allée :
   a. Vrai **b.** Faux **c.** On ne peut pas savoir

1	a. ☐ b. ☐ c. ☐
2	a. ☐ b. ☐ c. ☐
3	a. ☐ b. ☐ c. ☐
4	a. ☐ b. ☐ c. ☐
5	a. ☐ b. ☐ c. ☐
6	a. ☐ b. ☐ c. ☐

Texte n° 5

Le 28 mai 2016

Identité du plaignant

Nom : Thomas

Prénom : Marguerite

Date de naissance : 5 mars 1988

Situation professionnelle : Chef d'entreprise

Adresse : 56 route de Gutemberg / 33200 Bordeaux

Informations relatives au véhicule

Marque : Honda (moto)

Modèle : Shadow 600

N* de plaque d'immatriculation : 444 PQ 84

Couleur : Grise

Déclaration de Mme Thomas

Le 28 mai à 14 h 55, Madame Thomas a garé sa moto place rue Bouffard, à Bordeaux, sur une place dédiée. Elle a placé l'antivol sur la route arrière du véhicule et certifie ne pas avoir laissé les clefs sur le contact. Environ trente minutes plus tard, la plaignante a constaté que son véhicule n'était plus à l'endroit auquel elle l'avait garé. Elle a interrogé le propriétaire du magasin d'antiquités en face duquel était garé son véhicule, qui n'a rien remarqué d'anormal.

Dans le top-case de sa moto, Madame Thomas avait déposé son casque Arai, les clefs de sa maison et un ordinateur IPad Mini, qui n'ont pas été retrouvés sur place non plus.

Questions

1. Madame Thomas avait garé sa moto sur un trottoir :
   a. Vrai **b.** Faux **c.** On ne peut pas savoir
2. Le véhicule volé est une moto Honda noire :
   a. Vrai **b.** Faux **c.** On ne peut pas savoir
3. Madame Thomas s'est fait dérober son casque ainsi que ses clefs de domicile :
   a. Vrai **b.** Faux **c.** On ne peut pas savoir
4. La plaignante a constaté le vol de son véhicule aux alentours de 15 h 30 :
   a. Vrai **b.** Faux **c.** On ne peut pas savoir
5. Le vol a eu lieu dans une rue très fréquentée :
   a. Vrai **b.** Faux **c.** On ne peut pas savoir
6. Le propriétaire du magasin d'antiquités a remarqué un individu suspect :
   a. Vrai **b.** Faux **c.** On ne peut pas savoir

1 a. ☐ b. ☐ c. ☐
2 a. ☐ b. ☐ c. ☐
3 a. ☐ b. ☐ c. ☐
4 a. ☐ b. ☐ c. ☐
5 a. ☐ b. ☐ c. ☐
6 a. ☐ b. ☐ c. ☐

Texte n° 6

Dimanche 21 août, vers 11 heures, deux individus ont fait irruption au Royal Kid Resort, un espace loisirs pour la famille, situé dans la zone commerciale de La Chapelle sur Erdre. Dès leur entrée, ils ont menacé le public présent et les employés du site avec, pour l'un, un couteau et, pour l'autre, une arme à feu de type fusil à pompe.

Personne n'a pu les identifier puisque les deux malfaiteurs étaient intégralement habillés en noir, cagoule sur la tête et ils portaient des gants. L'un d'entre eux s'est ensuite dirigé derrière le comptoir pour se faire remettre, sous la menace, les 400 €, environ, de la recette de la matinée.

Après avoir fait main basse sur l'argent, les deux hommes se sont enfuis. Aucun blessé n'est à déplorer. Ce matin, les employés s'apprêtent à nouveau à ouvrir les portes du complexe de jeux. Une enquête est en cours pour retrouver les auteurs du braquage.

Questions

1. Les faits se sont déroulés pendant les vacances scolaires :
   a. Vrai **b.** Faux **c.** On ne peut pas savoir
2. Il y avait environ 400 personnes dans le complexe de jeux :
   a. Vrai **b.** Faux **c.** On ne peut pas savoir
3. Les deux individus étaient armés :
   a. Vrai **b.** Faux **c.** On ne peut pas savoir
4. Les deux malfaiteurs ne sont pas connus des services de police :
   a. Vrai **b.** Faux **c.** On ne peut pas savoir
5. Les malfaiteurs se sont emparés de la recette de la journée :
   a. Vrai **b.** Faux **c.** On ne peut pas savoir
6. Pour les besoins de l'enquête, le complexe de jeux a été placé sous scellés :
   a. Vrai **b.** Faux **c.** On ne peut pas savoir

1 a. ☐ b. ☐ c. ☐
2 a. ☐ b. ☐ c. ☐
3 a. ☐ b. ☐ c. ☐
4 a. ☐ b. ☐ c. ☐
5 a. ☐ b. ☐ c. ☐
6 a. ☐ b. ☐ c. ☐

Texte n° 7

Le 4 septembre 2016

Identité du témoin :

Nom : Thétiot

Prénom : Éric

Date de naissance : 4 décembre 1981

Situation professionnelle : Ingénieur en informatique

Adresse : 17 rue Foch / 82000 Montauban

Le 4 septembre 2016, à 9 h 45 précises, je suis entré dans l'agence bancaire du Crédit Agricole Nord Midi Pyrénées de Montauban, situé au 26 boulevard Niel. J'ai alors commencé à remplir un formulaire de dépôt de chèques au comptoir dédié à cet effet. Environ deux ou trois minutes après, trois individus ont fait irruption dans l'agence. Ils étaient tous les trois cagoulés. L'un d'entre eux, le seul qui nous a adressé la parole, était assez grand, environ 1,90 m et plutôt de corpulence assez forte. Les deux autres étaient plus minces et plus petits. Ils étaient tous armés, mais je ne saurais pas dire de quel type d'arme il s'agissait, ni si elles étaient factices ou non. Le plus grand d'entre eux a crié aux clients qui se trouvaient dans la pièce « Tout le monde à terre, on ne bouge plus ». il a ajouté qu'il ne nous arriverait rien si nous obéissions à ses instructions. Ensuite, il a donné un sac à l'employé de banque du guichet et lui a dit de le remplir avec tous les billets qu'il avait dans sa caisse. L'employé s'est exécuté. Ça a duré à peine quelques instants. Pendant ce temps-là, les deux autres surveillaient la porte d'entrée de l'agence et vérifiaient que nous ne bougions pas.

Ils sont alors sortis en nous disant de compter jusqu'à 200 avant de nous relever. L'employé de banque a ensuite téléphoné à la gendarmerie, et nous vous avons attendus, tous en état de choc.

Questions

1. Les faits se sont déroulés en début d'après-midi, à Montauban :
a. Vrai **b.** Faux **c.** On ne peut pas savoir

2. Les quatre malfaiteurs étaient cagoulés :
a. Vrai **b.** Faux **c.** On ne peut pas savoir

3. Le plus grand des malfaiteurs était mince :
a. Vrai **b.** Faux **c.** On ne peut pas savoir

4. Un seul malfaiteur a pris la parole :
a. Vrai **b.** Faux **c.** On ne peut pas savoir

5. Les armes des malfaiteurs étaient factices :
a. Vrai **b.** Faux **c.** On ne peut pas savoir

6. Au total, il y avait cinq personnes dans la pièce :
a. Vrai **b.** Faux **c.** On ne peut pas savoir

1 a. ☐ b. ☐ c. ☐

2 a. ☐ b. ☐ c. ☐

3 a. ☐ b. ☐ c. ☐

4 a. ☐ b. ☐ c. ☐

5 a. ☐ b. ☐ c. ☐

6 a. ☐ b. ☐ c. ☐

Texte n° 8

Vers 14h35, le 11 juillet, deux agents d'un bailleur social se rendent rue des Suisses à Nantes où l'une de leurs locataires est sommée de déménager. Visiblement pas décidée à partir, la femme âgée de 40 ans aurait alors proféré des insultes à caractère racial sur un des employés. Très énervée, elle s'en serait prise ensuite à ses voisins en jetant sur leur paillasson de l'urine et des crottes de chien.

Des policiers appelés pour calmer la locataire ont eux aussi été agressés par la quadragénaire. Après les avoir bousculés, elle aurait ensuite craché sur l'un d'entre eux.

Interpellée et placée en garde à vue, la locataire n'a pas reconnu les injures raciales et dit ne pas se souvenir du crachat. Celle-ci, au moment des faits, était sous antidépresseur. Elle est convoquée le 11 octobre prochain devant le tribunal correctionnel de Nantes où elle devra répondre de « violences sans interruption temporaire de travail sur personne dépositaire de l'autorité publique » et « d'insultes à caractère racial ».

Questions

1. La locataire a proféré des insultes à caractère racial à l'encontre d'un agent d'un bailleur social :
   a. Vrai **b.** Faux **c.** On ne peut pas savoir
2. La locataire a craché sur un voisin :
   a. Vrai **b.** Faux **c.** On ne peut pas savoir
3. Au moment des faits, la locataire était sous l'emprise de l'alcool :
   a. Vrai **b.** Faux **c.** On ne peut pas savoir
4. La locataire a bousculé les deux policiers :
   a. Vrai **b.** Faux **c.** On ne peut pas savoir
5. La locataire devra répondre de ses actes devant le tribunal administratif de Nantes :
   a. Vrai **b.** Faux **c.** On ne peut pas savoir
6. Placée en garde à vue, la locataire a reconnu les faits qui lui sont reprochés :
   a. Vrai **b.** Faux **c.** On ne peut pas savoir

1	a. ☐ b. ☐ c. ☐	
2	a. ☐ b. ☐ c. ☐	
3	a. ☐ b. ☐ c. ☐	
4	a. ☐ b. ☐ c. ☐	
5	a. ☐ b. ☐ c. ☐	
6	a. ☐ b. ☐ c. ☐	

Texte n° 9

Deux explosions ont retenti ce jeudi peu après 11 heures à Bayonne. Selon la mairie de la ville, l'accident aurait fait au moins deux morts et trois blessés. L'accident a eu lieu dans l'entrepôt de l'entreprise Derichebourg, dans le quartier du Séqué, lui-même implanté dans la zone industrielle de la ville basque.

Toutes les fenêtres des logements aux alentours ont été soufflées. Une maison de retraite et une crèche, implantées à proximité, ont été évacuées.

L'hypothèse d'une explosion due au gaz était privilégiée au début de l'enquête, mais de nouveaux éléments font état d'un câble à haute tension qui serait tombé sur de bouteilles d'acétylène stockées dans l'usine. Les secours se sont rendus sur place et le quartier a été bouclé dans un périmètre d'au moins 100 mètres autour du lieu de l'explosion, dans la crainte d'autres explosions. Selon des témoins, un haut panache de fumée noire a été aperçu et l'explosion a été ressentie à plusieurs kilomètres.

D'après www.metronews.fr

Questions

1. Les faits se sont déroulés au Pays basque :
   a. Vrai **b.** Faux **c.** On ne peut pas savoir
2. L'accident a eu lieu dans l'entrepôt de l'entreprise Séqué, à Bayonne :
   a. Vrai **b.** Faux **c.** On ne peut pas savoir
3. Il n'y a pas de victimes à déplorer :
   a. Vrai **b.** Faux **c.** On ne peut pas savoir
4. Les explosions sont dues au gaz :
   a. Vrai **b.** Faux **c.** On ne peut pas savoir
5. Par mesure de sécurité, le quartier a été bouclé dans un périmètre d'environ 100 mètres autour de l'entrepôt :
   a. Vrai **b.** Faux **c.** On ne peut pas savoir
6. Une enquête est en cours :
   a. Vrai **b.** Faux **c.** On ne peut pas savoir

1	a. ☐	b. ☐	c. ☐
2	a. ☐	b. ☐	c. ☐
3	a. ☐	b. ☐	c. ☐
4	a. ☐	b. ☐	c. ☐
5	a. ☐	b. ☐	c. ☐
6	a. ☐	b. ☐	c. ☐

Texte n° 10

Samedi matin, vers 7 h 30, trois hommes ont été surpris par la marée montante à Sainte-Marguerite-sur-Mer (Seine-Maritime), près de Quiberville et Dieppe.

Les trois amis passaient sur l'estran, cette ligne de frontière naturelle entre basses eaux et hautes eaux, vers 9 heures, lorsque l'un d'entre eux a fait un malaise. La mer, à 11 degrés, s'est mise à les cerner. Ils ont alerté des promeneurs en faisant de grandes gestes. Les secours ont été prévenus à 9 h 15.

Aussitôt, un important dispositif a été mis en place : un hélicoptère de la Sécurité civile, un bateau de sauvetage des pompiers, un canot tout temps de la Société nationale de sauvetage en mer (SNSM) de la station de Dieppe, auxquels s'est joint un navire de pêche, le Chouchou, qui croisait tout près, ainsi qu'une équipe de sapeurs-pompiers au sol. À 9 h 40, l'hélicoptère a hélitreuillé la victime inconsciente jusque sur la plage.

Les pompiers ne sont pas parvenus à réanimer l'homme sur place. Son décès a été constaté à l'hôpital de Dieppe où les trois hommes ont été transportés. Les deux amis de la victime, en état de choc et d'hypothermie, sont sains et saufs. Le parquet de Dieppe a diligenté une enquête.

D'après www.lexpress.fr

Questions

1. L'opération de sauvetage a duré plus d'une heure :
   a. Vrai **b.** Faux **c.** On ne peut pas savoir
2. Les pompiers de Dieppe ont tenté de réanimer la victime :
   a. Vrai **b.** Faux **c.** On ne peut pas savoir
3. C'est l'hélicoptère de la SNCM qui a hélitreuillé la victime jusqu'à la plage :
   a. Vrai **b.** Faux **c.** On ne peut pas savoir
4. Les trois hommes n'avaient pas de téléphone portable :
   a. Vrai **b.** Faux **c.** On ne peut pas savoir
5. Ce sont des promeneurs qui ont alerté les secours :
   a. Vrai **b.** Faux **c.** On ne peut pas savoir
6. La gendarmerie de Dieppe dirige l'enquête :
   a. Vrai **b.** Faux **c.** On ne peut pas savoir

1	a. ☐ b. ☐ c. ☐	
2	a. ☐ b. ☐ c. ☐	
3	a. ☐ b. ☐ c. ☐	
4	a. ☐ b. ☐ c. ☐	
5	a. ☐ b. ☐ c. ☐	
6	a. ☐ b. ☐ c. ☐	

Texte n° 11

Selon le parquet de Chambéry, deux policiers sont intervenus au domicile d'un couple pour un différend conjugal dimanche vers 12 h 30. Après être entrés en forçant la porte, ils ont tenté de désarmer le mari violent, qui avait déjà porté plusieurs coups de couteau à son épouse, mais n'y sont pas parvenus. L'homme a alors « de nouveau frappé la femme devant les policiers », a indiqué le procureur de Chambéry Thierry Dran.

La fonctionnaire de police, présentée comme « expérimentée », « a tiré pour éviter qu'il ne frappe à nouveau », a indiqué le magistrat. Selon les premiers éléments de l'enquête, elle aurait donc agi en état de légitime défense pour autrui. « A priori, elle a sauvé la vie de la femme », a encore souligné le procureur. Conformément à la procédure dès lors qu'un policier en service fait usage de son arme, une enquête a été ouverte sur les circonstances de l'usage de l'arme et confiée à l'inspection générale de la police nationale (IGPN). Une deuxième enquête sur la tentative d'homicide de l'homme sur sa femme a été confiée à la police judiciaire.

D'après www.leparisien.fr

Questions

1. Les deux policiers qui sont intervenus étaient des femmes :
   a. Vrai **b.** Faux **c.** On ne peut pas savoir
2. Le mari violent avait déjà porté des coups de couteau à son épouse avant l'arrivée des forces de l'ordre :
   a. Vrai **b.** Faux **c.** On ne peut pas savoir
3. La fonctionnaire de police a tué le mari violent :
   a. Vrai **b.** Faux **c.** On ne peut pas savoir
4. Le procureur souligne qu'en tirant sur le mari, la fonctionnaire de police a probablement sauvé la vie de la femme :
   a. Vrai **b.** Faux **c.** On ne peut pas savoir

1	a. ☐ b. ☐ c. ☐
2	a. ☐ b. ☐ c. ☐
3	a. ☐ b. ☐ c. ☐
4	a. ☐ b. ☐ c. ☐

Sujet blanc

5. Une enquête menée par la police judiciaire a été ouverte sur les circonstances de l'usage de l'arme par la fonctionnaire de police :
   a. Vrai **b.** Faux **c.** On ne peut pas savoir

5 a. ☐ b. ☐ c. ☐

6. La fonctionnaire de police était débutante :
   a. Vrai **b.** Faux **c.** On ne peut pas savoir

6 a. ☐ b. ☐ c. ☐

Texte n° 12

Le 20 décembre 2015

Identité du plaignant :

Nom : Ivonik

Prénom : Martin

Date de naissance : 4 mars 1990

Situation professionnelle : chauffeur de taxi

Adresse : 89 rue Léon Blum / 94160 Saint Mandé

Le samedi 19 décembre 2015, vers 3 h 30 du matin, je me trouvais au Chicken Spot, un snack de la place des petits pavés à Saint Mandé. J'étais assis à une table avec trois amis lorsque deux individus auxquels je n'ai pas beaucoup prêté attention nous ont demandé l'heure. Ils se tenaient derrière mon siège et s'adressaient à me deux amis assis en face de moi. Ils m'ont semblé assez jeunes. Lorsqu'ils ont eu la réponse à leur question, ils sont partis. Quelques minutes plus tard, lorsque je me suis levé pour prendre mon sac à dos que j'avais accroché au dossier de mon siège, j'ai constaté qu'il n'y était plus. À l'intérieur de mon sac, j'avais les clefs de mon domicile et de ma voiture, mon téléphone portable, mon permis de conduire, ma carte d'identité, ma carte Vitale, deux cartes bancaires et 50 euros en argent liquide.

Questions

1. Les faits se sont déroulés en plein jour :
   a. Vrai **b.** Faux **c.** On ne peut pas savoir

1 a. ☐ b. ☐ c. ☐

2. Le Chicken Spot est une boîte de nuit :
   a. Vrai **b.** Faux **c.** On ne peut pas savoir

2 a. ☐ b. ☐ c. ☐

3. Les deux individus qui ont demandé l'heure étaient mineurs :
   a. Vrai **b.** Faux **c.** On ne peut pas savoir

3 a. ☐ b. ☐ c. ☐

4. Deux individus ont volé le sac du plaignant :
   a. Vrai **b.** Faux **c.** On ne peut pas savoir

4 a. ☐ b. ☐ c. ☐

5. Il s'agit d'un vol à l'arraché :
   a. Vrai **b.** Faux **c.** On ne peut pas savoir

5 a. ☐ b. ☐ c. ☐

6. La carte Vitale et le passeport du plaignant se trouvaient dans le sac volé :
   a. Vrai **b.** Faux **c.** On ne peut pas savoir

6 a. ☐ b. ☐ c. ☐

Texte n° 13

Macabre découverte lundi 30 mai au matin, dans la Seine, à proximité du parc de l'Île Saint-Germain. La brigade de sapeurs-pompiers de Paris et les plongeurs de la brigade fluviale ont été dépêchés peu avant 9 heures à l'extrémité de l'île, au niveau du pont d'Issy-les-Moulineaux, après qu'un corps a été aperçu par des promeneurs qui ont immédiatement prévenu la gendarmerie la plus proche.

« Le corps d'une personne a été repêché dans l'eau. Selon les premiers éléments, il s'agit d'un homme. Il est encore trop tôt pour savoir si la victime est morte noyée », indique une source policière. L'enquête ouverte pour déterminer les circonstances de la mort a été confiée au commissariat d'Issy-les-Moulineaux (Hauts-de-Seine).

D'après www.metronews.fr

Questions

1. Ce sont des promeneurs qui ont prévenu la brigade des sapeurs-pompiers de Paris :
   a. Vrai **b.** Faux **c.** On ne peut pas savoir
2. La victime est morte un peu avant neuf heures, lundi 30 mai :
   a. Vrai **b.** Faux **c.** On ne peut pas savoir
3. La victime s'est suicidée :
   a. Vrai **b.** Faux **c.** On ne peut pas savoir
4. Le corps a été repêché dans la Loire, au niveau du pont d'Issy-les-Moulineaux :
   a. Vrai **b.** Faux **c.** On ne peut pas savoir
5. Il s'agit d'un corps d'homme d'une trentaine d'années :
   a. Vrai **b.** Faux **c.** On ne peut pas savoir
6. L'enquête doit déterminer les circonstances de la mort :
   a. Vrai **b.** Faux **c.** On ne peut pas savoir

1	a. ☐ b. ☐ c. ☐	
2	a. ☐ b. ☐ c. ☐	
3	a. ☐ b. ☐ c. ☐	
4	a. ☐ b. ☐ c. ☐	
5	a. ☐ b. ☐ c. ☐	
6	a. ☐ b. ☐ c. ☐	

Texte n° 14

Un spectaculaire accident s'est produit, ce mercredi soir, entre un scooter et une voiture boulevard Louis-XIV à Lille. Le conducteur du deux-roues est très grièvement blessé, celui de la voiture n'a que de légères contusions. « J'ai entendu un gros choc et j'ai vu la moto arriver sur moi. » témoigne Mathilde, fleuriste chez Oh'les fleurs.

Il est près de 20 h 30, ce mercredi, lorsqu'une Citroën C5 et un scooter Yamaha entrent en collision, pour des raisons que l'enquête déterminera, sur le boulevard Louis-XIV. Le deux roues est projeté sur la vitrine du magasin. Par chance, un médecin, un interne en médecine et un pompier, présents par hasard au Versailles (café devant lequel s'est produit l'accident), assurent les premiers soins.

Le conducteur du scooter, un homme d'une vingtaine d'années, est très grièvement blessé. Des témoignages recueillis sur place font entendre que le pronostic vital serait engagé. Les pompiers de Lille et une équipe du SAMU ont pris le relais et ont transporté les victimes au CHRU de Lille.

D'après www.lavoixdunord.fr

Questions

1. Les deux conducteurs ont été transportés au CHRU de Lille :
   a. Vrai **b.** Faux **c.** On ne peut pas savoir
2. On ne connaît pas les raisons de l'accident :
   a. Vrai **b.** Faux **c.** On ne peut pas savoir
3. Deux pompiers et un médecin, se trouvaient par hasard dans un café adjacent, ont assuré les premiers secours :
   a. Vrai **b.** Faux **c.** On ne peut pas savoir
4. Le pronostic vital du conducteur du Citroën C5 est engagé :
   a. Vrai **b.** Faux **c.** On ne peut pas savoir
5. L'accident a eu lieu boulevard de Versailles :
   a. Vrai **b.** Faux **c.** On ne peut pas savoir
6. Le scooter a été projeté sur la vitrine du magasin Oh'les Fleurs :
   a. Vrai **b.** Faux **c.** On ne peut pas savoir

1 a. ☐ b. ☐ c. ☐
2 a. ☐ b. ☐ c. ☐
3 a. ☐ b. ☐ c. ☐
4 a. ☐ b. ☐ c. ☐
5 a. ☐ b. ☐ c. ☐
6 a. ☐ b. ☐ c. ☐

Texte n° 15

Le 9 mai 2015

Identité du plaignant :

Nom : Gracia

Prénom : Lionel

Date de naissance : 19 octobre 1974

Situation professionnelle : Employé de banque

Adresse : 129 allée des Soubises / 08109 Charleville Mézières

Le 9 mai 2016, je suis rentré à mon domicile après ma journée de travail aux alentours de 19 h 15. J'ai immédiatement vu que la porte d'entrée n'était pas fermée à clef, j'ai donc supposé que mon épouse était déjà rentrée. Je l'ai appelée, mais il n'y avait personne. Je suis entré dans la maison, et c'est là que j'ai constaté l'étendue des dégâts. Les canapés étaient éventrés, les tiroirs ouverts et la table basse du salon renversée. La télévision ainsi que la chaîne Hi-Fi, le lecteur DVD et deux tablettes ont disparu. Les bijoux de mon épouse, qui étaient cachés sous le lavabo de la salle de bains, ne se trouvaient plus dans leur boîte. Le pot dans lequel nous avons l'habitude de laisser notre argent liquide, qui est normalement posé sur une desserte dans la cuisine, a été dérobé. Il devait contenir environ 200 euros. Je suis ressorti de la maison et ai pu constater que la porte d'entrée avait des traces de griffures et que la serrure était abîmée. J'ai alors appelé la gendarmerie pour faire constater le cambriolage.

Questions

1. Le cambriolage a eu lieu en fin d'après-midi
   a. Vrai **b.** Faux **c.** On ne peut pas savoir
2. C'est Mme Gracia qui a découvert les faits :
   a. Vrai **b.** Faux **c.** On ne peut pas savoir
3. La porte d'entrée porte des traces d'effraction :
   a. Vrai **b.** Faux **c.** On ne peut pas savoir
4. Le montant du vol est estimé à environ 200 euros :
   a. Vrai **b.** Faux **c.** On ne peut pas savoir
5. La gendarmerie a été prévenue à 19 h 15 :
   a. Vrai **b.** Faux **c.** On ne peut pas savoir
6. Le ou les auteurs du méfait connaissaient M. Garcia :
   a. Vrai **b.** Faux **c.** On ne peut pas savoir

1	a. ☐	b. ☐	c. ☐
2	a. ☐	b. ☐	c. ☐
3	a. ☐	b. ☐	c. ☐
4	a. ☐	b. ☐	c. ☐
5	a. ☐	b. ☐	c. ☐
6	a. ☐	b. ☐	c. ☐

Réponses

1. a ; c ; b ; c ; b ; c
2. b ; b ; b ; c ; a ; a
3. b ; c ; a ; a ; b ; c
4. c ; a ; c ; b ; b ; a
5. b ; b ; a ; a ; c ; b
6. a ; c ; a ; c ; b ; b
7. b ; b ; b ; a ; c ; b
8. a ; b ; c ; a ; b ; b
9. a ; b ; b ; b ; a ; a
10. b ; a ; b ; c ; a ; c
11. c ; a ; c ; a ; b ; b
12. b ; b ; c ; c ; b ; b
13. b ; c ; c ; b ; c ; a
14. a ; a ; b ; b ; b ; a
15. c ; b ; a ; b ; b ; c

Sujet 8

Sujet de compréhension de textes

40 minutes

Texte n° 1

Un militaire de la gendarmerie a été légèrement blessé dimanche matin, à Vesoul, dans le rond-point de la Vaugine, alors qu'il participait à un contrôle alcoolémie avec huit autres gendarmes de la brigade de Vesoul et des motards (BMO) de Vesoul.

Le contrôle avait démarré vers 4 heures du matin. Vers 5 h 15, un automobiliste arrivant à vive allure depuis la rocade (RD457) n'a pas maîtrisé son véhicule en entrant dans le giratoire, et est venu percuter la voiture de gendarmerie dans le terre-plein central, à proximité de laquelle se trouvaient deux militaires. Dans sa course, le véhicule de l'individu a heurté l'un des militaires, un homme de 40 ans, gendarme à la brigade de Vesoul.

Dans le choc, la voiture de gendarmerie a été projetée à une quinzaine de mètres à l'avant et a heurté le véhicule d'un conducteur qui était en train de se soumettre au contrôle. Le gendarme, blessé au pied et à la cheville, a été pris en charge par les sapeurs-pompiers de Vesoul et transporté à l'hôpital. L'automobiliste à l'origine de l'accident a été placé en garde à vue. Il affichait un taux de 1,5 g d'alcool/L de sang.

D'après www.estrepublicain.fr

Questions

1. Huit gendarmes participaient au contrôle d'alcoolémie :

a. Vrai **b.** Faux **c.** On ne peut pas savoir

2. Le conducteur à l'origine de l'accident était sous l'emprise de l'alcool :

a. Vrai **b.** Faux **c.** On ne peut pas savoir

3. Le véhicule à l'origine de l'accident a percuté deux voitures :

a. Vrai **b.** Faux **c.** On ne peut pas savoir

4. Le militaire blessé se trouvait à l'intérieur d'une voiture de gendarmerie :

a. Vrai **b.** Faux **c.** On ne peut pas savoir

5. L'automobiliste à l'origine de l'accident avait 40 ans :

a. Vrai **b.** Faux **c.** On ne peut pas savoir

6. Les jours du militaire blessé sont en danger :

a. Vrai **b.** Faux **c.** On ne peut pas savoir

1	a. ☐ b. ☐ c. ☐	
2	a. ☐ b. ☐ c. ☐	
3	a. ☐ b. ☐ c. ☐	
4	a. ☐ b. ☐ c. ☐	
5	a. ☐ b. ☐ c. ☐	
6	a. ☐ b. ☐ c. ☐	

Texte n° 2

À Boulogne-Billancourt (Hauts-de-Seine), un homme ivre de 41 ans s'est retrouvé au CHU de la ville avec un « pronostic vital réservé » dimanche matin, après avoir fracassé la porte semi-vitrée de son immeuble.

Rentré fortement alcoolisé à son domicile avec sa femme dimanche à 7 heures, l'homme était incapable de se souvenir du code d'entrée de son domicile. Il a alors entrepris de casser la porte vitrée avec son poing. En vain : il n'est parvenu qu'à s'entailler trois doigts et à se blesser profondément à l'avant-bras.

Il s'est ensuite massivement vidé de son sang, a perdu connaissance sur le trottoir, malgré les premiers secours prodigués par son épouse. Il a peu après été hospitalisé par les sapeurs-pompiers arrivés sur place.

Questions

1. Les faits se sont déroulés un dimanche matin dans les Hauts-de-Seine :
   a. Vrai **b.** Faux **c.** On ne peut pas savoir
2. Le couple était sous l'emprise de d'alcool :
   a. Vrai **b.** Faux **c.** On ne peut pas savoir
3. Ce sont les sapeurs-pompiers qui ont prodigué les premiers secours :
   a. Vrai **b.** Faux **c.** On ne peut pas savoir
4. L'homme ivre a cassé le digicode de son immeuble avec son poing :
   a. Vrai **b.** Faux **c.** On ne peut pas savoir
5. l'homme s'est entaillé l'avant-bras gauche et trois doigts :
   a. Vrai **b.** Faux **c.** On ne peut pas savoir
6. L'homme a été hospitalisé au CHU de Boulogne-Billancourt :
   a. Vrai **b.** Faux **c.** On ne peut pas savoir

	a.	b.	c.
1	☐	☐	☐
2	☐	☐	☐
3	☐	☐	☐
4	☐	☐	☐
5	☐	☐	☐
6	☐	☐	☐

Texte n° 3

Dans la soirée de dimanche, à Caubous, (Haute Garonne) vers 19 heures, un véhicule de type 406 circulant rue de la Gare a fait une chute spectaculaire : il a raté le virage situé à l'entrée du pont qui surplombe l'ancienne voie ferrée. Emportant au passage une partie du parapet, le véhicule a fait une chute de plusieurs mètres avant de s'immobiliser au sol, amorti par un tas de terre.

Médusés, deux témoins ont assisté à la scène. Le temps qu'ils préviennent les secours et qu'ils descendent sur les lieux où se trouvait le véhicule, le conducteur s'était évaporé dans la nature, abandonnant son véhicule sur place. Le conducteur de la voiture est semble-t-il sorti indemne de cet accident hors du commun. Une vitesse excessive est probablement à l'origine de cette sortie de route. Ce sont les services de la ville qui ont sécurisé les lieux. Une enquête de la gendarmerie de Caubous est en cours pour retrouver l'homme accidenté.

Questions

1. Les faits se sont déroulés de nuit :

a. Vrai **b.** Faux **c.** On ne peut pas savoir

2. L'alcool est probablement à l'origine de la sortie de route du véhicule :

a. Vrai **b.** Faux **c.** On ne peut pas savoir

3. La gendarmerie de Cabous dirige l'enquête visant à retrouver l'homme accidenté :

a. Vrai **b.** Faux **c.** On ne peut pas savoir

4. Le véhicule a fait une chute de plusieurs mètres puis s'est immobilisé sur un tas de feuilles :

a. Vrai **b.** Faux **c.** On ne peut pas savoir

5. Le conducteur est grièvement blessé :

a. Vrai **b.** Faux **c.** On ne peut pas savoir

6. La 406 est hors d'usage :

a. Vrai **b.** Faux **c.** On ne peut pas savoir

1 a. ☐ b. ☐ c. ☐

2 a. ☐ b. ☐ c. ☐

3 a. ☐ b. ☐ c. ☐

4 a. ☐ b. ☐ c. ☐

5 a. ☐ b. ☐ c. ☐

6 a. ☐ b. ☐ c. ☐

Texte n° 4

Le 9 octobre 2016

Identité du témoin :

Nom : Faucon

Prénom : Laurette

Date de naissance : 19 février 1979

Situation professionnelle : Professeur des Écoles

Adresse : Les Baïsses / 13320 Bouc-Bel-Air

Le 9 octobre, à 18 h 30, je suis entrée dans la bijouterie Thomassi, rue de Lapp, à Aix-en-Provence. J'étais la seule cliente dans le magasin. J'ai commencé à discuter avec le bijoutier lorsqu'un individu a fait irruption dans la boutique. Je ne l'ai pas bien vu ; je crois qu'il était habillé en noir, ou en tout cas en couleurs sombres. Il portait de grosses lunettes de soleil, une casquette et des gants. Il a pointé son arme dans notre direction et m'a intimé l'ordre de me coucher face contre terre. Je me suis exécutée. Puis il a dit « Remplis moi ça ! » en tendant un sac de sport au bijoutier, lequel y a déposé tous les bijoux qui se trouvaient dans le magasin. Ça a dû durer trois ou quatre minutes, le temps qu'il ouvre les vitrines où étaient exposés les bijoux. Personne ne disait un mot pendant ce temps-là. Ensuite, il a dit « Allonge-toi » au bijoutier, qui s'est allongé à côté de moi. Il a ajouté que nous n'avions pas intérêt à bouger avant cinq minutes si nous tenions à la vie. Et il est parti. Au bout des cinq minutes, nous nous sommes relevés et avons prévenu la gendarmerie.

Questions

1. Le malfaiteur portait une cagoule :
   a. Vrai **b.** Faux **c.** On ne peut pas savoir
2. Le malfaiteur a menacé physiquement et verbalement Mme Faucon :
   a. Vrai **b.** Faux **c.** On ne peut pas savoir
3. Le malfaiteur a emporté le contenu de la caisse de la bijouterie :
   a. Vrai **b.** Faux **c.** On ne peut pas savoir
4. Madame Faucon est restée plusieurs minutes allongée face contre terre :
   a. Vrai **b.** Faux **c.** On ne peut pas savoir
5. C'est le bijoutier qui a rempli le sac :
   a. Vrai **b.** Faux **c.** On ne peut pas savoir
6. Après le départ du malfaiteur, Madame Faucon et le bijoutier ont immédiatement prévenu la gendarmerie :
   a. Vrai **b.** Faux **c.** On ne peut pas savoir

1 a. ☐ b. ☐ c. ☐
2 a. ☐ b. ☐ c. ☐
3 a. ☐ b. ☐ c. ☐
4 a. ☐ b. ☐ c. ☐
5 a. ☐ b. ☐ c. ☐
6 a. ☐ b. ☐ c. ☐

Texte n° 5

Hier soir, un peu avant la marée haute, vers 18 heures, un homme avait enfilé une combinaison de plongée et s'était mis à l'eau sur la plage d'Audresselles, au Noirda, sous le regard de quelques touristes.

Inquiets de ne pas revoir le plongeur plus de deux heures après, les touristes ont donné l'alerte. Très vite, d'importants moyens de secours ont été mis en place : l'hélicoptère Le Dauphin de la Marine nationale, la vedette des douanes et le canot de sauvetage de la SNSM de Boulogne ratissaient une zone assez large entre Audresselles et le cap Gris-Nez.

L'eau étant fraîche (10ºC environ), l'espoir de le retrouver semblait mince. Sauf qu'il n'était plus au Noirda mais avait dérivé avec les courants pour se retrouver plusieurs kilomètres au nord au large du cap Gris-Nez. Ce sont les canots de sauvetage qui l'ont repêché en parfaite santé.

Croisé à son retour sur la plage un peu avant 22 heures, il semblait désolé d'avoir enclenché autant de moyens de secours alors que selon lui, il n'avait pris aucun risque puisqu'il connaissait la plage et avait déjà effectué des plongées en solitaire les jours précédents.

D'après wwww.lavoixdunord.fr

Questions

1. L'homme s'est mis à l'eau à marée montante :
   a. Vrai **b.** Faux **c.** On ne peut pas savoir
2. L'homme a été retrouvé environ 4 heures après le début de sa plongée :
   a. Vrai **b.** Faux **c.** On ne peut pas savoir

1 a. ☐ b. ☐ c. ☐
2 a. ☐ b. ☐ c. ☐

3. C'est la SNSM qui a donné l'alerte :
   a. Vrai **b.** Faux **c.** On ne peut pas savoir
4. L'homme avait dérivé sur plusieurs kilomètres au nord d'Audresselles :
   a. Vrai **b.** Faux **c.** On ne peut pas savoir
5. C'est une vedette des douanes qui a repêché l'homme :
   a. Vrai **b.** Faux **c.** On ne peut pas savoir
6. L'homme a été retrouvé en légère hypothermie :
   a. Vrai **b.** Faux **c.** On ne peut pas savoir

3 a. ☐ b. ☐ c. ☐
4 a. ☐ b. ☐ c. ☐
5 a. ☐ b. ☐ c. ☐
6 a. ☐ b. ☐ c. ☐

Texte n° 6

Un jeune Brestois de 21 ans a été interpellé jeudi vers 18 heures en gare de Landerneau muni d'une arme factice, un pistolet « air-soft » qu'il portait à l'aide d'un holster de cuisse. Des passagers ont été intrigués par le fait qu'il se balade tranquillement dans le train reliant Brest à Morlaix avec une arme de poing.

Le jeune Brestois, qui a pris un premier train à Quimper pour Brest puis un TER pour Landerneau, a été contrôlé sans billet par le contrôleur qui, à la vue du pistolet, a alerté les forces de l'ordre. Le jeune homme a été interpellé par les militaires de la brigade de gendarmerie, assistés de leurs collègues gendarmes mobiles en renforts, à Morlaix.

Après avoir été entendu dans les locaux de la gendarmerie, le Brestois, étudiant en économie, a été laissé libre après la saisie de son arme mais devra répondre ultérieurement devant le tribunal de port d'arme prohibé.

Questions

1. L'arme du jeune homme était factice :
   a. Vrai **b.** Faux **c.** On ne peut pas savoir
2. Dans le train Brest – Morlaix, le jeune homme était agressif :
   a. Vrai **b.** Faux **c.** On ne peut pas savoir
3. Le jeune homme a interpellé car il n'avait pas de billet de train :
   a. Vrai **b.** Faux **c.** On ne peut pas savoir
4. Le tribunal a condamné le jeune homme pour port d'arme prohibé :
   a. Vrai **b.** Faux **c.** On ne peut pas savoir
5. C'est le contrôleur du train qui a alerté des forces de l'ordre :
   a. Vrai **b.** Faux **c.** On ne peut pas savoir
6. Le jeune homme est domicilié à Brest :
   a. Vrai **b.** Faux **c.** On ne peut pas savoir

1 a. ☐ b. ☐ c. ☐
2 a. ☐ b. ☐ c. ☐
3 a. ☐ b. ☐ c. ☐
4 a. ☐ b. ☐ c. ☐
5 a. ☐ b. ☐ c. ☐
6 a. ☐ b. ☐ c. ☐

Texte n° 7

Le 27 mars 2016
Identité du témoin :

Nom : Mathieu

Prénom : Danielle

Date de naissance : 2 novembre 1944

Situation professionnelle : Retraitée

Adresse : 89 rue des Peupliers / 06200 Nice

Le 27 mars 2016, vers 22 heures, je me suis rendue à la supérette 24h/24 qui se trouve en bas de mon immeuble pour acheter une boîte de tisane. Au moment de passer à la caisse, un individu est arrivé derrière moi. Il est resté dans mon dos et a pointé un couteau sur ma gorge. Il m'a dit de ne pas bouger. Puis il s'est adressé au propriétaire de la supérette en disant « Met le contenu de ta caisse dans un sac ou je la plante ». Le propriétaire a fait ce que l'individu lui a demandé et lui a tendu le sac rempli d'argent. Je ne sais pas combien de temps ça a duré, j'étais en état de choc. J'ai vu sa main attraper le sac, puis il a brutalement enlevé le couteau de ma gorge et s'est enfui. Le propriétaire de la supérette m'a fait asseoir, a vérifié que je n'étais pas blessée – heureusement je n'ai rien eu – puis il a appelé les secours.

Questions

1. Madame Matthieu a été blessée par le malfaiteur :

a. Vrai **b.** Faux **c.** On ne peut pas savoir

2. La supérette se trouve rue des Peupliers, à Nice :

a. Vrai **b.** Faux **c.** On ne peut pas savoir

3. Madame Matthieu n'a pas vu le visage du malfaiteur :

a. Vrai **b.** Faux **c.** On ne peut pas savoir

4. Le propriétaire de la supérette a tenté de résister au malfaiteur :

a. Vrai **b.** Faux **c.** On ne peut pas savoir

5. L'argent dérobé à été placé dans un sac de sport :

a. Vrai **b.** Faux **c.** On ne peut pas savoir

6. Le malfaiteur s'est enfui en scooter :

a. Vrai **b.** Faux **c.** On ne peut pas savoir

1	a. ☐ b. ☐ c. ☐	
2	a. ☐ b. ☐ c. ☐	
3	a. ☐ b. ☐ c. ☐	
4	a. ☐ b. ☐ c. ☐	
5	a. ☐ b. ☐ c. ☐	
6	a. ☐ b. ☐ c. ☐	

Texte n° 8

Lors d'un contrôle routier, vendredi à Fongrave, les militaires de la compagnie de Villeneuve-sur-Lot ont été approchés par des riverains leur signalant le comportement suspect d'un fourgon. Son conducteur, un jeune homme, a été contrôlé en possession d'un téléviseur et d'un téléphone portable dont il ne pouvait justifier la provenance.

En garde à vue, ce dernier a visiblement été bavard. Suffisamment pour que les hommes du Peloton de surveillance et d'intervention de la gendarmerie (Psig) se décident à fouiller les environs. C'est finalement à Fongrave, dissimulés sous l'appentis d'une résidence secondaire que les militaires ont découvert un scooter, quatre téléviseurs, autant de PC portables, un Mac Pro et plusieurs tablettes et appareils photographiques numériques.

Les premiers éléments de l'enquête ont permis d'identifier au moins six cambriolages commis à Castelmoron-sur-Lot, Fongrave, Villeneuve-sur-Lot et Sainte-Livrade-sur-Lot. Les objets sont actuellement placés sous scellés à la brigade de Sainte-Livrade. Le jeune cambrioleur présumé a été remis en liberté à l'issue de sa garde à vue et dans l'attente d'une convocation devant la justice.

D'après www.sudouest.fr

Questions

1. Le contrôle routier a eu lieu un vendredi matin, à Fongrave :
   a. Vrai **b.** Faux **c.** On ne peut pas savoir
2. Le conducteur du fourgon a été arrêté avec quatre téléviseurs et autant de téléphones portables :
   a. Vrai **b.** Faux **c.** On ne peut pas savoir
3. Ce sont les militaires de la compagnie de Villeneuve-sur-Lot qui ont découvert les objets volés :
   a. Vrai **b.** Faux **c.** On ne peut pas savoir
4. C'est le Psig qui a contrôlé le jeune homme :
   a. Vrai **b.** Faux **c.** On ne peut pas savoir
5. Les objets étaient dissimulés sous l'appentis d'une résidence secondaire inoccupée :
   a. Vrai **b.** Faux **c.** On ne peut pas savoir
6. Le jeune cambrioleur présumé a été remis en liberté :
   a. Vrai **b.** Faux **c.** On ne peut pas savoir

1	a. ☐ b. ☐ c. ☐
2	a. ☐ b. ☐ c. ☐
3	a. ☐ b. ☐ c. ☐
4	a. ☐ b. ☐ c. ☐
5	a. ☐ b. ☐ c. ☐
6	a. ☐ b. ☐ c. ☐

Texte n° 9

Ce mercredi matin à 4 heures, les centres de secours de La Roche-sur-Yon et La Rochelle sont intervenus avec la cellule de dépollution de La Rochelle à la Laiterie des Sables d'Olonne.

Le maire de la ville s'est aussitôt rendu sur place. Il explique que suite à une manipulation dans la cour de la laiterie, une cuve d'acide nitrique de 1 000 litres est tombée de sa palette lors d'une manœuvre avec un élévateur. Celle-ci s'est éventrée et son contenu s'est déversé sur le sol.

L'employé qui utilisait l'élévateur n'a été que légèrement blessé. « Nous avons aussitôt tout mis en œuvre pour endiguer le risque de pollution chimique environnemental » souligne l'adjudant Cocoual, chef de corps des pompiers de La Roche-sur-Yon, au côté d'Étienne Laval, chef de corps du centre de secours de La Rochelle.

La mer étant à proximité, les pompiers ont dû agir vite. À 7 heures, tous risques de pollution étaient écartés. De son côté, la direction de la laiterie arrivée pendant l'intervention, n'a pas souhaité faire de commentaires.

Questions

1. Une cuve d'acide sulfurique de 1 000 litres est tombée de sa palette :
a. Vrai **b.** Faux **c.** On ne peut pas savoir

2. L'employé qui utilisait l'élévateur a été légèrement blessé :
a. Vrai **b.** Faux **c.** On ne peut pas savoir

3. Le maire de la Roche-sur-Yon s'est immédiatement rendu sur place :
a. Vrai **b.** Faux **c.** On ne peut pas savoir

4. Trois heures après l'accident, les risques de pollution étaient écartés :
a. Vrai **b.** Faux **c.** On ne peut pas savoir

5. Le centre de dépollution de La Roche-sur-Yon a participé à l'opération :
a. Vrai **b.** Faux **c.** On ne peut pas savoir

6. La direction de la laiterie a été entendue par les forces de l'ordre :
a. Vrai **b.** Faux **c.** On ne peut pas savoir

1	a. ☐ b. ☐ c. ☐	
2	a. ☐ b. ☐ c. ☐	
3	a. ☐ b. ☐ c. ☐	
4	a. ☐ b. ☐ c. ☐	
5	a. ☐ b. ☐ c. ☐	
6	a. ☐ b. ☐ c. ☐	

Texte n° 10

Vers 18 h 45, mardi 4 septembre, une femme de 35 ans, domiciliée au troisième étage d'un appartement du numéro quatre de la rue Grande, à Goincourt, a été placée en garde à vue. Vers 18 h 15, elle avait jeté une télévision par la fenêtre de son salon, suivi d'un pan vitré de cette même fenêtre, tous deux explosés sur le bitume de cette rue passante, sans avoir, heureusement, fait de blessés. Les forces de l'ordre, alertées par le voisinage, se sont rendues sur place immédiatement et ont procédé à l'interpellation mouvementée de la trentenaire. Visiblement très énervée, elle a insulté les trois représentants de l'ordre avant de cracher sur l'un d'entre eux.

Elle a été présentée mercredi après midi devant le tribunal correctionnel de Beauvais en comparution immédiate pour « mise en danger de la vie d'autrui ». L'auteur des faits a été condamné à neuf mois de prison dont trois fermes et incarcérée à la maison d'arrêt de Beauvais.

Questions

1. L'auteur des faits habite au quatrième étage d'un immeuble de la rue Grande :
   a. Vrai **b.** Faux **c.** On ne peut pas savoir
2. La femme a été placée en garde à vue vers 18 h 45 :
   a. Vrai **b.** Faux **c.** On ne peut pas savoir
3. La femme de 35 ans a jeté une télévision par la fenêtre de son salon :
   a. Vrai **b.** Faux **c.** On ne peut pas savoir
4. L'auteur des faits a été présenté au tribunal correctionnel de Beuvais en comparution imminente :
   a. Vrai **b.** Faux **c.** On ne peut pas savoir
5. L'auteur des faits était sous l'emprise de stupéfiants :
   a. Vrai **b.** Faux **c.** On ne peut pas savoir
6. La trentenaire a été condamnée à neuf mois de prison fermes :
   a. Vrai **b.** Faux **c.** On ne peut pas savoir

1	a. ☐ b. ☐ c. ☐	
2	a. ☐ b. ☐ c. ☐	
3	a. ☐ b. ☐ c. ☐	
4	a. ☐ b. ☐ c. ☐	
5	a. ☐ b. ☐ c. ☐	
6	a. ☐ b. ☐ c. ☐	

Texte n° 11

Mardi, le tribunal correctionnel de Vannes a condamné un marin-pêcheur de 42 ans à 4 mois de prison avec sursis, associés à une obligation de soins et l'interdiction d'entrer en contact avec la victime.

« Excédé » par le comportement de son voisin, propriétaire d'un bar saisonnier à Pénestin, il a reconnu avoir le 11 juin dernier pointé une arme chargée contre l'homme avec lequel il avait un contentieux depuis plusieurs mois.

Ce soir-là, le prévenu, fortement alcoolisé, a utilisé son Manitou pour soulever la petite voiture de son voisin stationnée devant chez lui avant de s'en prendre physiquement à lui, devant trois témoins. Il a ensuite pointé une arme en direction de sa victime. À l'audience, le prévenu a reconnu les faits. Le parquet avait requis 4 mois de prison avec sursis. Le prévenu devra également verser 1 200 euros au titre de son préjudice.

D'après www.ouest-france.fr

Questions

1. Le tribunal correctionnel a condamné le marin-pêcheur à 4 mois de prison fermes :
   a. Vrai **b.** Faux **c.** On ne peut pas savoir
2. Le marin-pêcheur a pointé une arme non chargée sur son voisin :
   a. Vrai **b.** Faux **c.** On ne peut pas savoir
3. Le marin-pêcheur et son voisin étaient en mauvais termes depuis plusieurs mois :
   a. Vrai **b.** Faux **c.** On ne peut pas savoir

1	a. ☐ b. ☐ c. ☐
2	a. ☐ b. ☐ c. ☐
3	a. ☐ b. ☐ c. ☐

4. Plusieurs témoins ont assisté à l'agression :
   a. Vrai **b.** Faux **c.** On ne peut pas savoir
5. Le marin pêcheur est alcoolique :
   a. Vrai **b.** Faux **c.** On ne peut pas savoir
6. La victime devra verser 1 200 euros au titre de son préjudice :
   a. Vrai **b.** Faux **c.** On ne peut pas savoir

4	a. ☐ b. ☐ c. ☐
5	a. ☐ b. ☐ c. ☐
6	a. ☐ b. ☐ c. ☐

Texte n° 12

Le 21 juin 2016
Identité de la plaignante :
Nom : Le Roux
Prénom : Marine
Date de naissance : 29 mai 1995
Situation professionnelle : étudiante
Adresse : Route des Condrousses / 86000 Poitiers

Le 21 juin, vers 20 heures, j'étais attablée avec des amies à la terrasse d'un café du centre-ville de Poitiers, pendant la fête de la musique. Le café s'appelle Le Jess, place des Prêcheurs. J'avais posé un smartphone sur la table, à côté de mon verre. Une femme, environ la trentaine, cheveux courts et assez clairs, de taille moyenne, a avancé la main et s'est emparée de mon téléphone en un instant et a très rapidement pris la fuite. J'ai essayé d'alerter les gens des autres tables, mais il y avait trop de bruit pour qu'ils m'entendent. Je n'ai pas non plus pu la suivre, il y avait trop de monde, je l'ai perdue de vue tout de suite.

Questions

1. Les faits se sont déroulés à Condrousses, à la terrasse du café Le Jess :
   a. Vrai **b.** Faux **c.** On ne peut pas savoir
2. La plaignante s'est fait voler son Iphone :
   a. Vrai **b.** Faux **c.** On ne peut pas savoir
3. Le téléphone a été arraché des mains de la plaignante :
   a. Vrai **b.** Faux **c.** On ne peut pas savoir
4. Des témoins ont tenté de récupérer l'objet volé :
   a. Vrai **b.** Faux **c.** On ne peut pas savoir
5. La suspecte s'est éloignée calmement :
   a. Vrai **b.** Faux **c.** On ne peut pas savoir
6. Les personnes attablées avec la plaignante étaient toutes des femmes :
   a. Vrai **b.** Faux **c.** On ne peut pas savoir

1	a. ☐ b. ☐ c. ☐
2	a. ☐ b. ☐ c. ☐
3	a. ☐ b. ☐ c. ☐
4	a. ☐ b. ☐ c. ☐
5	a. ☐ b. ☐ c. ☐
6	a. ☐ b. ☐ c. ☐

Texte n° 13

Appelés pour un feu d'habitation rue du Général-Castelnau, à 2 heures dans la nuit de jeudi à vendredi, les pompiers de Bruay-Houdain ont finalement trouvé un feu de cabanon à l'arrière d'une maison ainsi qu'un homme grièvement brûlé dans le dos, le cou et à l'arrière du crâne. Avant d'être emmenée au CHR de Lille, la victime de 56 ans aurait désigné trois hommes, les accusant de l'avoir brûlé. On parle peut-être de white-spirit. Les trois Houdinois – un adolescent et deux adultes de 18 et 30 ans – ont été placés en dégrisement puis en garde à vue pour tentative d'homicide.

Au terme d'une journée d'enquête, confiée à la brigade de sûreté urbaine du commissariat de Bruay, deux ont été mis hors de cause. Le parquet de Béthune donnait des nouvelles plus rassurantes de la victime hier soir : si elle reste hospitalisée, son pronostic vital n'est plus engagé. La substitut confirmait également « qu'une information judiciaire sera ouverte ce samedi après-midi contre l'un des trois individus interpellés pour tentative d'homicide ».

D'après www.lavoixdunord.fr

Questions

1. Les pompiers de Castelnau ont été appelés pour un feu d'habitation à deux heures du matin :
   a. Vrai **b.** Faux **c.** On ne peut pas savoir
2. La victime a probablement été brûlée à l'aide de White-Spirit :
   a. Vrai **b.** Faux **c.** On ne peut pas savoir
3. Les trois suspects placés en garde à vue étaient sur l'emprise de l'alcool :
   a. Vrai **b.** Faux **c.** On ne peut pas savoir
4. À ce jour, le pronostic vital de la victime est engagé :
   a. Vrai **b.** Faux **c.** On ne peut pas savoir
5. Les deux plus jeunes suspects ont été mis hors de cause :
   a. Vrai **b.** Faux **c.** On ne peut pas savoir
6. La brigade de sûreté urbaine indique qu'une information judiciaire sera ouverte contre l'un des individus, pour tentative d'homicide :
   a. Vrai **b.** Faux **c.** On ne peut pas savoir

1	a. ☐	b. ☐	c. ☐
2	a. ☐	b. ☐	c. ☐
3	a. ☐	b. ☐	c. ☐
4	a. ☐	b. ☐	c. ☐
5	a. ☐	b. ☐	c. ☐
6	a. ☐	b. ☐	c. ☐

Texte n° 14

Plus de peur que de mal, malgré la violence du choc… 6 personnes ont été légèrement blessées lors d'une course de haies de jeunes chevaux hier, à l'hippodrome du Petit-Port à Nantes. Lors de la 7e course, vers 15 h 15, le cheval « Fin March » a quitté la piste en plein galop, enjambé la rambarde et percuté violemment un groupe de cinq spectatrices. Seule une sexagénaire, la plus touchée, a été transportée au CHU de Nantes, par précaution. Les quatre autres personnes, âgées de 24 à 56 ans ont pu quitter l'infirmerie de l'hippodrome assez rapidement. Le jockey, quant à lui, souffre de plusieurs contusions et de quelques éraflures. Le cheval, dont c'était la première course, n'a malheureusement pas survécu.

D'après www.ouest-france.fr

Questions

1. Les faits se sont déroulés à l'hippodrome « Fin March » de Nantes :
   a. Vrai **b.** Faux **c.** On ne peut pas savoir
2. Le cheval a percuté violemment le groupe de spectatrices dans la 6e course :
   a. Vrai **b.** Faux **c.** On ne peut pas savoir
3. Les personnes blessées ont entre 24 et 56 ans :
   a. Vrai **b.** Faux **c.** On ne peut pas savoir
4. Le jockey a été transporté au CHU de Nantes :
   a. Vrai **b.** Faux **c.** On ne peut pas savoir
5. Le cheval a dû être abattu :
   a. Vrai **b.** Faux **c.** On ne peut pas savoir
6. C'est la sexagénaire qui a été le plus touchée :
   a. Vrai **b.** Faux **c.** On ne peut pas savoir

1 a. ☐ b. ☐ c. ☐
2 a. ☐ b. ☐ c. ☐
3 a. ☐ b. ☐ c. ☐
4 a. ☐ b. ☐ c. ☐
5 a. ☐ b. ☐ c. ☐
6 a. ☐ b. ☐ c. ☐

Texte n° 15

Le 8 mai 2015

Identité du plaignant :

Nom : Gautier

Prénom : Anthony

Date de naissance : 11 novembre 1968

Situation professionnelle : Employé de mairie

Adresse : 129 route des Soubises / 26102 Romans sur Isère

Le 8 mai 2015, aux alentours de 9 h 30, profitant de ma journée de congés, je me suis rendu sur mon petit terrain de l'allée des Ajoncs d'or à Romans sur Isère, sur lequel je possède un mobile-home. J'ai tout de suite vu que quelque chose n'était pas normal. Je ferme toujours les volets et ferme la porte à clef. Là, tout était ouvert. Je n'ai pas réfléchi et suis entré. Tout était saccagé à l'intérieur. Les meubles renversés, les rideaux déchirés, les murs couverts d'inscriptions. J'ai même trouvé des bouteilles de bières vides dans la chambre. Les sanitaires ont été souillés.

Mes effets personnels que je laisse dans le placard du salon ne sont plus là. La télévision a disparu, ainsi que le petit poste radio-réveil de la chambre. Je suis sûr que le 6 mai, à 18 h 30, les volets ainsi que la porte d'entrée étaient fermés car je suis passé devant le mobile-home en voiture. Je me suis rendu chez mes voisins qui habitent à environ 50 mètres de mon mobile home pour leur demander s'ils avaient remarqué quelque chose d'anormal sur mon terrain ces derniers jours. J'ai ensuite utilisé leur téléphone pour appeler la gendarmerie.

Questions

1. Le mobile-home de Monsieur Gautier a été vandalisé :
   a. Vrai **b.** Faux **c.** On ne peut pas savoir
2. Monsieur Gautier travaille à la mairie de Romans sur Isère :
   a. Vrai **b.** Faux **c.** On ne peut pas savoir
3. Il s'agit d'un vol avec effraction :
   a. Vrai **b.** Faux **c.** On ne peut pas savoir
4. Le vol a eu lieu le 8 mai, avant l'arrivée du plaignant :
   a. Vrai **b.** Faux **c.** On ne peut pas savoir
5. Les voisins du plaignant n'ont rien remarqué d'anormal :
   a. Vrai **b.** Faux **c.** On ne peut pas savoir
6. Monsieur Gautier est propriétaire d'un mobile-home situé au 129 allée des Soubises :
   a. Vrai **b.** Faux **c.** On ne peut pas savoir

1	a. ☐ b. ☐ c. ☐
2	a. ☐ b. ☐ c. ☐
3	a. ☐ b. ☐ c. ☐
4	a. ☐ b. ☐ c. ☐
5	a. ☐ b. ☐ c. ☐
6	a. ☐ b. ☐ c. ☐

Réponses

1. b ; a ; b ; b ; c ; b
2. a ; c ; b ; b ; c ; a
3. c ; b ; a ; b ; b ; c
4. b ; a ; b ; a ; a ; b
5. a ; a ; b ; b ; b ; b
6. a ; b ; b ; b ; a ; a
7. b ; a ; a ; b ; c ; c
8. c ; b ; b ; b ; c ; a
9. b ; a ; b ; a ; b ; c
10. b ; a ; a ; b ; c ; b
11. b ; b ; a ; a ; c ; b
12. b ; c ; b ; b ; b ; a
13. b ; a ; a ; b ; c ; b
14. b ; b ; b ; b ; c ; a
15. a ; c ; a ; c ; c ; b

80697 - (I) - OSB 80° - BPE - BTT

JOUVE
1, rue du Docteur Sauvé, 53100 MAYENNE
N° 2944311Y
Dépôt légal : janvier 2020

Imprimé en France